河北方言研究丛书
桑宇红 主编
钱曾怡 张振兴 顾问

衡水桃城区方言研究

郑　莉◎著

中华书局

图书在版编目(CIP)数据

衡水桃城区方言研究/郑莉著;桑宇红主编. —北京:中华书局,2021.4

(河北方言研究丛书)

ISBN 978-7-101-15097-1

Ⅰ.衡… Ⅱ.①郑…②桑… Ⅲ.北方方言-方言研究-衡水 Ⅳ.H172.1

中国版本图书馆 CIP 数据核字(2021)第 038300 号

书　　名	衡水桃城区方言研究	
著　　者	郑　莉	
主　　编	桑宇红	
顾　　问	钱曾怡　张振兴	
丛 书 名	河北方言研究丛书	
责任编辑	刘岁晗	
出版发行	中华书局	
	(北京市丰台区太平桥西里 38 号　100073)	
	http://www.zhbc.com.cn	
	E-mail:zhbc@zhbc.com.cn	
印　　刷	北京瑞古冠中印刷厂	
版　　次	2021 年 4 月北京第 1 版	
	2021 年 4 月北京第 1 次印刷	
规　　格	开本/850×1168 毫米　1/32	
	印张 8　插页 2　字数 220 千字	
印　　数	1-900 册	
国际书号	ISBN 978-7-101-15097-1	
定　　价	36.00 元	

目　录

《河北方言研究丛书》序（张振兴）……………………………… 1

第一章　导　言 ……………………………………………… 1
　第一节　概　况 …………………………………………… 1
　第二节　内部差异 ………………………………………… 2
　第三节　研究综述 ………………………………………… 4
　第四节　本书所用符号 …………………………………… 5
　第五节　发音人信息 ……………………………………… 5
第二章　音　系 ……………………………………………… 7
　第一节　声韵调系统 ……………………………………… 7
　第二节　单字音表 ………………………………………… 9
　第三节　文白异读 ………………………………………… 19
　第四节　音韵比较 ………………………………………… 22
　第五节　共时音变 ………………………………………… 30
　第六节　同音字汇 ………………………………………… 43
第三章　分类词表 ………………………………………… 61
第四章　语法特点 ………………………………………… 139
　第一节　词法 ……………………………………………… 139
　第二节　句法 ……………………………………………… 182
　第三节　语法例句 ………………………………………… 189

第五章　标音举例 ···················· 222
　第一节　谚语、谜语、儿歌、顺口溜等 ·········· 222
　第二节　故事 ······························· 229
　第三节　本地文化 ························· 230

参考文献 ······························· 240
后　记 ································· 241
作者简介 ······························· 243

《河北方言研究丛书》序

　　河北师范大学桑宇红教授于2015年11月28日至29日在石家庄主持召开了"首届河北方言学术研讨会",首次提出了在河北省境内进行系列方言调查,并出版方言研究丛书的规划。在这之后,桑教授以河北师范大学文学院为基地,紧抓规划的落实工作。例如:

　　2016年7月举办了为期10天的"河北方言调查高级研修班",邀请相关专家对省内外一批汉语方言调查人员进行系统的专业培训;

　　2017年5月举行了"《河北方言研究丛书》启动仪式暨河北方言研讨会",正式落实河北方言系列调查及出版研究丛书的规划;

　　2017年6月召开了"《河北方言研究丛书》编写研讨会",讨论并确定河北方言研究丛书的编写大纲,由有关专家对大纲的一些细节问题做了说明;

　　2018年10月召开了"《河北方言研究丛书》审稿研讨会",对一批已有丛书初稿进行审读,并请有关专家对相关问题进行分析讲解和评议。

　　承桑宇红教授和河北其他师友的照顾和爱护,我有机会陆续参加了以上所说的一些活动,跟同行们一起学习研讨,多有受益。经过几年努力,《河北方言研究丛书》一批书稿相继完成,我又再承关照,得以先一步研读。称谢之余,也倍感欣慰。

河北省境内的汉语方言以冀鲁官话为主,分布于唐山、石家庄等大部分地区。除此之外还有分布于承德一带的北京官话,分布于东南部一些县市的中原官话,以及分布于张家口、邯郸一带的晋方言。本次河北汉语方言调查的布点以及研究丛书的书稿,也反映了河北方言这种多样性和复杂性的语言事实。语言事实是最重要的,做到了这一点,本次调查和丛书书稿就是值得充分肯定的。例如我仔细拜读过《唐山曹妃甸方言研究》初稿(成稿或许有调整),曹妃甸方言属于一种三声调的冀鲁官话,声调异读的现象很显著,口语里"日"字声调有三读:

平声 $z\eta^{42}$ ～头:太阳

上声 $z\eta^{213}$ 立秋十八～,寸草都结籽儿

去声 $z\eta^{453}$ ～子

"双"字声调有两读:

平声 $ṣuaŋ^{42}$ 一～

去声 $ṣuaŋ^{453}$ ～胞儿

在音节结构上,也有一些特殊的现象, [mu] 音节通常读成自成音节的 [m]:

木匠 $m^{453-24}tɕiŋ^{0}$　　　　木头 $m^{453-24}t^{h}u^{0}$

母鸡 $m^{213-21}tɕi^{13}$　　　　柏木 $pai^{213-21}m^{13}$

文白异读也很有意思,古见组字白读声母颚化,文读不颚化:

隔白 $tɕie^{453}$ ～壁儿/隔文 $kɤ^{42}$ ～离

客白 $tɕ^{h}ie^{213}$ 男～/客文 $k^{h}ɤ^{453}$ ～人

口语常用的词汇里,唐山曹妃甸方言也有一些特殊的说法。例如:灌溉系统中东西向的主水渠叫"挡 $taŋ^{213}$"或"大直干 $ta^{453-44}tṣɿ^{42-44}kan^{453}$";田地里的进水口叫"用毛 $iuŋ^{453-44}mau^{42}$"或"毛渠 $mau^{42-44}tɕ^{h}y^{42}$";果实散落下来叫"掉脚儿 $tiau^{453-42}tɕiaur^{213}$";一人深、三四米宽的大水坑叫"大坞 $ta^{453-42}u^{453}$";给马、

牛、羊配种叫"群⁼儿上咧 $tc^hy\partial r^{42} \S(a\eta - \partial \eta)^{213-21} lie^{13}$",给猪配种叫"打圈 $ta^{213-21}tcyan^{453}$";都是本地人,比较封闭的村庄叫"死庄音⁼儿 $s\gamma^{213-24}tsuan^{42}i\partial r^0$"。

我们还可以举出唐山曹妃甸方言以及其他书稿里很多类似的特殊现象。这些特殊现象在冀鲁官话或其他官话里也许不算太特别,但跟其他非官话方言比较起来,就显得突出了。当然,也可以举出相反的例子。曹妃甸简易的农村厕所叫"茅司 $mau^{42}s\gamma^{13}$",也常见于东南地区的非官话方言。这使我想起好些年以前读李行健主编的《河北方言词汇编》,看到河北有的地方也把包括式的咱、咱们说成上声的 [nǎn],第二人称单数也可以说"侬、汝",第三人称单数也有说成"伊"或"渠"的,"吃、喝、抽"不分,都说成"吃饭、吃烟、吃酒",甚至还有的地方也把房子叫"处宅",跟浙南闽方言的说法相同,就是福建闽方言有些地方的"厝宅"。刚看到的时候难免有些诧异,怎么河北方言这些说法跟东南地区的非官话方言一样了? 其实调查深入了,语言事实看多了,就不觉得奇怪了。这就是汉语方言的分歧性和统一性的本质特征。

河北方言有其特殊的重要性。河北地区方言的调查研究,对于深入了解今普通话的基础方言北京官话的形成具有重要的现实意义和理论价值。因此,说到《河北方言研究丛书》的时候,很自然就会联想到在此之前河北地区汉语方言的调查研究及其重要论著。从林语堂、赵元任早期对河北地区方言的关注说起,一直到后来贺登崧、王辅世的宣化地区地理语言学调查,再到20世纪五六十年代以后的河北方言调查,以及再往后的陈淑静、刘淑学、吴继章等先生的很多调查研究,都给现在的河北方言调查研究奠定了良好的基础。这些调查研究产生了一批极其重要的学术论著,上文说到的李行健主编的《河北方言词汇编》就是其中之一。但最重要的应该首推由河北省昌黎县县志编纂委员会和中国科学院语言研究所合编的《昌黎方言志》。

《昌黎方言志》是现代汉语方言调查研究最著名的经典作品之一，是现代汉语地点方言调查研究的范本，当然更是《河北方言研究丛书》的范本。《昌黎方言志》全面、详细地记录了河北昌黎方言的语言事实，对语言事实的描写和分析细致而精到，尤其值得我们后来者认真学习。以下举昌黎方言的声调分析为例。

昌黎城关声调连轻声在内有7个：

阴平 32　　　　　上声 213　　　　阴去 55不用于轻声前

阳平甲 13+非轻声　　　　　　　阳去 24多用于轻声前

阳平乙 11+轻声

轻声　（轻声正式入调）

如果不考虑轻声，昌黎话只有阴平、阳平、上声、去声四个声调。但昌黎话有很重要的轻声调，它跟阳平、去声关联密切。所以首先要把轻声入调，然后再把阳平分为甲、乙两类，把去声分为阴去和阳去。这样昌黎话就是7个声调，这是根据昌黎话的语言事实分析出来的。关于阳平乙和阳去，《昌黎方言志》有两段非常深刻的分析：

> 我们现在把13调↗、11调↘、24调↗都作为独立的调类（阳平甲13↗，阳平乙11↘，阳去24↗），调号记在比较线的左边，不认为变调，调号不记在比较线的右边。这只是处理昌黎城关声调的一种方式，并不排斥其他处理法。按现在的说法，阳平甲不在轻声前出现，阳平乙只在轻声前出现，两个声调并不对立（不在同一语音环境里出现），是否能并为一类呢？如果把这两类合并为一个阳平调，可以把单用的13调认为本调，在轻声前的11调认为变调。不过这样处理是有困难的。因为单读↗调的字（如"黄"）在轻声前可

以读11调˩（如"黄·瓜"），也可以读24调˨˦（如"黄·病"）。什么时候读11调˩，什么时候读24调˨˦，还不能说出语音的条件，要一个一个列举。既然要一一列举，不如索性把11调和24调都认为独立的调类，比较妥当一些。

24调˨˦是不能不自成一类的。第一，"柜、被"等字可以单用，都是24调˨˦，跟"贵、背腹~"（都是55调˥）不同音。第二，"饭"读24调˨˦，跟读13调˩˧的"矾"不同音。"天寒"的"寒"是13调˩˧，"天旱"的"旱"是24调˨˦。24调˨˦不能跟13调˩˧合并。

以上这段话，音位的理论说得多么深入浅出！不固囿于理论，从语言实际出发，尊重语言事实，进行分析和解释，这是联系实际的真正理论。

我在这里重提《昌黎方言志》，就是希望从事方言调查研究的朋友们，在进行田野调查的同时，也要注意读书，尤其读经典性的书。对于前辈学者大家，要虚心学习，要有敬畏感，要有崇敬心！

遵照桑宇红教授嘱咐，拜读《河北方言研究丛书》书稿之后，写下以上几段话，愿与作者和读者诸君共勉之。

张振兴
2019年8月于北京康城花园

第一章　导　言

衡水市是河北省下辖的一个地级市,位于河北省东南部,界于东经115°10′~116°34′、北纬37°03′~38°23′之间。东部与沧州市和山东省德州市毗邻,西部与石家庄市接壤,南部与邢台市相连,北部同保定市和沧州市交界①。

第一节　概　况

一、地理人口

衡水市桃城区位于河北省东南部的平原地带,地处东经115°25′17″~115°51′12″、北纬37°36′10″~37°49′55″之间,是衡水市政府所在地。桃城区距北京240公里,雄安新区120公里,天津220公里,石家庄120公里,济南195公里。

桃城区为河北冲积平原的一部分,是古黄河、古漳河、古滹沱河、滏阳河冲积洪积区。境内地势较平坦,地势由西南向东北略有倾斜。

据2017年统计结果,桃城区常住人口45.5万人,其中城镇人口36.8万人,常住人口城镇化率80.83%。

二、历史沿革

衡水市桃城区前身为县级衡水市,由衡水县演变而来。西

---

① 以上资料摘自衡水市人民政府网。

汉时为桃县地,东汉时曾设桃城驿。桃城得名距今已有两千余年。隋朝开皇十六年(596),始置衡水县,以后历代归属虽屡有变更,而境域大体没变。新中国成立后,衡水县属衡水专区。专员公署驻衡水县城。1952年11月,衡水专署撤销,衡水县划归石家庄专区。1958年12月,撤销武邑、枣强、冀县,并入衡水县。1960年5月,撤销石家庄专区,衡水县划归石家庄市。1961年5月,衡水县属同年复置的石家庄专区。同年7月,析衡水县并复置冀县(包括原枣强县地)。1962年3月,又析衡水县复置武邑县,仍属石家庄专区。同年6月,复置衡水专区,衡水县属之。1982年1月,衡水镇从衡水县划出,建立县级衡水市,隶属衡水地区。1983年3月,衡水县撤销,辖区并入衡水市。1996年7月,衡水地区撤销,设立地级衡水市。原县级衡水市改为桃城区。

三、行政区划

衡水市桃城区面积591平方公里,全区辖4个街道办事处、3个镇、3个乡:河西街道、河东街道、路北街道、中华街道、郑家河沿镇、赵家圈镇、邓庄镇、何家庄乡、大麻森乡、彭杜乡①。

第二节　内部差异

根据《中国语言地图集》(第2版),衡水方言隶属于北方官话石济片邢衡小片,方言内部存在差异。衡水桃城区内部方言语法、词汇较为一致,差异主要体现在语音方面。

古知庄章三组声母在桃城区方言中读为两套声母。分合条件是知组二等、庄组的全部字以及知组三等、章组部分字为甲类,今读[tʂ　tʂʰ　ʂ]或[ts　tsʰ　s];知组三等、章组部分字为乙

---

① 以上资料摘自桃城区人民政府网。

类,今读 [tɕ　tɕʰ　ɕ]。

从地域分布上看, [ts　tɕ] 两分型分布在东部地区,包括郑家河沿镇东部、彭杜乡、邓庄镇、大麻森乡以及城中大部分区域;[tʂ　tɕ] 两分型分布在西部地区,包括郑家河沿镇西部、赵家圈镇、何家庄乡。

根据是否分尖团,桃城区方言可分为两种类型:一是分尖团,只有赵家圈镇属于这种类型;一是不分尖团,除赵家圈镇以外,全部属于该类型。

结合古知庄章组字今分合情况、是否分尖团两个特征,可以将桃城区分为东片、中片和西片。东片包括郑家河沿镇东部、彭杜乡、邓庄镇、大麻森乡以及城中大部分区域,语音特征是古知庄章组字 [ts　tɕ] 两分,不分尖团;中片包括郑家河沿镇西部、何家庄乡,语音特征是古知庄章组字 [tʂ　tɕ] 两分,不分尖团;西片是赵家圈镇,语音特征是古知庄章组字 [tʂ　tɕ] 两分,分尖团。

除以上两个语音差异外,桃城区方言内部还存在其他细微差异,但地域分布较为零散。

一是端系声母的开合口介音分布。根据中古蟹合一端组字韵母今音开合情况[①],桃城区方言可分为两种类型:中古蟹合一端组字韵母今音无 [u] 介音,例如对 [tei³¹]、推 [tʰei²⁴]、腿 [tʰei⁵⁵]、退 [tʰei³¹]、蜕 [tʰei³¹],分布在赵家圈镇、郑家河沿镇、邓庄镇等南部及西部地区;中古蟹合一端组字韵母今音有 [u] 介音,例如对 [tuei³¹]、推 [tʰuei²⁴]、腿 [tʰuei⁵⁵]、退 [tʰuei³¹]、蜕 [tʰuei³¹],分布在大麻森乡、城区等北部、中部地区。

中古蟹摄合口一等与来母字相拼的部分字,在桃城区方言中绝大多数读开口呼,但在城区及城区附近的何家庄乡有读合口呼的情况,例如累 [luei³¹]、泪 [luei³¹]、雷 [luei⁵³]。

---

① "堆"字与其他蟹摄合口一等端组字情况不同,在桃城区方言中读 [tsuei²⁴]。

二是根据古影疑母字拼开口呼的声母读音,桃城区方言可分为两种类型:古影疑母拼开口呼读[ŋ],例如爱[ŋai³¹]、鹅[ŋɤ⁵³]、安[ŋæ²⁴]、挨[ŋai²⁴],分布在绝大部分区域;古影疑母拼开口呼读[n],例如爱[nai³¹]、鹅[nɤ⁵³]、安[næ²⁴]、挨[nai²⁴],城中阜丰街(原阜丰村)古影疑母拼开口呼全部字,赵家圈镇东部、北部个别村古影疑母拼开口呼的部分常用字声母读[n],属于该类型。

第三节　研究综述

当前学界关于衡水及桃城区方言的研究成果非常少,尚无专书研究成果。

河北北京师范学院、中国科学院河北省分院语文研究所编《河北方言概况》、钱曾怡主编《汉语官话方言研究》、刘淑学《中古入声字在河北方言中的读音研究》、吴继章主编《河北省志·方言志》等专著中,对衡水方言的语音系统进行了描写或特征描述;李行健主编《河北方言词汇编》记录了部分衡水方言词汇。钱曾怡《河北东南部三十九县市方音概况》一文提到了衡水方言的语音特点;桑宇红《中古知庄章三组声母在衡水市的读音类型》《中古知庄章三组声母在衡水桃城区的读音类型》《衡水方言中古知庄章三组声母字的读音》3篇文章详尽剖析了中古知庄章声母字在衡水方言的类型和分布,分析了古知庄章声母字的演变轨迹;李巧兰博士论文《河北方言中的“X-儿”形式研究》记录了衡水方言儿类日母字的读音情况;李旭博士论文《河北省中部南部方言语音研究》总结了衡水方言知庄章声母、尖团音等语音特点;黄卫静硕士论文《河北方言的尖团音问题》、王敏硕士论文《中古知庄章三组声母在河北方言的读音研究》也分别记录了衡水方言尖团音和知庄章声母的读音情况。

当前关于衡水方言的研究或是散见于各方言著作,对方言特点的描写或概述只是配合其他议题略微展开;或是仅对知庄章声母、日母、儿化等的专题研究,且只有知庄章声母的相关研究细致充分,尚无系统描写衡水方言语音、词汇、语法的成果。

第四节 本书所用符号

本书记录声调调值采用五度制标音法。声调以上标的方式写在音节右上方。记录连读变调和轻声时,如果产生变调,本调和变调之间以"-"连接,"-"之前为本调,之后为变调。

"-"表示连接。用来连接声调的音变。

"～"表示引述。当某字或某词在注释中出现时,用"～"代替。

"*"表示不合规则的语句。

"/"表示前后两种说法功能、意义相同,可以互相替代。

"( )"表示该成分可以出现,也可以不出现,不影响表达。

第五节 发音人信息

郑振坡,男,郑家河沿镇张庄村人,出生于1958年,务农。

刘淑俭,女,郑家河沿镇新立村人,出生于1964年,中学教师。

赵冰,男,河东街道阜丰街人,出生于1986年,个体户。

张九妮,男,何家庄乡东滏阳村人,出生于1952年,务农。

刘晓杰,女,邓庄镇大成村人,出生于1980年,中学教师。

王慧娟,女,赵家圈镇前王村人,出生于1967年,中学教师。

李大查,女,大麻森乡大刘庄村人,出生于1954年,务农。

郗爱华,女,彭杜乡大赵村人,出生于1986年,自由职业。

本书主要依据郑家河沿镇张庄村郑振坡的发音。郑家河沿

镇方言是笔者的母方言,除自省外,语料主要来源于2017年至
2019年的三次田野调查。

第二章　音　系

第一节　声韵调系统

一、声母

桃城区方言有24个声母,包括零声母在内。

p搬布北白　pʰ怕婆碰泼　m门忙帽木　f飞冯翻发

t到多凳毒　tʰ太同拖塔　n泥女内捏　　　　　　　　　l兰吕里腊

ts宗自左杂　tsʰ错才层擦　　　　　　s散穗松速

tʂ缀争纸轴　tʂʰ逞绸丑插　　　　ʂ顺赏寿刷　ʐ儒芮任若　ɭ二儿耳而

tɕ经姐住集　tɕʰ穷全处漆　　　　　　ɕ喜杏俗石

k高公跪给　kʰ快空葵哭　ŋ鹅挨摁熬　x化河慌胡

ø晚腰圆日

说明:

1.零声母与齐齿呼韵母拼合,声母略有摩擦,实际音值接近半元音 [j]。

2.零声母与合口呼韵母相拼,[u　uo] 为韵母的零声母字仍读合口呼零声母,如"午"[u]、"我"[uo],摩擦略重;零声母与除 [u　uo] 以外的合口呼韵母相拼,声母的实际音值为唇齿擦音 [v],如挖 [va]、微 [vei],摩擦稍轻。两者构成互补关系,本书统一记为零声母。

3.[n] 在细音前实际音值为 [ȵ]。

二、韵母

桃城区方言一共有36个韵母，不包括儿化韵。

ʮ 子此私次	i 第米泥吃	u 姑鹿酥屋	y 雨虚绿出
ʯ 纸是师持			
a 爬辣大哈	ia 架瞎俩压	ua 花娃抓刷	
æ 搬谈懒按	iæ 编田浅然	uæ 端窜拴万	yæ 绢拳陷软
ɤ 特乐鹅割	iɛ 姐烈舌惹		yɛ 靴缺月说
o 簸婆破佛		uo 多过活戳	
ai 盖菜百拆		uai 怪帅外坏	
ei 贼黑腿笔		uei 队催睡胃	
au 套扫袄薄	iau 庙鸟饶学		
əu 否凑叔狗	iəu 丢秋肉六		
ən 笨森沉摁	in 拼檩近人	un 轮村准问	yn 军唇训云
aŋ 方躺苍杠	iaŋ 娘讲墙让	uaŋ 双撞逛网	
əŋ 猛瞪绳耕	iŋ 平顶醒硬	uŋ 龙葱肿轰	yŋ 穷兄容用

说明：

1.[æ]有微弱的鼻化色彩。

2.[ɤ]与[l]相拼，发音部位靠前，实际音值为[ə]。

3.[ua　au　iau　aŋ　uaŋ]中[a]的发音部位靠后，实际音值接近[ɑ]。

4.[au]有时音程略短。

5.[ən　in　un　yn]组元音有鼻化色彩。

三、声调

桃城区方言有阴平、阳平、上声、去声四个调类。

阴平24　高低天婚飞东节拍

阳平53　穷床徐娘人龙急盒

上声55　古纸打短粉请痒国

去声31　近厚向变放摁刻六

说明：

1.阴平[24]起端略平,主调段以升为主,实际音值接近[224]。

2.阳平[53]终端略低,接近[52]。

第二节 单字音表

1.本表按韵母排列,韵母次序与韵母表相同。

2.同一韵母的字按声母排列,声母次序与声母表相同。

3.表中有少数字重出,表示这个字有多个读音。

4.表中"□"表示有音无字或一时找不到合适的字,同时在表下注音、释义。

5.轻声字不列入表内。

表2-1　桃城区方言单字音表

	ɿ				i				u				y			
	24	53	55	31	24	53	55	31	24	53	55	31	24	53	55	31
p					逼	鼻	彼	蔽	不	醭	补	布				
pʰ					批	皮	**擗**	譬	铺	蒲	谱	铺				
m					眯	迷	米	秘	没	**模**	亩	暮				
f									夫	扶	俯	付				
t					低	提	底	帝	都	独	堵	杜				
tʰ					梯	题	体	替	突	徒	土	吐				
n					**衣**	泥	你	腻		奴	努	怒				女
l					**漓**	犁	礼	例	撸	炉	鲁	路	捋	驴	吕	虑
ts	资		紫	自					租	卒	祖					
tsʰ	呲	雌	此	刺					粗			醋				
s	撕		死	四					苏		素					

	ɿ				i				u				y			
	24	53	55	31	24	53	55	31	24	53	55	31	24	53	55	31
tʂ									烛	逐	嘱	助				
tʂʰ									初	锄	楚	怵				
ʂ									梳	熟	数	漱				
ʐ										儒	乳					
l																
tɕ					鸡	集	挤	祭					猪	橘	煮	据
tɕʰ					妻	齐	启	砌					蛆	除	娶	处
ɕ					西	十	洗	细					书	徐	暑	絮
k									姑		古	故				
kʰ									枯		苦	库				
ŋ																
x									呼	胡	虎	户				
ø					一	姨	蚁	艺	乌	吴	五	误	淤	鱼	语	玉

擗 pʰi⁵⁵:用手掰下或掰开。**衣** ni²⁴:胎盘。**漓** li²⁴:～拉,液体往下滴。

表2-1（续1）

	ʅ				a				ia				ua			
	24	53	55	31	24	53	55	31	24	53	55	31	24	53	55	31
p					巴	拔	把	霸	吧							
pʰ					趴	爬	怕									
m					妈	麻	马	骂								
f					法	乏										

续表

	ʅ				a				ia				ua			
	24	53	55	31	24	53	55	31	24	53	55	31	24	53	55	31
t					答	沓	打	大	嗲							
tʰ					坍		他	踏								
n						拿	哪	那								
l					拉	拉	喇	腊			俩					
ts					咂	杂	咋									
tsʰ					擦											
s					撒		洒	萨								
tʂ	枝		纸	滞	渣	榨	眨	诈					抓		爪	
tʂʰ	眵	迟		赤	叉	茶	蹅	岔								
ʂ	师	时	屎	世	纱	啥	傻	厦					刷		耍	
ʐ																
ɭ																
tɕ									家	①	贾	架				
tɕʰ									掐		卡	恰				
ɕ									虾	霞		吓				
k						夵	尕	尬					瓜	②	寡	挂
kʰ					咖		卡						夸		侉	跨
ŋ																
x					哈								花	华	化	
∅								啊	鸦	牙	雅	亚	洼	蛙	瓦	袜

吧 pia²⁴：～唧嘴。拉 la²⁴：拽。拉 la⁵³：用刀或刀状物体割。①tɕia⁵³：口令，吆喝牲口向前。卡 tɕʰia⁵⁵：夹在中间；～子，发卡。②kua⁵³：踢腚～儿，大人逗弄小孩，踢小孩屁股的行为。卡 kʰa⁵⁵：～片；～车。

表2-1（续3）

	æ				iæ				uæ				yæ			
	24	53	55	31	24	53	55	31	24	53	55	31	24	53	55	31
p	班		板	扮	鞭		贬	变								
pʰ	攀	盘		盼	篇	便	谝	骗								
m		蛮	满	慢		绵	免	面								
f	帆	凡	反	泛												
t	耽①		胆	淡	掂		点	店	端		短	断				
tʰ	贪	坛	毯	探	添	甜	舔		湍	团						
n		南		难	蔫	年	碾	念			暖					
l		蓝	览	滥	廉		脸	敛		鸾	卵	乱				
ts	簪		**攒**	暂					钻		纂	钻				
tsʰ	参	蚕	惨	灿					汆	**攒**		窜				
s	三		伞	散					酸		癣	算				
tʂ	沾		斩	站					专		转	撰				
tʂʰ	掺	谗	铲	颤					川	传	喘	串				
ʂ	山		陕	疝					拴			涮				
ʐ																
l̩																
tɕ					监		减	鉴					娟		卷	绢
tɕʰ					签	钳	潜	嵌					圈	全	犬	劝
ɕ					锨	咸	险	线					轩	旋	选	镟
k	甘		感	干					官		管	惯				
kʰ	堪		坎	看					宽		款					
ŋ	庵		俺	暗												
x	憨	含	喊	汗					欢	环	缓	唤				
∅					淹	岩	染	验	豌	玩	碗	腕	冤	圆	软	院

①tæ⁵³：在别人毫无防备下大喊，吓人一跳。**攒**tsæ⁵⁵：～钱。**攒**tsʰuæ⁵³：把零件安装在一起。

表2-1（续4）

	ɤ				iɛ				yɛ				o			
	24	53	55	31	24	53	55	31	24	53	55	31	24	53	55	31
p					鳖	**别**	瘪	**别**					波	脖	簸	薄
pʰ					撇		瞥						坡	婆		破
m					**末**			灭					摸	魔	抹	磨
f														佛		
t	嘚	德			爹	叠										
tʰ			特		帖											
n					捏		镊					虐				
l	勒		乐			咧	猎					略				
ts		则	仄													
tsʰ			厕													
s			色													
tʂ	哲	者	浙													
tʂʰ																
ʂ																
ʐ																
ɭ	儿	耳	二													
tɕ					蜇	截	姐	借	撅	绝		倔				
tɕʰ					车	茄	扯		缺	瘸		鹊				
ɕ					歇	舌	写	卸	靴	学		穴				
k	歌	硌	葛	个												
kʰ	科	壳	可	课												
ŋ	阿	鹅	恶	饿												
x	喝	荷	**嗬**	贺												
ø				鳄	噎	爷	惹	夜	约		哕	悦				

别 piɛ^{53}：分别，区别；固定住；表禁止。**别** piɛ^{31}：～扭。**末** miɛ^{24}：老～，最后一名。**嗬** xɤ^{55}：叹词，表反问或惊讶。

表2-1（续5）

	uo				ai				uai				ei			
	24	53	55	31	24	53	55	31	24	53	55	31	24	53	55	31
p					百	白	摆	拜					笔			被
pʰ					迫	排		派					披	培		配
m						埋	买	卖						梅	每	妹
f													非	肥	匪	废
t	多	夺	朵	剁	呆		逮	戴					得	**嘚**	**特**	对
tʰ	拖	驮	妥	唾	胎	台		态					推		腿	退
n		挪		糯			乃	耐							馁	内
l	啰	罗	裸	骆			来	赖					勒	雷	垒	累
ts	作	昨	左	坐	灾		宰	再					贼			
tsʰ	搓	矬		锉	猜	才	彩	菜								
s	缩	①	锁	塑	腮		②	赛								
tʂ	桌	镯			斋	择	侧	债	**拽**		转	**拽**				
tʂʰ	戳			辍		册	柴		揣			踹				
ʂ			朔	若	色		③	晒	摔		甩	帅		**谁**		
ʐ																
ɭ																
tɕ																
tɕʰ																
ɕ																
k	锅		果	过	该		改	盖	乖		拐	怪			给	
kʰ	括			阔		开	凯	慨		㧟	块		剋			
ŋ					哀	挨	矮	碍								
x	豁	活	火	货	④	孩	海	亥	怀			坏	黑	**谁**		
ø	倭	蛾	我	卧	哀				歪		崴	外				

嘚 tei^{53}:叹词,赶牲口前进的吆喝声。特 tei^{55}:～意儿,故意。①suo^{53}:形容词,喜欢招惹别人。②sai^{53}:～饭,晋语,吃饭。拽 $tʂuai^{24}$:拿砖头或其他东西投掷。拽 $tʂuai^{31}$:拉。③sai^{55}:把液体或颗粒状物体洒到人身上或其他平面上。谁 $ʂei^{53}$:又音 xei^{53},不区别意义。④xai^{24}:他叫你哩,你～唵:他叫你呢,你回答呀。谁 xei^{53}:又音 $ʂei^{53}$,不区别意义。

表2-1（续6）

	uei				au				iau				əu			
	24	53	55	31	24	53	55	31	24	53	55	31	24	53	55	31
p					褒	薄	保	报	膘		表	摽				
pʰ					抛	袍	跑	泡	飘	瓢		票	剖			
m					摸	毛	某	冒	瞄	苗	秒	庙		谋		
f							否								否	
t			怼	队	刀	捯	祷	到	刁			钓	兜		都	斗
tʰ		颓			滔	桃	讨	套	**挑**	条	**挑**	跳	偷	头		透
n					孬	铙	脑	闹			鸟	尿				
l					唠	劳	老	涝	疗	燎	料		搂	楼	篓	漏
ts	堆		嘴	罪	遭	凿	早	躁					邹		走	做
tsʰ	催		脆		操	曹	草	愺								凑
s	虽	髓	碎		骚		嫂	扫					馊			
tʂ	追		缀		朝	着	找	罩					掫	轴	肘	皱
tʂʰ	吹	垂			抄	巢	炒	潲					抽	绸	丑	臭
ʂ			水	税	梢	勺	少						收	熟	手	瘦
ʐ			芮													
tɕ									交	嚼	绞	叫				
tɕʰ									敲	桥	巧	俏				
ɕ									消	学	小	孝				
k	闺		鬼	柜	高		稿	告					勾		狗	够
kʰ	亏	葵		溃	尻		考	靠					抠	①	口	叩
ŋ					熬		袄	傲							藕	沤
x	恢	回	悔	贿	蒿	豪	郝	好					齁	侯	吼	后
ø	煨	围	伟	卫				奥	妖	饶	咬	要	欧			

挑 tʰiau²⁴：用肩挑扁担等。**挑** tʰiau⁵⁵：建筑物的挑高；用筷子把煮熟的面条捞出。①kʰəu⁵³：脾气厉害，不让人。

表2-1（续7）

	iəu				ən				in				un			
	24	53	55	31	24	53	55	31	24	53	55	31	24	53	55	31
p					锛		本	奔	彬			殡				
pʰ					**喷**	盆	**喷**		拼	贫	品	聘				
m					焖	门		闷		民	敏					
f					分	坟	粉	粪								
t	丢	留			①			扽					敦		盹	顿
tʰ													吞	屯		
n	妞	牛	钮	拗												
l	溜	流	柳	六					拎	林	檩	赁	抡	淋	②	嫩
ts													尊			俊
tsʰ	参	岑											村	存		寸
s	森												孙			损
tʂ					针		诊	枕								准
tʂʰ					抻	沉	碜	趁					椿	纯		蠢
ʂ					参	神	沈	渗					③		吮	顺
ʐ						任										
ɭ																
tɕ	揪	舅	酒	救					今		锦	禁				
tɕʰ	秋	囚	糗						侵	琴	寝	吣				
ɕ	修			秀					心	寻		信				
k					跟	哏		跟							滚	棍
kʰ							恳						昆		捆	困
ŋ					恩		怎	摁								
x						痕	很	恨					昏	魂		混
∅	忧	柔	有	又					音	银	饮	认	温	文	稳	问

喷 pʰən24:水均匀洒出。**喷** pʰən31:蔬菜瓜果到了大量收获的季节。①tən24:动词,鸡或其他鸟类啄食。②lun55:量词,一大绺。③ʂun53:形容词,人长得难看。**跟** kən24:动词,紧随。**跟** kən31:连词,和。

表2-1（续8）

	yn				aŋ				iaŋ				uaŋ			
	24	53	55	31	24	53	55	31	24	53	55	31	24	53	55	31
p					帮		榜	棒								
pʰ					乓	滂	①	胖								
m						忙	莽									
f					方	肪	仿	放								
t					当		党	荡								
tʰ					汤	堂	躺	烫								
n						囊	攘			娘	仰	酿				
l					郎		朗	浪	②	良	两	亮				
ts					赃			葬								
tsʰ					仓	藏										
s					桑		嗓	丧								
tʂ					张		涨	帐					庄		③	壮
tʂʰ					昌	尝	场	唱					疮	床	闯	创
ʂ					商		赏	上					霜		爽	
ʐ																
ɭ																
tɕ	均			郡					江		蒋	酱				
tɕʰ		噙							枪	墙	抢	呛				
ɕ	熏	旬		讯					香	详	想	相				
k					刚		岗	杠					光		广	逛
kʰ					康			抗					筐	狂		眶
ŋ					肮	昂										
x					夯	行		晃					荒	黄	谎	<u>晃</u>
ø	晕	匀		润					央	扬	养	让	汪	亡	网	忘

①pʰaŋ⁵⁵:～褥,用棉花絮的床垫。②liaŋ²⁴:用棍子打。③tʂuaŋ⁵⁵:把书本等在桌子上蹾蹾,弄整齐。

表2-1（续9）

	əŋ				iŋ				uŋ				yŋ			
	24	53	55	31	24	53	55	31	24	53	55	31	24	53	55	31
p	崩			蹦	冰	甭	饼	病								
pʰ	烹	朋	捧	碰		凭										
m	懵	萌	猛	孟		明		命								
f	风	冯	讽	凤												
t	登		等	凳	丁		顶	订	东		懂	冻				
tʰ	熥	腾			听	亭	艇	①	通	同	桶	痛				
n		能		弄		赢	拧	宁		䰻		②				
l	扔	棱	冷	楞	灵	领		另		笼	拢					
ts	曾			赠					踪		总	粽				
tsʰ		层		蹭					聪	丛						
s		僧							松	怂	耸	送				
tʂ	征		拯	证					钟		肿	众				
tʂʰ	称	成	惩	秤					充	虫	宠	冲				
ʂ	升	绳	省	剩												
ʐ																
ɭ																
tɕ					京		景	净								窘
tɕʰ					轻	晴	请	庆							穷	
ɕ					星	行	醒	杏					兄	熊		
k	耕		梗	更					公		拱	贡				
kʰ	坑								空		孔	控				
ŋ																
x	哼	恒		横					轰	红	哄	哄				
∅					鹰	蝇	影	硬	翁			瓮	拥	荣	永	用

①tʰiŋ³¹：～牌，打麻将时差一张牌就和牌。②nuŋ³¹：雨后路上泥泞难走。
哄xuŋ⁵⁵：奉承、安抚。哄xuŋ³¹：起～。

第三节 文白异读

沈明《山西岚县方言》（第13页）指出，文白异读有三层含义：1.文白读是成系统的语音现象，通常来源相同的字变化相同；2.文白读也是词汇现象，是同一个字在不同词语环境中的读音不同。而这些词都是口语里常说的；3.文读音接近北京话，白读音自成系统。

桃城区方言文白异读随使用人和语境的不同而产生差异。随意的场合或者方言词汇及固定表达形式中往往使用的是白读音，正式场合如课堂、正式发言中，以及一些从现代汉语普通话进入方言的词汇，使用的一般是文读音。桃城区方言的文白异读主要体现在韵母，声母较少，声调则没有成系统的文白异读。

一、中古非入声字今文白异读

表2-2 中古非入声字文白异读例字表

音韵地位		类型	例 字		
流	开一	白	pʰau²⁴ 剖解~		
		文	pʰəu²⁴ 剖~析		
	开三	白	fau⁵⁵ 否~定	mau⁵³ 谋阴~	
		文	fəu⁵⁵ 否~决	məu⁵³ 谋参~长	
梗	开二	白	tɕiŋ²⁴ 更起五~	tɕʰiŋ²⁴ 坑大~	tɕiŋ²⁴ 耕~地
		文	kəŋ²⁴ 更夜静~深	kʰəŋ²⁴ 坑~人	kəŋ²⁴ 耕春~
止	开三	白	pei³¹ 避~雨	pei³¹ 婢奴~	pʰei²⁴ 披雨~
		文	pi³¹ 避躲~	pi³¹ 婢~女	pʰi²⁴ 披~露

非入声字的文白异读，主要是流摄开口字、梗开二和止开三的部分字。流摄开口一等侯韵、流摄开口三等尤韵部分字，与

帮组相拼,白读为[au],文读为[əu]。梗摄开口二等与见系相拼的部分字,白读声母为[tɕ tɕʰ],相对应的文读为[k kʰ];韵母白读为[iŋ],相对应的文读为[əŋ]。止摄开口三等支韵部分字,与帮组相拼,韵母白读为[ei],文读为[i]。

二、中古入声字今文白异读

表2-3　中古入声字文白异读例字表

音韵地位	类型	例字				
深开三	白	ʂʅ²⁴涩~巴				
	文	sɤ³¹涩苦~				
臻开三	白	pei²⁴笔毛~	mei³¹密~实			
	文	pi²⁴笔~迹	mi³¹密保~			
山合口	白	liɛ³¹劣恶~	ɕiɛ²⁴血~管	kʰɤ²⁴括包~	miɛ³¹末~了	
	文	lyɛ³¹劣~势	ɕyɛ²⁴血~型	kʰuo²⁴括~号儿	mo³¹末~尾	
宕开一	白	pau⁵³薄~厚	mau²⁴摸~一下	lau³¹落~下去	tʰau²⁴托~生	kau²⁴搁~下
	文	po⁵³薄~弱	mo²⁴摸偷偷~~	luo³¹落~下	tʰuo²⁴托委~	kɤ²⁴搁~浅
宕开三	白	iau²⁴约~份量	iau³¹跃大~进	tɕʰiau³¹雀大~儿	liɛ³¹掠~夺	liɛ³¹略大~
	文	yɛ²⁴约大~	yɛ³¹跃跳~	tɕʰyɛ³¹雀麻~	lyɛ³¹掠~过	lyɛ³¹略战~
宕合一	白	kʰɤ²⁴扩~大				
	文	kʰuo³¹扩~充				
江开二	白	pau²⁴剥~皮	ɕiau⁵³学~生	tɕiau²⁴觉自~		
	文	po²⁴剥~削	ɕyɛ⁵³学~习	tɕyɛ⁵³觉~察		

续表

音韵地位		类型	例字			
曾	开一	白	mei³¹ 墨~汁	suei²⁴ 塞~进去	tei²⁴ 得~意	lei²⁴ 勒~住
		文	mo³¹ 墨~绿	sai²⁴ 塞瓶~	tɤ⁵³ 得~到	lɤ³¹ 勒~索
	开三	白	tʂai⁵⁵ 侧~歪	ʂai²⁴ 色颜~		
		文	tsʰɤ³¹ 侧~面	sɤ³¹ 色~彩		
梗	开二	白	tɕʰiɛ²⁴ 客来~	tɕiɛ²⁴ 隔~开	tʂai²⁴ 责~任	tʂai⁵³ 择~菜 / tʂʰai²⁴ 策政~
		文	kʰɤ²⁴ 客贵~	kɤ²⁴ 隔~断	tsɤ⁵³ 责~罚	tsɤ⁵³ 择选~ / tsʰɤ³¹ 策~略
	开四	白	pei³¹ 壁影~			
		文	pi³¹ 壁墙~			
通	开三	白	ʂəu²⁴ 叔二~	ʂəu⁵³ 熟~人	ɕiəu²⁴ 宿一~	
		文	ʂu²⁴ 叔~伯兄弟	ʂu⁵³ 熟~悉	su³¹ 宿~舍	

　　入声字的文白异读之别，主要集中于深臻山宕江曾梗通摄。臻摄开口三等质韵、梗摄开口四等锡韵部分字，与帮组相拼，韵母白读为 [ei]，文读为 [i]。山摄、宕摄部分入声字，韵母白读为 [iɛ]，文读为 [yɛ]。宕摄开口一等铎韵、宕摄开口三等药韵、江摄开口二等觉韵部分入声字，韵母白读为 [au]，文读为 [o uo ɤ]。山摄、宕摄另有部分入声字，韵母白读为 [ɤ]，文读为 [uo]。江摄开口二等觉韵与见母、匣母相拼，宕摄开口三等药韵与影母、以母、精母相拼，韵母白读为 [iau]，文读为 [yɛ]。曾摄开口一等德韵部分字，韵母白读为 [ei uei]，文读为 [o ɤ ai]。帮组、知庄组与曾摄开口三等职韵和梗摄开口二等陌韵、麦韵部分字相拼，白读为 [pai pʰai tʂai tʂʰai]，文读为 [po pʰo tsɤ tsʰɤ]。通摄开口三等屋韵部分入声字，与章组相拼，韵母白读为 [əu]，文读为 [u]。

第四节　音韵比较

本节中古音指的是以《广韵》为代表的中古语音系统,声母、韵母分类按照《方言调查字表》(修订本,中国社会科学院语言研究所编,1981年12月新一版)。

一、声母演变特点

1.古全浊声母今读清声母,逢塞音、塞擦音,平声送气,仄声不送气。

2.古知庄章声母分合关系:

知庄组二等今读[tʂ]组,例如茶=查 tʂʰa⁵³ ｜ 拆=册 tʂʰai²⁴。知庄组三等今以韵摄为条件,部分读[tʂ]组,例如张=章 tʂaŋ²⁴ ｜ 是=柿 ʂʐ³¹;部分读[tɕ]组,同精见组细音字合流,例如知=织=积 tɕi²⁴ ｜ 拾=实=习 ɕi⁵³ ｜ 猪=珠=居 tɕy²⁴。

3.古日母字今读[l ʐ]和零声母。与止摄开口三等相拼的古日母字今读[l],例如儿 lʐ⁵³ ｜ 而 lʐ³¹;其余大部分古日母字今读零声母①,例如热 iɛ³¹、肉 iəu³¹;个别字读[ʐ],例如儒 ʐu⁵³ ｜ 任 ʐən⁵³。

4.疑影微云以日六母的分合关系:

开口呼前,疑影母合流,今读[ŋ]。例如:碍=爱 ŋai³¹ ｜ 岸=按 ŋæ³¹。

合口呼前,疑影微云以合流,都读零声母。例如:五=武 u⁵⁵ ｜ 围=维 uei⁵³ ｜ 往=网 uaŋ⁵⁵。

齐齿呼、撮口呼前,疑影云以日合流②。例如:盐=沿=延=然 ian⁵³ ｜ 鱼=於=于=余=如 y⁵³。

---

① "扔"有零声母、[l]两种读法。
② "仰"字例外,声母读[n]。

表 2-4　桃城区方言与《广韵》声母比较表

		清	全浊（平）	全浊（仄）	次浊	清	全浊（平）	全浊（仄）
帮组		帮 p 帮 paŋ^{24}　滂 pʰ 坡 pʰo^{24}	並 婆 pʰo^{53}	步 pu^{24}	明 m 麻 ma^{53}			
非组		非 f 分 fən^{24}　敷 f 纺 fãŋ^{54}	奉 肥 fei^{53}	份 fən^{24}	微 ∅ 晚 uæ^{55}			
端组		端 t 刀 tau^{24}　透 tʰ 掏 tʰau^{55}	定 桃 tʰau^{53}	大 ta^{24}	泥 n 南 næ^{53}　来 l 老 lau^{55}			
精组	今洪	精 遭 tsau^{24}　清 草 tsʰau^{55}	从 曹 tsʰau^{53}	造 tsau^{31}		心 三 sæ^{24}	邪 词 tsʰɿ^{53}　松 suŋ^{24}	寺 sɿ^{31}
精组	今细	精 焦 tɕiau^{24}　清 锹 tɕʰiau^{53}	从 瞧 tɕʰiau^{53}	贱 tɕiɛ^{53}		心 西 ɕi^{24}	邪 徐 ɕy^{53}	象 ɕiaŋ^{31}
知组	今洪（二等及部分三等字）	知 张 tʂaŋ^{24}　彻 撑 tʂʰəŋ^{24}	澄 茶 tʂʰa^{53}	赵 tʂau^{31}				
知组	今细（部分三等字）	知 猪 tɕy^{24}　彻 撤 tɕʰiɛ^{31}	澄 除 tɕʰy^{53}	住 tɕy^{31}				
庄组		庄 tʂ 斋 tʂai^{55}　初 tʂʰ 吵 tʂʰau^{55}	崇 馋 tʂʰæ^{53}	炸 tʂa^{31}		生 ʂ 师 ʂɿ^{24}		事 ʂɿ^{31}
章组	今洪	章 tʂ 支 tʂɿ^{24}　昌 tʂʰ 齿 tʂʰɿ^{55}	船 舩 tʂʰuæ^{53}　神 ʂən^{53}	顺 ʂun^{31}		书 ʂ 深 ʂən^{24}		
章组	今细	章 遮 tɕiɛ^{24}　昌 车 tɕʰiɛ^{24}	船 唇 tɕʰyn^{53}	实 ʂɿ^{53}		书 舒 ɕy^{24}	时 ʂɿ^{53}	竖 ɕy^{31}
日组					日 ∅ 人 in^{53}　ʐ 懦 zʅ^{24}			
见晓组	今洪	见 k 高 kau^{24}　溪 kʰ 烤 kʰau^{55}	群 狂 kʰuaŋ^{53}	共 kuŋ^{53}	疑 ∅ 我 uo^{55}　ŋ 鹅 ŋ^{53}	晓 海 xai^{55}	匣 胡 xu^{53}	
见晓组	今细	见 tɕ 交 tɕiau^{24}　溪 tɕʰ 敲 tɕʰiau^{53}	群 求 tɕʰiou^{53}	件 tɕiɛ^{53}	疑 ∅ 语 y^{55}　n 牛 niou^{53}	晓 希 ɕi^{24}	匣 贤 ɕiɛ^{53}	
影组		影 ∅ 印 in^{31}　ŋ 安 ŋæ^{24}			云 ∅ 为 uei^{31}　ɕ 熊 ɕyŋ^{53}　以 ∅ 用 yŋ^{31}			

二、韵母演变特点

1.古咸摄阳声韵今读同山摄阳声韵,鼻音韵尾丢失。例如:嫌咸=闲山 ɕiæ^{53} ｜凡咸=烦山 fæ^{53}。

2.古深摄阳声韵今读同臻摄阳声韵。例如:林深=邻臻 lin^{53} ｜深深=身臻 ʂən^{24}。

3.四呼俱全。例如:爬 pʰa^{53} ｜贾 tɕia^{55} ｜姑 ku^{24} ｜绿 ly^{31}。

4.日母止摄开口三等字今读 [ʅ]。例如:二 ʅ^{31} ｜耳 ʅ^{55}。

5.古止摄开口三等字、遇摄合口三等字,以及深、山、臻、曾、梗、通摄大部分三等入声字与知组相拼,今读齐齿呼和撮口呼。例如:知 tɕi^{24} ｜猪 tɕy^{24} ｜畜 tɕʰy^{31}。

古假摄开口字、遇摄字,臻摄、通摄部分合口字,以及咸、山、梗、深、臻、曾部分入声字与章组相拼,今读齐齿呼和撮口呼。例如:珠 tɕy^{24} ｜车 tɕʰiɛ^{24} ｜书 ɕy^{24}。

6.部分合口呼韵母介音丢失。

蟹摄合口一等端组绝大部分字,包括"兑对推腿退蜕",以及曾摄开口一等入声透母字"忒"、臻摄合口一等透母字"褪"、止摄合口三等禅母字"谁",这些字失去 [u] 介音。例如:对 tei^{31} ｜推 tʰei^{24} ｜腿 tʰei^{55} ｜忒 tʰei^{24} ｜褪 tʰei^{31} ｜谁 xei^{53}。

表2-5　桃城区方言与《广韵》韵母比较表

韵	一等			二等				三、四等							
	帮系	端系	见系	帮系	泥组	知庄组	见系	帮系	端组	泥组	精组	庄组	知章组	日母	见系
果开	婆pʰo^{53}	大ta^{31} 多tuo^{31}	歌kɤ^{24} 果kuo^{55}												
果合		剁tuo^{31}	锅kuo^{24} 裸kʰɤ^{24}												
假开				爬pʰa^{53}	拿na^{24}	沙ʂa^{24}	下ɕia^{31}				姐tɕiɛ^{55}		舍ɕiɛ^{55} 奢ʂɤ^{24}	惹ʐɛ^{55}	茄tɕʰiɛ^{53}
假合						傻ʂa^{55}	瓜kua^{24}								瘸tɕʰyɛ^{53} 也iɛ^{55}
遇合	部pu^{31} 摹mo^{53}	醋tsʰu^{31}	五u^{55}					雾u^{31}		女ny^{55}	聚tɕʰy^{55}	数ʂu^{55} 所suo^{55}	猪tɕy^{24} 殊tʂʰu^{55}	如y^{31} 乳ʐu^{55}	许ɕy^{55}
蟹开	贝pei^{31}	来lai^{31}	开kʰai^{24}	买mai^{55}	奶nai^{55}	寨ʂai^{31}	鞋ɕiɛ^{53} 佳tɕia^{24} 矮ŋai^{55}	米mi^{55}	替tʰi^{31}	泥ni^{53}	西ɕi^{24}	筛sai^{24}	世ʂ̩^{31}		鸡tɕi^{24}
蟹合	背pei^{31}	雷lei^{53} 最tsuei^{31}	灰xuei^{24} 外uai^{31}			拽tʂuai^{31}	怪kuai^{31} 话xua^{31}	废fei^{31}			岁suei^{31}		税suei^{31}		闺kuei^{24} 睢tɕʰi^{53}
止开								美mei^{55} 皮pʰi^{53}	地ti^{31}	你ni^{55}	四sɿ^{31}	柿ʂ̩^{31} 厕tsʰɤ^{31}	知tɕi^{24} 诗ʂ̩^{24}	儿ʐ̩^{53}	气tɕʰi^{31}
止合								飞fei^{24}		类lei^{31}	嘴tsuei^{55}	揣tʂʰuai^{24}	吹tʂʰuei^{24}	蕊ʐuei^{55}	毁xuei^{55} 遗i^{53}
效开	毛mau^{31}	早tsau^{55}	高kau^{24}	跑pʰau^{55}	闹nau^{31}	罩tʂau^{31} 抓tʂua^{24}	教tɕiau^{31}	苗miau^{53}	挑tʰiau^{55}	燎liau^{55}	小ɕiau^{55}		招tʂau^{24}	绕ʐau^{31}	叫tɕiau^{31}

表2-5（续1）

	一等			二等				三、四等							
	帮系	端系	见系	帮系	泥组	知庄组	见系	帮系	端组	泥组	精组	庄组	知章组	日母	见系
流开	母mu^{55} 贸mau^{31}	兜tau^{24}	厚xau^{31}					富fu^{31} 矛mau^{53} 彪piau^{24}	丢tiau^{24}	流liou^{53} 廖liau^{31}	秋tɕʰiou^{24}	愁tʂʰau^{53} 漱su^{31}	抽tʂʰəu^{24}	揉iou^{53}	幼iou^{31}
咸舒开		南nae^{53}	顅xæ^{55}			醮ʂæ^{31}	监tɕiæ^{24}	砭piæ^{55}	店tiæ^{24}	黏niæ^{24}	尖tɕiæ^{24}		闪ʂæ^{55}	染iæ^{55}	嫌ɕiæ^{53}
咸入开		搭ta^{24}	磕kʰɤ^{24}			闸tʂa^{53}	压ia^{24}		贴tʰiæ^{24}	猎liɛ^{31}	接tɕiɛ^{24}		褶tɕiɛ^{55}		页ie^{24}
咸舒合								凡fæ^{53}							
咸入合								法fa^{24}							
深舒开										赁lin^{31} 淋lum^{53}	心ɕin^{24}	簪tsæ^{24} 渗ʂən^{31}	沉tʂʰən^{53}	任姓zən^{53} 纴in^{31}	音in^{24}
深入开										立li^{31}	集tɕi^{53}	涩ʂʅ^{24}	蛰tɕi^{24} 汁tʂʅ^{53} 十ɕi^{53}		急tɕi^{53}
山舒开		伞sæ^{24}	安ŋæ^{24}	慢mæ^{31}		山ʂæ^{24}	间tɕiæ^{24}	变piæ^{53}	天tʰiæ^{24}	碾niæ^{55}	钱tɕʰiæ^{53}		展tʂæ^{55}	然iæ^{53}	演iæ^{55}
山入开		达ta^{53}	割kɤ^{24}	八pa^{24}		铡ʂa^{53}	瞎ɕia^{24}	别piɛ^{53}	铁tʰiɛ^{24}	捏niɛ^{31}	薛ɕyɛ^{24} 节tɕiɛ^{24}		舌ɕiɛ^{53} 浙tʂʅ^{31}	热iɛ^{31}	结tɕiɛ^{24}
山舒合	满mae^{55}	短tuae^{55}	碗uae^{55}			拴ʂuae^{24}	关kuae^{24} 滑xua^{53}	烦fæ^{53} 晚uae^{55}		恋liae^{53}	全tɕʰyae^{53}		穿tʂʰuae^{24}	软yae^{55}	悬yae^{31} 绢tɕʰiae^{24}
山入合	沫mo^{31}	脱tʰuo^{24}	活xuo^{53}			刷ʂua^{24}	刮kua^{24}	袜ua^{31}		劣liɛ^{31}	雪ɕyɛ^{53}		说ɕyɛ^{24}		月yɛ^{31}

表2-5（续2）

	一等 帮系	一等 端系	一等 见系	二等 帮系	二等 泥组	二等 知庄组	二等 见系	三、四等 帮系	三、四等 端组	三、四等 泥组	三、四等 精组	三、四等 庄组	三、四等 知章组	三、四等 日母	三、四等 见系
臻舒开		吞 tʰun²⁴	恩 ŋən²⁴ / 酝 in⁵³					民 min⁵³		鳞 lin⁵³	亲 tɕʰin²⁴	村 tʂʰən³¹	趁 tʂʰən³¹	人 in⁵³	近 tɕin³¹
臻入开								密 mei³¹ / 蜜 mi³¹		栗 li³¹	七 tɕʰi²⁴	虱 ʂʅ²⁴	侄 tɕi⁵³ / 室 tʂʅ²⁴	日 i³¹	一 i²⁴
臻舒合	门 man⁵³	村 tsʰun²⁴	稳 un⁵⁵					分 fən²⁴		轮 lun⁵³	榫 sun⁵⁵ / 旬 ɕyn⁵³		椿 tʂʰun²⁴ / 唇 tʂʰyn⁵³	闰 yn³¹	匀 yn⁵³
臻入合	脖 po⁵³ / 不 pu²⁴	突 tʰu²⁴	骨 ku²⁴					佛 fo⁵³ / 物 u³¹		律 ly³¹	骏 tɕy³¹		出 tɕʰy²⁴		
宕舒开	帮 paŋ²⁴	浪 laŋ³¹	坑 kʰaŋ³¹							娘 niaŋ⁵³	抢 tɕʰiaŋ⁵⁵	状 tʂuaŋ²⁴	张 tʂaŋ²⁴	让 iaŋ³¹	样 iaŋ³¹
宕入开	薄 pau⁵³	烙 lau³¹	郝 xau⁵⁵ / 胳 kʰɤ²⁴							掠 lie³¹	削 ciau²⁴ / 爵 tɕyɛ⁵³			弱 zuo³¹	脚 tɕiau²⁴ / 虐 nyɛ³¹
宕舒合			黄 xuaŋ⁵³					放 faŋ³¹							筐 kʰuaŋ²⁴
宕入合			郭 kuo²⁴					缚 fu³¹							攫 tɕyɛ⁵³
江舒开				棒 paŋ³¹	攘 naŋ⁵⁵	撞 tsʰuaŋ³¹ / 幢 tsʰuaŋ³¹	江 tɕiaŋ²⁴								
江入开				剥 pau²⁴		桌 tʂuo²⁴	觉 tɕiau²⁴ / 握 uo³¹								
曾舒开	崩 paŋ²⁴	能 naŋ⁵³	肯 kʰəu⁵⁵ / 恒 xəŋ⁵³					冰 piŋ²⁴		棱 liŋ⁵³				扔 laŋ²⁴	蝇 iŋ⁵³

表2-5（续3）

	一等			二等				三、四等							
	帮系	端系	见系	帮系	泥组	知庄组	见系	帮系	端组	泥组	精组	庄组	知章组	日母	见系
曾入开	北 pei^{24}	賊 tsei^{53}	克 kʰɤ^{31} 黑 xei^{24}												极 tɕi^{53}
曾舒合															
曾入合			国 kuo^{55}												域 y^{31}
梗舒开				棚 pʰəŋ^{53} 盲 maŋ^{53}	冷 laŋ^{55}	争 tʂəŋ^{24}	坑 kʰaŋ^{24} 耕 tɕiŋ^{24}	兵 piŋ^{24}	听 tʰiŋ^{24}	领 liŋ^{55}	醒 ɕiŋ^{55}		正 tʂəŋ^{31}		轻 tɕʰiŋ^{24}
梗入开				百 pai^{24} 魄 pʰo^{31}		择 tsai^{53}	客 tɕʰie^{24} 脉 tɕie^{53}	劈 pʰi^{24}	踢 tʰi^{24}	历 li^{31}	席 ɕi^{53}	色 ʂai^{24}	石 ɕi^{53} 释 ʂɿ^{31}		吃 tɕʰi^{24}
梗舒合							横 xaŋ^{31} 轰 xuŋ^{24}								兄 ɕyŋ^{24} 顷 tɕʰyŋ^{24}
梗入合							获 xuo^{31} 划 xua^{53}								疫 i^{31}
通舒合	蓬 pʰəŋ^{53}	农 nuŋ^{53}	空 kʰuŋ^{24}	捧 pʰəŋ^{55}						隆 luŋ^{55}	松 suŋ^{24}	崇 tʂʰuŋ^{53}	容 yŋ^{53}	神 tʂuŋ^{31} 穷 tɕʰyŋ^{53}	弓 kuŋ^{24}
通入合	木 mu^{31}	族 tsu^{31}	屋 u^{24}	服 fu^{53}						六 liou^{31} 绿 ly^{31} 录 lu^{31}	俗 ɕy^{53} 宿 ɕiou^{24} 足 tsu^{24}	缩 suo^{24}	叔 ʂou^{24} 祝 tʂu^{31} 睦 ɕy^{53}	肉 iou^{31} 褥 y^{31}	菊 tɕy^{24}

三、声调演变特点

（一）桃城区方言调类有阴平、阳平、上声、去声4个。中古调类平声、上声、去声以及浊入的归派与北京话相同。

（二）桃城区方言清声母入声字多归入阴平。

表2-6　部分常用清声母入声字归派情况表

阴平	阳平	上声	去声
鸽喝塌溻磕掐鸭接贴级吉汁湿媳吸揥擦八杀瞎鳖蜇揭歇蝎憋楔嗐拨脱刮说缺七漆滕虱一窟忽出屈托胳削焯约郭劂剥桌忒熄织拍拆掰只滴踢激吃扑秃哭屋粥革福竹菊塔渴铁笔饺北百窄尺谷鲫灸适发头~子财答搭插押割节结泼息积惜锡击叔烛扎撒薛撮戳黑劈曲~折压涩切括豁刷不塞逼绩戚缩摺骨脚觉角得脊甲血室恶~心色客夹挖隔折~断伯贴宿法扩责确	急察洁决橘着德则格合铜壳即责觉伯	国昞给郝朴撒葛各	黢剔恰妾摄泣轧泄撒设阔毕必率错霍握测式亿魄赫吓碧僻释速覆肃筑畜祝蓄促触束踏缉浙鹊克益雀赤壁腹作涩括色客宿确

桃城区方言常用清声母入声字共215个，其中"责、确、觉、伯、涩、括、色、客、宿"因异读分属多个调类。读阴平的字共147个，占总数的65.6%。

表2-7　古今声调对应表

		阴平24	阳平53	上声55	去声31
平	清	高三猪天			
	次浊		鹅年人来		
	全浊		茶平桥寒		
上	清			土短口好	
	次浊			五老买有	
	全浊				近是罪厚

		阴平24	阳平53	上声55	去声31
去	清				个怕送笑
	次浊				让饿梦用
	全浊				大柜树饭
入	清	笔出黑铁 （多数）	急格合察 （少数）	国眨郝葛 （少数）	轧撒毕作 （少数）
	次浊				月六麦绿
	全浊		白舌绝服		

第五节　共时音变

一、连调与轻声
（一）非轻声两字组连读调

表2-8　非轻声两字组连调表

后字 前字	阴平24	阳平53	上声55	去声31
阴平24	24+24	24+53	**31+55**	24+31
阳平53	53+24	53+53	53+55	53+31
上声55	55+24	55+53	55+55	55+31
去声31	31+24	31+53	31+55	31+31

桃城区方言重重型两字组后字一律不变调。

"阴平+上声"组合中前字发生变调,前字由24变为31,如"汤水"[24/31+55]、"甘草"[24/31+55]。其余组合不发生变调。

阳平做后字,实际音值接近[52]。

上声做前字,有时实际音值接近[45]。

例词：

1. 前字阴平

1.1 阴平 – 阴平　　24+24 → 24+24

当街 taŋ tɕiɛ　　　　中指 tʂuŋ tʂʅ　　　　香菇 ɕiaŋ ku

初一 tʂʰu i　　　　　阴天 in tʰiæ　　　　鸡窝 tɕi uo

1.2 阴平 – 阳平　　24+53 → 24+53

今年 tɕin niæ　　　　葱头 tsʰuŋ tʰəu　　　推头 tʰei tʰəu

香油 ɕiaŋ iəu　　　　窗台 tʂʰuaŋ tʰai　　　拖鞋 tʰuo ɕiɛ

1.3 阴平 – 上声　　24+55 → 31+55

莴笋 uo sun　　　　　开水 kʰai ʂuei　　　　吃奶 tɕʰi nai

装傻 tʂuaŋ ʂa　　　　挑理 tʰiau li　　　　拉倒 la tau

1.4 阴平 – 去声　　24+31 → 24+31

冬至 tuŋ tʂʅ　　　　　阴历 in li　　　　　桑树 saŋ ɕy

耕地 tɕiŋ ti　　　　　抓药 tʂua iau　　　　出殡 tɕʰy pin

2. 前字阳平

2.1 阳平 – 阴平　　53+24 → 53+24

洋灰 iaŋ xuei　　　　农村 nuŋ tsʰun　　　　炉灰 lu xuei

人中 in tʂuŋ　　　　　毛衣 mau i　　　　　流血 liəu ɕiɛ

2.2 阳平 – 阳平　　53+53 → 53+53

煤油 mei iəu　　　　　从前 tsʰuŋ tɕʰiæ　　　鱼鳞 y lin

茅房 mau faŋ　　　　　银行 in xaŋ　　　　　扬场 iaŋ tʂʰaŋ

2.3 阳平 – 上声　　53+55 → 53+55

着火 tʂau xuo　　　　凉水 liaŋ ʂuei　　　　棉袄 miæ ŋau

白酒 pai tɕiəu　　　　拿走 na tsəu　　　　房顶 faŋ tiŋ

2.4 阳平 – 去声　　53+31 → 35+31

银杏 in ɕiŋ　　　　　楼道 ləu tau　　　　　毛裤 mau kʰu

择菜 tʂai tsʰai　　　　砸蒜 tsa suæ　　　　淘瓮 tʰau uŋ

3.前字上声

3.1 上声－阴平　　55+24→55+24

养猪 iaŋ tɕy　　　　打针 ta tʂən　　　　整天 tʂəŋ tʰiæ

老家 lau tɕia　　　　走亲 tsəu tɕʰin　　　雨衣 y i

3.2 上声－阳平　　55+53→55+53

伙房 xuo faŋ　　　　暖壶 nuæ xu　　　　眼红 iæ xuŋ

眼眉 iæ mei　　　　买盐 mai iæ　　　　讲台 tɕiaŋ tʰai

3.3 上声－上声　　55+55→55+55

雨伞 y sæ　　　　　打闪 ta ʂæ　　　　老板 lau pæ

洗脸 ɕi liæ　　　　　早起 tsau tɕʰi　　　好歹 xau tai

3.4 上声－去声　　55+31→55+31

往后 uaŋ xəu　　　　扫地 sau ti　　　　水埝 ʂuei niæ

起雾 tɕʰi u　　　　　米饭 mi fæ　　　　表妹 piau mei

4.前字去声

4.1 去声－阴平　　31+24→31+24

蜜蜂 mi fəŋ　　　　豆浆 təu tɕiaŋ　　　大坑 ta tɕʰiŋ

半宿 pæ ɕiəu　　　　卸车 ɕiɛ tɕʰiɛ　　　下雪 ɕia ɕyɛ

4.2 去声－阳平　　31+53→31+53

盖房 kai faŋ　　　　酱油 tɕiaŋ iəu　　　过年 kuo niæ

放牛 faŋ niəu　　　　后娘 xəu niaŋ　　　拜年 pai niæ

4.3 去声－上声　　31+55→31+55

下雨 ɕia y　　　　　木耳 mu l̩ɤ　　　　大水 ta ʂuei

上火 ʂaŋ xuo　　　　敬酒 tɕiŋ tɕiəu　　　大鳖 ta tʂʰaŋ

4.4去声－去声　　31+31→31+31

地震 ti tʂən　　　　最后 tsuei xəu　　　套袖 tʰau ɕiəu

立柜 li kuei　　　　大埝 ta niæ　　　　相面 ɕiaŋ miæ

（二）轻声两字组连读调

1.非叠字组轻声

表2-9　非叠字轻声两字组连调表

	轻　声			
	A组	B组	C组	
阴平 24	**31**+0	24+0	**21**+0	
阳平 53	**24**+0	53+0		
上声 55	**21**+0	55+0	**53**+0	**24**+0
去声 31	**53**+0	31+0		

A组：轻声两字组前字发生变调，桃城区方言轻声两字组大部分属于该类型。阴平在轻声前由[24]变为[31]，例如"夹子"[24/31+0]、"砖头"[24/31+0]；阳平在轻声前由[53]变为[24]，如"晴噦"[53/24+0]、"盘子"[53/24+0]；上声在轻声前由[55]变为[21]，如"有的"[55/21+0]、"里头"[55/21+0]；去声在轻声前由[31]变为[53]，如"地上"[31/53+0]、"外头"[31/53+0]。

B组：轻声前字不变，如"多少"[24+0]、"良心"[53+0]、"仔细"[55+0]。

C组：阴平、上声做前字时，有个别字组发生特殊变调。例如"干净"[24/21+0]、"老虎"[55/53+0]、"韭菜"[55/24+0]。

1.1前字阴平

A组：24+0→**31**+0

东西 tuŋ ɕi	舒坦 ɕy tʰæ	冰凌 piŋ liŋ
兄弟 ɕyŋ ti	窟窿 kʰu luŋ	窗户 tʂʰuaŋ xuo

B组：24+0→24+0

多少 tuo ʂau	多咱 tuo tsæ	知了儿 tɕi liaur

C组：24+0→**21**+0

高粱 kau liaŋ	家什儿 tɕia ʂər	山药 ʂæ iau

1.2 前字阳平

A组:53+0→**24**+0

　　棉花 miaŋ xua　　　前年 tɕʰæ niæ　　　云彩 yn tsʰai

　　萝卜 luo pei　　　　皇历 xuaŋ li　　　　石榴 ɕi liəu

B组:53+0→53+0

　　甭个 piŋ kɤ　　　　长虫 tʂʰaŋ tʂʰuŋ

1.3 前字上声

A组:55+0→**21**+0

　　老鸹 lau kua　　　　起来 tɕʰi lai　　　　老鼠 lau ɕy

　　柳树 liəu ɕy　　　　砟子 tʂa tsʅ　　　　耳朵 lɤ tau

B组:55+0→55+0

　　水果 ʂuei kuo　　　　仔细 tsʅ ɕi

C组:55+0→53+0

　　老虎 lau xu　　　　　老母 lau mu

　　　55+0→**24**+0

　　韭菜 tɕiəu tsʰai

1.4 前字去声

A组:31+0→**53**+0

　　露湿 lu ɕi　　　　　嫁妆 tɕia tʂuaŋ　　　下来 ɕia lai

　　个蚤 kɤ tsau　　　　柿子 ʂʅ tsʅ　　　　　月亮 yɛ liaŋ

B组:31+0→31+0

　　太阳 tʰai iaŋ　　　　后头 xəu tʰəu　　　　这咱 tɕiɛ tsæ

　　上边儿 ʂaŋ pɚ

2. 叠字组的轻声

　　叠字组中,名词性叠字组符合轻声变调规律,可分为一般名词叠字组和称谓名词叠字组。动词性叠字组,前字不发生变调,后字轻读。例词:

2.1 前字阴平

2.1.1 名词叠字组

A组：一般名词叠字24+0→**31+0**

　　星星 ɕiŋ ɕiŋ　　　蛛蛛 tɕy tɕy　　　蝈蝈 kuai kuai

B组：称谓名词叠字24+0→**31+0**

　　哥哥 kɤ kɤ　　　妈妈 ma ma　　　公公 kuŋ kuŋ

2.1.2 动词叠字组24+0→24+0

　　挑挑 tʰiau tʰiau　　吃吃 tɕʰi tɕʰi　　捅捅 tʰuŋ tʰuŋ

2.2 前字阳平

2.2.1 名词叠字组

A组：一般名词叠字53+0→**24+0**

　　娃娃 ua ua　　　媒⁼媒⁼mei mei

B组：称谓名词叠字53+0→**24+0**

　　婆婆 pʰo pʰo　　　爷爷 iɛ iɛ

2.2.2 动词叠字组53+0→53+0

　　拿拿 na na　　　挪挪 nuo nuo　　　尝尝 tʂʰaŋ tʂʰaŋ

2.3 前字上声

2.3.1 名词叠字组

A组：一般名词叠字55+0→**21+0**

　　粑粑 pa pa　　　本儿本儿 pər pər

B组：称谓名词叠字55+0→**21+0**

　　姐姐 tɕiɛ tɕiɛ　　　奶奶 nai nai

2.3.2 动词叠字组55+0→55+0

　　烤烤 kʰau kʰau　　躲躲 tuo tuo　　想想 ɕiaŋ ɕiaŋ

2.4 前字去声

2.4.1 名词叠字组

A组：一般名词叠字31+0→**53+0**

　　棍儿棍儿 kuər kuər　　道儿道儿 taur taur

　　B组：称谓名词叠字 31+0→**53+0**

　　　　爸爸 pa pa　　　　　　弟弟 ti ti

　　2.4.2 动词叠字组 31+0→31+0

　　　　跳跳 tʰiau tʰiau　　　用用 yŋ yŋ　　　　　看看 kʰæ kʰæ

形容词重叠式 ABB 和 AABB，BB 一律重读，调值为 [24]。例词：

　　　　臭哄哄 tʂʰəu xuŋ xuŋ　　　　　热乎乎 iɛ xu xu

　　　　碜坷坷 tʂʰən kʰɤ kʰɤ　　　　　红红火火 xuŋ xuŋ xuo xuo

　　　　热热闹闹 iɛ iɛ nau nau　　　糯糯稠稠 tɕiaŋ tɕiaŋ tʂʰəu tʂʰəu

　　（三）特殊变调

　　"一"和"这、乜、些、八"存在特殊变调现象："一"字本调 [24]，非轻声两字组中，在阴平、阳平、去声前读 [55]，在上声前读 [31]。例如：

　　　　一着儿 i²⁴⁻⁵⁵tʂaur²⁴　　一村儿 i²⁴⁻⁵⁵tsʰuər²⁴　　一年 i²⁴⁻⁵⁵niæ⁵³

　　　　一回 i²⁴⁻⁵⁵xuei⁵³　　　一句儿 i²⁴⁻⁵⁵tɕyər³¹　　一半儿 i²⁴⁻⁵⁵pər³¹

　　　　一点儿 i²⁴⁻³¹tiɛr⁵⁵　　一碗 i²⁴⁻³¹uæ⁵⁵

　　"这、乜、些、八"在"个"字前不符合轻声变调规律，全部变读 [21]。例如：

　　　　这个 tɕiɛ³¹⁻²¹kɤ⁰　　　　　　乜个 niɛ³¹⁻²¹kɤ⁰

　　　　么些个 mo³¹ɕiɛ²⁴⁻²¹kɤ⁰　　　八个 pa²⁴⁻²¹kɤ⁰

　　二、轻声音节脱落现象

　　桃城区方言存在轻声音节脱落现象，一般句中的"咾、着"或多音节词中的"家"容易出现这种现象。轻声音节脱落后，前字如果是阴平，不发生变调；前字如果是阳平、上声、去声则发生变调，阳平 [53] 变 [24]，上声 [55] 变 [24]，去声 [31] 变 [53]。这种现象容易出现在以下 3 种情况。

　　（一）"单音节动词+咾+NP"结构中，"咾"字容易脱落。"咾"字音节可以说出来，也可以不说出来，两者表达的意思相同。如果说出来，"单音节动词+咾"符合轻声变调规律。如果不说出来，单音节动词是阴平的情况不发生变调；单音节动词是阳平、上声、去声则发生变调。例如：

推（咾）屋里 tʰei²⁴u²⁴⁻³¹li⁰

扔（咾）夹道儿里 ləŋ²⁴tɕia²⁴taur³¹⁻⁵³li⁰

爬（咾）墙上 pʰa⁵³⁻²⁴tɕʰiaŋ⁵³⁻²⁴xaŋ⁰

活（咾）么大年纪 xuo⁵³⁻²⁴mo³¹ta³¹niæ⁵³⁻²⁴tɕi⁰

弄（咾）一地 nəŋ³¹⁻⁵³i²⁴⁻⁵⁵ti³¹

改（咾）好几遍 kai⁵⁵⁻²⁴xau⁵⁵tɕi⁵⁵piæ³¹

躺（咾）地上 tʰaŋ⁵⁵⁻²⁴ti³¹⁻⁵³xaŋ⁰

放（咾）桌子上 faŋ³¹⁻⁵³tʂuo²⁴⁻³¹tsʐ⁰xaŋ⁰

掉（咾）地上 tiau³¹⁻⁵³ti³¹⁻⁵³xaŋ⁰

雨溆（咾）屋里 y⁵⁵ʂau³¹⁻⁵³u²⁴⁻³¹li⁰

问（咾）么些个人 un³¹⁻⁵³mo³¹ɕiɛ²⁴⁻²¹kɤ⁰in⁵³

（二）"单音节动词+着+NP"结构，"着"字容易脱落。"着"字如果说出来，符合轻声变调规律。如果不说出来，单音节动词是阴平的情况不发生变调；单音节动词是阳平、上声、去声则发生变调。例如：

磕（着）脑袋嗹 kʰɤ²⁴nau⁵⁵⁻²¹tai⁰liæ⁰

随（着）走嗹 suei⁵³⁻²⁴tsəu⁵⁵⁻²¹liæ⁰

捡（着）钱嗹 tɕiæ⁵⁵⁻²⁴tɕʰiæ⁵³⁻²⁴liæ⁰

冲（着）他就来嗹 tʂʰuŋ³¹⁻⁵³tʰa⁵⁵tʂəu³¹lai⁵³⁻²⁴liæ⁰

（三）地名"X家X"中，轻声字"家[·kɤ]"容易脱落。与前两种情况相同，"家"字可以不说出来。如果不说出来，轻声音节的前一个音节是阴平的情况不发生变调，前一音节是阳平、上声、去声发生变调。例如：

张（家）庄儿 tʂaŋ²⁴tʂuar²⁴　　　郭（家）埝 kuo²⁴niæ³¹

种（家）庄儿 tʂʰuŋ⁵³⁻²⁴tʂuar²⁴　　谈（家）庄儿 tʰæ⁵³⁻²⁴tʂuar²⁴

李（家）空 li⁵⁵⁻²⁴kʰuŋ²⁴　　　　　　赵（家）圈 tʂau³¹⁻⁵³tɕʰyæ²⁴

谢（家）庄儿 ɕiɛ³¹⁻⁵³tʂuar²⁴

此外，"娘（啦）个魂儿的"的"啦"可以不说出来，"娘"字阳平 [53] 变 [24]。

可以看出，前一音节变调调值的选择与轻声 A 组变调规律有关。桃城区方言"阳平＋轻、上声＋轻、去声＋轻"A 组分别读 [53/24+0][55/21+0][31/53+0]。轻声音节脱落后，轻声前音节单字调如果是阳平和去声，变调调值与轻声 A 组变调规律相同，仍读 [24] 或 [53]；前一音节单字调如果是上声，变调调值选轻声 A 组两字组组合，即 [21+4] 的起点 [2] 度与后字轻声音高大致为 [4] 度作为起点和终点，即 [24]。

三、儿化

桃城区方言的 36 个基本韵母全部可以儿化，共 22 个儿化韵。根据主要元音，可分为 10 组。按照钱曾怡（第 124 ～ 141 页）的分类，桃城区方言的儿化音为元音卷舌式。桃城区方言的韵母中没有卷舌元音，中古止摄日母开口三等字"儿"读为 [ɤ]，但儿化韵的语音形式与北京话类似，为卷舌元音，构成方式主要是"儿"音与前一音节进行融合。

表 2-10　桃城区方言儿化表

儿化韵	本韵	例词		
ər	ʅ	八字儿 pa²⁴tsər³¹	菜子儿 tsʰai³¹tsər⁵⁵	挨呲儿 ŋai⁵³tsʰər²⁴
	ʅ	办事儿 pæ³¹ʂər³¹	锯齿儿 tɕy³¹tʂʰər⁵⁵	墨汁儿 mei³¹tʂər²⁴
	ei	刀背儿 tau²⁴pər³¹	掉泪儿 tiau³¹lər³¹	擦黑儿 tsʰa²⁴xər²⁴
	ən	挨门儿 ŋai²⁴mər⁵³	病根儿 piŋ³¹kər²⁴	愣神儿 ləŋ³¹ʂər⁵³
iər	i	小鸡儿 ɕiau⁵⁵tɕiər²⁴	猪蹄儿 tɕy²⁴tʰiər⁵³	小米儿 ɕiau⁵⁵miər⁵⁵
	in	树林儿 ɕy³¹liər⁵³	报信儿 pau³¹ɕiər³¹	熟人儿 ʂəu⁵³iər⁵³

续表

儿化韵	本韵	例词		
uər	uei	一会儿 i²⁴⁻⁵⁵xuər²⁴	耳坠儿 ʅɤ⁵⁵tʂuər³¹	滋味儿 tsʅ²⁴uər³¹
	un	门墩儿 mən⁵³tuər²⁴	小棍儿 ɕiau⁵⁵kuər³¹	花纹儿 xua²⁴uər⁵³
yər	y	毛驴儿 mau⁵³lyər⁵³	唱曲儿 tʂʰaŋ³¹tɕʰyər²⁴	孙女儿 sun²⁴⁻³¹nyər⁰
	yn	合群儿 xɤ⁵³tɕʰyər⁵³	衬裙儿 tʂʰən³¹tɕʰyər⁵³	
ar	a	腊八儿 la³¹par²⁴	麦苲儿 mai³¹tʂʰar⁵³	板擦儿 pæ⁵⁵tsʰar²⁴
	aŋ	菜帮儿 tsʰai³¹par²⁴	香肠儿 ɕiaŋ²⁴tʂʰar⁵³	偏方儿 pʰiæ²⁴far²⁴
iar	ia	挨家儿 ŋai²⁴tɕiar²⁴	豆芽儿 təu³¹iar⁵³	一下儿 i²⁴⁻⁵⁵ɕiar³¹
	iaŋ	帮腔儿 paŋ²⁴tɕʰiar²⁴	变样儿 piæ³¹iar³¹	模样儿 mu⁵³⁻²⁴iar⁰
uar	ua	鸡爪儿 tɕi²⁴⁻³¹tʂuar⁵⁵	传话儿 tʂʰuæ⁵³xuar³¹	牙刷儿 ia⁵³ʂuar²⁴
	uaŋ	相框儿 ɕiaŋ³¹kʰuar³¹	张庄儿 tʂaŋ²⁴tʂuar²⁴	亮光儿 liaŋ³¹kuar²⁴
ɐr	ai	葱白儿 tsʰuŋ²⁴pɐr⁵³	小菜儿 ɕiau⁵⁵tsʰɐr³¹	小孩儿 ɕiau⁵⁵xɐr⁵³
	æ	白班儿 pai⁵³pɐr²⁴	好玩儿 xau⁵⁵uɐr⁵³	心肝儿 ɕin²⁴kɐr²⁴
iɐr	iæ	挨边儿 ŋai²⁴piɐr²⁴	小脸儿 ɕiau⁵⁵liɐr⁵⁵	心眼儿 ɕin²⁴⁻³¹iɐr⁵⁵
uɐr	uai	板块儿 pæ⁵⁵kʰuɐr³¹	一块儿 i²⁴⁻⁵⁵kʰuɐr³¹	
	uæ	抱团儿 pau³¹tʰuɐr⁵³	瓜蔓儿 kua²⁴uɐr³¹	火罐儿 xuo⁵⁵kuɐr³¹
yɐr	yæ	白卷儿 pai⁵³tɕyɐr³¹	人缘儿 in⁵³yɐr⁵³	绕圈儿 iau³¹tɕʰyɐr²⁴
ur	u	挨户儿 ŋai²⁴xur³¹	摆谱儿 pai⁵⁵pʰur⁵⁵	糖葫芦儿 tʰaŋ⁵³xu⁵³⁻²⁴lur⁰
or	o	围脖儿 uei⁵³por⁵³	上坡儿 ʂaŋ³¹pʰor²⁴	媒婆儿 mei⁵³pʰor⁵³

儿化韵	本韵	例词		
uor	uo	大伙儿 ta³¹xuor⁵⁵	被窝儿 pei³¹uor²⁴	鸡窝儿 tɕi²⁴uor²⁴
	uŋ	公儿 kuor²⁴	有空儿 iəu⁵⁵kʰuor³¹	
ɤr	ɤ	唱歌儿 tʂʰaŋ³¹kɤr²⁴	模特儿 mo⁵³tʰɤr³¹	挨个儿 ŋai²⁴kɤr³¹
	əŋ	水坑儿 ʂuei⁵⁵kʰɤr²⁴	麻绳儿 ma⁵³ʂɤr⁵³	吹风儿 tʂʰuei²⁴fɤr²⁴
iɛr	iɛ	刘三姐儿 liəu⁵³sæ²⁴⁻³¹tɕiɛr⁵⁵	半截儿 pæ²⁴⁻³¹tɕiɛr⁵³	锅贴儿 kuo²⁴tʰiɛr²⁴
	iŋ	脖领儿 po⁵³liɛr⁵⁵	酸杏儿 suæ²⁴ɕiɛr³¹	肉丁儿 iəu³¹tiɛr²⁴
yɛr	yɛ	小说儿 ɕiau⁵⁵⁻²¹ɕyɛr⁰	木橛儿 mu³¹tɕyɛr⁵³	旦角儿 tæ³¹tɕyɛr⁵³
aur	au	小刀儿 ɕiau⁵⁵taur⁵⁵	洗澡儿 ɕi⁵⁵tsaur⁵⁵	高招儿 kau²⁴tʂaur²⁴
iaur	iau	白条儿 pai⁵³tʰiaur⁵³	开窍儿 kʰai²⁴tɕʰiaur³¹	逗笑儿 təu³¹ɕiaur³¹
əur	əu	插口儿 tʂʰa²⁴⁻³¹kʰəur⁵⁵	小手儿 ɕiau⁵⁵ʂəur⁵⁵	猴儿 xəur⁵³
iəur	iəu	按钮儿 ŋæ³¹niəur⁵⁵	加油儿 tɕia²⁴iəur⁵³	顶牛儿 tiŋ⁵⁵niəur⁵³
ỹr	yŋ	小熊儿 ɕiau⁵⁵ɕỹr⁵³	勇儿 ỹr⁵⁵	

　　桃城区方言儿化韵融合方式主要分为直接卷舌型、音变卷舌型和保留韵尾卷舌型3种：

（一）直接卷舌型

　　大部分无鼻音韵尾的韵母直接加卷舌动作，例如 [a]>[ar]、[ia]>[iar]、[ua]>[uar]、[u]>[ur]、[o]>[or]、[uo]>[uor]、[ɤ]>[ɤr]、[iɛ]>[iɛr]、[yɛ]>[yɛr]、[au]>[aur]、[iau]>[iaur]、[əu]>[əur]、[iəu]>[iəur]；部分有鼻音韵尾的韵母去掉韵尾，韵腹直接卷舌，例如 [ən]>[ər]、[aŋ]>[ar]、[iaŋ]>[iar]、[uaŋ]>[uar]。

（二）音变卷舌型

韵母韵腹元音的发音部位发生变化后卷舌，共有4种情况：

1.韵腹央化后卷舌：[ɿ ʅ i æ iæ uæ yæ]央化后卷舌；[y]后加央元音卷舌；[in un yn]去掉韵尾后加央元音卷舌；[ei uei]去掉韵尾，韵腹央化后卷舌。此类韵母韵腹为舌类元音[ɿ ʅ]和舌面元音[i u y e æ]。

2.韵腹为[a]的韵母去掉韵尾后，韵腹高化为[ɐ]后卷舌，主要有[ai uai]。

3.韵腹为[u ə]的后鼻音韵母去掉韵尾后，韵腹变为[o]后卷舌，主要有[uŋ əŋ]。

4.[iŋ]变为[iɛ]后卷舌。

（三）鼻化韵尾卷舌型

桃城区方言的儿化韵都不带鼻音，[yŋ]韵母韵腹鼻化后卷舌为[ỹr]。

四、其他音变

（一）弱化

轻声词的轻声音节声韵容易发生变化。声母弱化如"反正"[·ʂəŋ]、"后晌"[·xaŋ]、"桌子上"[·xaŋ]、"糊涂"[·tu]、"今儿个"[·kʰʅ]。韵母变化主要有元音央化、介音变化、韵尾脱落等，如"窗户"[·xuo]、"晌午"[·xuo]、"伺候"[·xu]、"灯笼"[·ləu]。

量词的弱化。"四个、五个、六个、七个、九个"等的量词"个"弱化，读为"四啊[·a]、五啊[·a]、六啊[·a]、七呀[·ia]、九啊[·a]"。

（二）合音

桃城区方言的合音，主要是数量结构、指示代词和语气词的合音。

1.数量结构合音。桃城区方言中，数词"两、三、二十、三十、四十、五十、六十、七十、八十、九十"可以和"个"合音。

表2-11　桃城区方言数量结构合音表

数量结构	合音词	数量结构	合音词	数量结构	合音词
两个	lia^{55}	四十个	sʅ$^{31-53}$ʂau^{0}	八十个	pa$^{24-31}$ʂau^{0}
三个	sa^{24}	五十个	u$^{55-21}$ʂau^{0}	九十个	tɕiəu$^{55-21}$ʂau^{0}
二十个	lɣ$^{31-53}$ʂau^{0}	六十个	liəu$^{31-53}$ʂau^{0}		
三十个	sæ$^{24-31}$ʂau^{0}	七十个	tɕʰi$^{24-31}$ʂau^{0}		

2.指示代词合音。"这[tɕiɛ^{24}]"是"这+个"的合音,"乜[niɛ^{24}]"是"乜+个"的合音。"这、乜"原读为去声,合音词读阴平,两种形式可自由替换。例如:

（1）这　是　你　的,乜　是　他　的。

tɕiɛ^{24} ʂʅ^{31} ni$^{55-21}$ ti^{0}, niɛ^{24} ʂʅ^{31} tʰa$^{55-21}$ ti^{0}。

（2）这　个 是 你　的,乜　个 是 他　　的。

tɕiɛ$^{31-21}$ kɣ^{0} ʂʅ^{31} ni$^{55-21}$ ti^{0}, niɛ$^{31-21}$ kɣ^{0} ʂʅ^{31} tʰa$^{55-21}$ ti^{0}。

3.语气词"嘛、□[·tiaŋ]"分别是"的、俺"及"的、映"的合音(详见4.1.5)。

（三）同化

桃城区方言中,如果轻声词后一音节的声母是舌根音,前一音节容易添加后鼻音韵尾,从而发生同化现象。例如暖和[naŋ$^{55-21}$xuo^{0}]、棉花[miaŋ$^{53-24}$xua^{0}]、人家[iŋ$^{53-24}$kɣ^{0}]、耽搁[taŋ$^{55-21}$kɣ^{0}]。

桃城区方言的"哎、俺"与"昂、映"两组语气词的音变,与前一音节有关。读开口呼还是读齐齿呼,有时与前一音节的韵尾相关,受前一音节韵尾同化,例如句（1）至（4）;有时与前一音节的主要元音、介音相关,例如句（5）（6）。

（1）这　还　不　容　易　映?

tɕiɛ^{31} xæ^{53} pu^{24} yŋ$^{53-24}$ i^{0} iaŋ^{0}?

（这还不容易吗?）

（2）这　是　谁　　的　书　　　俺？

　　tɕiɛ³¹ ʂʅ³¹ xei⁵³⁻²⁴ ti⁰ ɕy²⁴⁻³¹ iæ⁰ ？

　　（这是谁的书呀？）

（3）这　　是　新　来　　的老　师　昂？

　　tɕiɛ³¹ ʂʅ³¹ ɕin²⁴ lai⁵³⁻²⁴ ti⁰ lau⁵⁵ ʂʅ²⁴⁻³¹ aŋ⁰ ？

　　（这是新来的老师吗？）

（4）你　做　梦　　　哎？

　　ni⁵⁵ tsəu³¹ məŋ³¹⁻⁵³ æ⁰ ？

　　（你做梦吧？）

（5）你　快　　着　说　　　俺。

　　ni⁵⁵ kʰuai³¹⁻⁵³ tʂau⁰ ɕyɛ²⁴⁻³¹ iæ⁰ 。

　　（你快点说呀。）

（6）他　天　　天儿　都　去　　　映？

　　tʰa⁵⁵ tʰiæ²⁴⁻³¹ tʰiɐr⁰ təu⁵⁵ tɕʰy³¹⁻⁵³ iaŋ⁰ ？

　　（他天天都去吗？）

第六节　同音字汇

1.本同音字汇所收的字,都是桃城区方言的常用字,包括以下几个来源:

《方言调查字表》(修订本,中国社会科学院语言研究所编, 1981年12月新一版)里桃城区方言口语用到的字;

桃城区方言口语常用而《方言调查字表》未收的字,这些字都见于《广韵》或《集韵》。

本字汇也包括一些写不出字形的音节,一律用方框"□"表示并加以注释。

2.字下加双横线"="表示文读音,字下加单横线"—"表示白读音。

3.一字有两读或几读的,一般按多用还是少用,在字的右下角用数码1、2、3标明。区别意义的异读只加注例词或释义,不标数码。

4.例子中的波浪线"～"代替本字。

5.本字表先按韵母分类,同韵母的字按声母顺序排列,声、韵母相同的按声调顺序排列,[0]表示只出现在轻声音节中。

ʅ

ts　[24]资滋[55]紫姊子囗～泥[31]自字

tsʰ　[24]呲～打:斥责[53]雌瓷磁词[55]此[31]次刺伺～候

s　[24]撕私司丝思囗～闹ˉ:馒头变质拉丝囗～糕[55]死[31]四巳寺饲

i

p　[24]逼笔～迹[53]鼻荸[55]比介词秕[31]蔽弊蓖闭算～子痹麻～筚毕必碧壁墙～臂～章避躲～

pʰ　[24]批披雨～匹一～布[53]皮脾琵～琶枇～杷[55]比介词擗用手掰[31]屁

m　[24]眯[53]迷谜囗扣～儿:扣眼儿[55]米囗～羊:蚂蚁囗把字涂抹干净[31]秘密蜜囗撒～眼儿:撒癔症

t　[24]低滴[53]提～着笛敌[55]底[31]弟第递地帝的目～

tʰ　[24]梯踢[53]提～这事儿题蹄[55]体[31]替涕鼻～剃屉剔

n　[24]妮衣胎盘[53]泥和～倪尼[55]你[31]腻逆泥～板

l　[24]漓～～啦啦:形容液体不断滴落[53]犁黎离篱璃离梨厘[55]礼李里一～地;～外理鲤[31]例厉励丽荔利痢吏立粒栗力历囗～巴:外行

tɕ　[24]鸡知饥～饿;～荒几儿茶～基机讥级鲫织积脊只一～鞋绩击激缉～毒吉[53]集急及疾偫直值植极蒺[55]虮挤己几～乎;～个给～你,供～[31]祭际济荠剂继系～鞋带髻寄技妓冀置痔治痣纪记忌既季辑编～即迹寂掷稷[0]给让～;拿～

tɕʰ [24]妻痴欺期七漆尺戚吃
缉~本儿[53]齐脐畦池奇
骑迟持其棋旗[55]启企起
[31]砌㮣器弃气汔泣[0]芺

ɕ [24]西牺希稀湿吸息熄媳
识惜适锡析晰[53]习十拾
实食席石[55]洗喜[31]细
系联~戏

Ø [24]医衣依揖作~乙一[53]
仪移姨疑遗胰~子[55]蚁
倚椅已以尾[31]艺义议易
轻~;交~意异毅日忆亿抑
益译疫

u

p [24]不[53]醭鹁~鸽埠~面
[55]补捕[31]布怖部簿步
□~局:吊死鬼儿,槐树、榆树上
的害虫

pʰ [24]铺~床扑□破~吃:破布
条[53]蒲菩仆□鸡~吃:鸡
肫[55]谱普[31]铺店~瀑

m [24]没1[53]模~样没3□蹲˝
打~子:啄木鸟[55]亩牡母拇
□过~儿:过度[31]暮墓木目

f [24]夫肤敷孵麸符福复反~
[53]扶浮服伏□~头儿起:
表面[55]俯斧抚腐辅[31]

付父附富副妇负幅腹覆
凫~水缚

t [24]都~城督[53]独读犊
毒[55]堵赌肚鱼~,猪~[31]
杜肚腹~度渡镀

tʰ [24]突秃□~啦舌头:大舌头
[53]徒途图[55]土吐~痰
[31]吐呕~兔

n [53]奴[55]努[31]怒

l [24]撸[53]炉芦炉[55]鲁
卤[31]路赂露~湿:露水

ts [24]租组足[53]卒兵~族
[55]祖阻

tsʰ [24]粗[31]醋促

s [24]苏酥[31]素嗉鸟~子速
粟塑~造宿住~

tʂ [24]烛朱姓□~灵:植物的茎
苗壮[53]逐[55]嘱[31]助蛀
铸筑祝

tʂʰ [24]初[53]锄殊1特~[55]
楚[31]怵

ʂ [24]梳蔬叔~伯兄弟殊2特~
[53]熟~悉[55]数动词[31]
数名词漱~口

ʐ [53]儒[55]乳

k [24]姑孤箍估~计骨[55]
古股鼓[31]故固雇顾□~
甬˝:小幅度地动[0]蛄

kʰ [24]枯窟哭 [55]苦 [31]库裤酷

x [24]呼乎忽烀幠 [53]胡~子；姓囫揩湖狐壶核果子~ [55]虎 [31]户互护瓠~瓜□头~：牲口

Ø [24]乌污诬屋 [53]吴梧无 [55]五伍午武舞 [31]误痦~子杌戊

y

n [55]女

l [24]捋 [53]驴 [55]吕旅 [31]虑滤律率效~绿

tɕ [24]猪竹居车~马炮蛛朱~砂珠拘菊□~溜驹 [53]橘锔~碗局 [55]煮举拄~拐杖主 [31]据锯巨距聚柱住注句具剧

tɕʰ [24]蛆区驱出输~哦二亩地屈麹酒~曲~折蛐黢黑~~ [53]除渠橱 [55]杵取娶 [31]处去趋趣黢~黑畜~牲

ɕ [24]书舒~坦虚须需输~液 [53]徐秫俗赎 [55]暑鼠黍属~相儿许 [31]絮续竖树戌婿女~术手~畜~牧

Ø [24]愚淤 [53]鱼余娱于盂榆

[55]语雨宇羽辱 [31]如不~誉预遇寓裕入育褥玉狱

ʅ

tʂ [24]枝指手~头趾芝汁支吱拟声词 [55]纸指用手~只~有 [31]滞制智致稚秩质至

tʂʰ [24]眵~目糊 [55]齿 [31]赤翅

ʂ [24]师狮诗涩柿子~虱失室 [53]时 [55]屎使 [31]世势誓是氏示似事式试柿市

a

p [24]巴疤八 [53]拔 [55]把~守；一~；~柄粑 [31]霸把刀~坝 [0]笆

pʰ [24]趴 [53]爬 [31]怕

m [24]妈抹~布，~桌子 [53]麻 [55]马码 [31]骂

f [24]法没~儿发□~哒：责备 [53]乏罚□一~子：一阵子

t [24]答搭 [53]达沓苙 [55]打 [31]大

tʰ [24]坍塌塌溻跶 [55]他她它 [31]踏

n [53]拿 [55]哪 [31]那捺纳

l [24]拉~车 [53]拉用刀划□不~：不和睦 [55]喇 [31]腊蜡

辣落~下

ts [24]呲 [53]砸杂 [55]咋

tsʰ [24]擦

s [24]撒仁 [55]洒₂[31]萨

tʂ [24]渣扎~针 [53]榨闸铡~刀扎马~炸用油~ [55]眨 [31]炸~弹诈乍囗~蓬牙:猪毛菜麦

tʂʰ [24]叉 差~别 插 [53]茶 查茬察 [55]踏踩,在泥水里走囗打~:不靠谱 [31]岔差~不多

ʂ [24]沙名词,~子纱杀刹 [53]啥 [55]傻洒₁[31]厦沙动词,~沙子

k [53]朵~~:儿童玩具,用鞭子抽的陀螺囗~~玉米面做的面疙瘩,放在水里煮熟食用 [55]尕小孩调皮 [31]尬尴~

kʰ [24]咖 [55]卡~车

x [24]哈

Ø [31]啊

ia

p [24]吧~叽嘴

t [55]嗲

l [55]俩

tɕ [24]家加痂夹甲 [53]囗吆喝牲口的口令,向前 [55]假真~贾 [31]假放~架驾嫁稼价

tɕʰ [24]掐 [55]卡~住 [31]恰洽抍~腰

ɕ [24]虾瞎 [53]霞匣 [31]吓下~降夏厦~门

Ø [24]鸦丫鸭押压 [53]牙芽衙涯 [55]雅哑 [31]亚轧

ua

tʂ [24]抓 [55]爪

ʂ [24]刷 [55]耍

k [24]瓜刮呱拟声,青蛙等的叫声鸹 [53]囗踢腔~儿:开玩笑地踢小孩儿屁股呱拉~儿:闲聊 [55]寡剐 [31]挂卦褂

kʰ [24]夸 [55]侉垮 [31]跨

x [24]花 [53]华中~划铧滑猾 [31]华~山;姓桦画话化

Ø [24]洼挖~坑 [53]蛙娃 [55]瓦掋崈 [31]袜

æ

p [24]班斑扳般搬 [55]板版 [31]扮瓣办半绊伴拌

pʰ [24]攀潘 [53]盘 [31]盼襻纽~畔判叛

m [53]蛮瞒馒蔓~菁[55]满 [31]慢漫蔓~延

f [24]帆翻~过来番反~面 [53]

凡下~烦繁[55]反造~[31]泛饭范犯贩□~不啦儿:雪珠子□荨麻疹凡~是

t　[24]耽担~任丹单□五月~五儿[53]□叹词,用来吓人一跳[55]胆掸鸡毛~子疸[31]担扁~淡旦诞但弹子~蛋□~张 ̄:小型蝗虫

tʰ　[24]贪滩摊[53]潭谭谈痰檀坛弹~琴[55]毯坦[31]探炭叹

n　[53]南男难困~[31]难患~

l　[53]蓝篮兰拦栏[55]览揽缆懒[31]烂滥

ts　[24]簪[55]攒~钱[31]暂赞

tsʰ　[24]参餐[53]蚕惭残[55]惨[31]灿

s　[24]三[55]散~架伞[31]散~步

tʂ　[24]沾粘瞻毡[55]斩盏展[31]站~立;车~蘸占绽栈战

tʂʰ　[24]掺[53]馋缠[55]铲产[31]颤觇

ʂ　[24]衫珊山删膻□头发~:刘海扇~扇子;~了一巴掌[55]闪陕[31]疝扇~子善鳝

k　[24]甘泔柑干~燥肝竿杆~子[55]感敢擀~面赶

[31]干~活

kʰ　[24]堪刊[55]坎砍[31]看~见

ŋ　[24]庵安鞍鹌[55]俺[31]暗岸按案

x　[24]憨酣鼾顸粗[53]含寒韩还~有[55]喊罕[31]憾汉旱

iæ

p　[24]鞭编边蝙[55]贬扁匾□踩[31]变辨辩辫便方~遍一~;~地

pʰ　[24]篇偏[53]便~宜[55]谝~脸:炫耀[31]骗片

m　[53]棉绵眠[55]免勉[31]面~粉;形容词,~甜瓜

t　[24]掂颠[55]典点[31]店电殿奠垫

tʰ　[24]添天[53]甜田填[55]舔腆

n　[24]拈蔫□红骨 ̄~儿:枸杞[53]黏鲶~鱼年[55]碾撵捻言~声儿[31]念

l　[53]廉镰连1联怜莲□蝎虎~子:壁虎[55]脸连2[31]敛殓练恋链

tɕ　[24]监尖奸兼艰间中~奸

煎犍肩坚 [55] 减检俭拣剪

简□ 房屋底部用芦苇或油毡做

的防水层 [31] 渐剑谏间 ~隔

箭溅践贱件建键腱见

tɕʰ [24] 签谦迁千牵铅 [53] 钱

钳乾前 [55] 潜浅遣 [31] 嵌

欠歉茜

ɕ [24] 锨仙鲜掀先 [53] 咸衔

嫌闲涎贤弦 □ 门~:门槛

[55] 险显 [31] 陷~害馅限

苋线献现县 □ 四~里:到处

∅ [24] 淹阉腌烟 [53] 严炎盐

阎檐颜然燃延言 发~研沿

芫 [55] 染掩眼演 □ ~手:夹

手 [31] 验厌艳焰雁谚宴砚

燕咽 ~下去 □ ~窝儿:后颈窝

[0] 蜒

uæ

t [24] 端 [55] 短 [31] 断锻段缎

tʰ [24] 湍 [53] 团

n [55] 暖

l [53] 鸾 [55] 卵 [31] 乱

ts [24] 钻 动词 [55] 纂 发髻 [31]

攥钻 名词

tsʰ [24] 汆~丸子 蹿~得快 [53]

攒把零件安装在一起 [31] 窜

s [24] 酸 [55] 癣 [31] 算蒜旋

~吃~拿

tʂ [24] 专砖 [55] 转~眼 [31] 转

~圈传~记

tʂʰ [24] 川穿 [53] 椽传~播 [55]

喘 [31] 串

ʂ [24] 拴 [31] 涮

k [24] 官棺观参~冠鸡~子关

[55] 管馆 [31] 灌罐观道~惯

冠~军

kʰ [24] 宽 [55] 款

x [24] 欢 [53] 还~原环 [55] 缓

[31] 唤换幻患

∅ [24] 豌~豆剜弯湾 [53] 玩

完丸顽 [55] 碗晚挽 [31] 腕

万蔓瓜~

yæ

tɕ [24] 绢~丝捐娟 [55] 卷~起

[31] 卷试~圈牛羊~绢手~

tɕʰ [24] 圈圆~ [53] 全泉拳权

颧蜷 [55] 犬 [31] 劝券

ɕ [24] 轩宣暄馒头~腾 [53] 旋

~风玄悬 □ 形容人脑腆或能力

差:物品质量差 [55] 选 [31] 陷

~进去眩镟楦鞋~儿

∅ [24] 冤渊 [53] 圆员缘元原

源辕园援 [55] 软远 [31] 院

愿怨

ɤ

t　[24]嘚 [53]德得~到

tʰ　[31]特

l　[24]勒勾~ [31]乐~于助人

ts　[53]责~备则择选~ [31]仄

tsʰ　[31]策~划册手~厕测侧~面

s　[31]色~彩涩苦~

tʂ　[53]哲 [55]者 [31]浙

ɭ　[53]儿 [55]耳饵 [31]二贰~心

k　[24]歌哥鸽割搁~下胳肐~儿革隔~离嗝 [53]格阁搁禁受硌□~拉:围嘴儿 [55]葛各~自:形容人孤僻;~个 [31]个~人,一~

kʰ　[24]科棵颗咳~嗽磕渴窠鞋~喽儿颏括包~ [53]壳 [55]可 [31]课刻时~;用刀~克

ŋ　[24]阿~胶 [53]鹅俄娥蛾2讹 [31]饿2恶凶~

x　[24]喝~水 [53]荷~花河何和~气禾合~叶盒饸~饹蛤~蟆核~查 [55]嗬叹词 [31]贺鹤

Ø　[31]鳄

iɛ

p　[24]鳖憋 [53]别分~ [55]瘪 [31]别~扭

pʰ　[24]撇从液体表面上轻轻地舀:~沫儿 [55]瞥撇~捺苤

m　[24]末老~,指最后一个 [31]灭末~了,最后篾

t　[24]爹跌 [53]叠蝶

tʰ　[24]贴帖铁

n　[24]捏拿~ [31]乜中指指示代词聂姓捏~住镊

l　[55]咧 [31]猎列烈裂劣恶~略大~掠~夺

tɕ　[24]遮阶街接蜇~人折~断揭节结隔~开 [53]劫蛰惊~辙杰截洁睫 [55]姐解讲~;~开;理~褶~子□~记:惦记 [31]这借裓~子介界芥疥戒□~在:爱惜 [0]蔗

tɕʰ　[24]且而~车□蛐~:蚯蚓切客来~ [53]茄□:叹词,表示不屑一顾 [55]扯 [31]妾怯彻撤

ɕ　[24]揳~钉子:把钉、橛等捶打到其他东西里去:楔子□~他一顿:打他一顿些赊歇蝎血流~ [53]邪斜谐鞋携协舌

折弄～了□～:脾气大[55]写
舍～得[31]泻卸谢社射械
懈解姓设屑瀣～里

Ø [24]耶噎[53]爷[55]惹 也
野[31]夜叶页业热液腋额
～拉盖儿

yɛ

n [31]虐

l [31]劣～势略粗～掠～过

tɕ [24]撅噘[53]绝掘决诀觉
感～镢角～色橛木～子[31]倔

tɕʰ [24]缺确正～[53]瘸[31]鹊
雀麻～确～实

ɕ [24]靴薛雪说血～型[53]学
～习踅[31]穴

Ø [24]曰约大约[55]哕[31]悦
阅月越岳乐音～跃跳～

o

p [24]波菠玻拨[53]伯～父搏
脖勃箔金～[55]簸动词[31]
簸名词薄～荷

pʰ [24]坡泼[53]婆[31]破魄
迫压～

m [53]磨摩魔馍膜[24]摸模
～特儿[55]抹[31]末～尾默
磨～豆浆;～盘么指示代词,相
当于这么、那么:～大墨～水儿

f [53]佛～经

uo

t [24]多哆[53]夺[55]朵躲
[31]剁垛

tʰ [24]拖脱托～梦[53]驼驮
[55]妥椭[31]唾

n [53]挪[31]糯

l [24]啰～嗦[53]罗锣箩骡萝
螺摞～起来[55]裸[31]骆洛
络落降～

ts [24]作～坊嘬[53]昨[55]左
佐撮一～米[31]坐座做～作
业□～邦:结实作工～

tsʰ [24]搓[53]矬[31]锉错

s [24]唆缩[53]□～:形容词,
喜欢招惹别人[55]锁所[31]
塑～料

tʂ [24]桌捉[53]卓啄浊镯琢

tʂʰ [24]戳～一下;～住:立住[31]辍

ʂ [31]朔硕

ʐ [31]若

k [24]锅郭□量词[55]果裹
国啯馃～子:油条[31]过

kʰ [24]扩～大[53]阔扩～充括～
号儿

x [24]豁攉～腾劐用刀～开

[53]和～面活合～住[55]火伙[31]货祸或获

Ø [24]窝鸡～;～铁丝蜗[53]蛾₁[55]我[31]卧握饿₁

ai

p [24]百掰用手～开伯大～[53]白[55]摆柏[31]拜败

pʰ [24]拍迫强～[53]排牌[31]派

m [53]埋[55]买[31]卖迈麦脉

t [24]呆[55]逮[31]在～后头再～来戴贷待代袋带

tʰ [24]胎苔[53]台抬[31]太态泰

n [55]乃奶[31]耐奈

l [53]来[31]赖癞

ts [24]灾栽[55]宰载年～[31]在现～再～见载满～

tsʰ [24]猜[53]才材财裁[55]彩采睬[31]菜蔡

s [24]塞堵～腮鳃[53]□～饭:晋语,吃饭[31]赛

tʂ [24]窄摘责～任[53]择～菜宅[55]侧～歪[31]债寨

tʂʰ [24]钗差拆策政～册第一～[53]柴

ʂ [24]筛色颜～[55]□～了一身水[31]晒

k [24]该[55]改□～拉儿:蛤蜊[31]概溉盖丐

kʰ [24]开揩[55]凯慨楷[31]慨

ŋ [24]哀挨～边[53]挨～打[55]矮[31]碍爱艾

x [24]□应答声[53]孩[55]海[31]亥害

uai

tʂ [24]拽～了一块砖:投掷了一块砖[55]转～词儿:讽刺人说话用书面语[31]拽拉

tʂʰ [24]揣搋[31]踹

ʂ [24]衰摔[55]甩[31]帅率蟀

k [24]乖蝈掴～一巴掌[55]拐[31]怪

kʰ [55]㧟～篮子:用胳膊挽着篮子[31]块会～计筷

x [53]怀槐踝[31]坏

Ø [24]歪[55]崴捾崟[31]外

ei

p [24]杯碑卑悲笔铅～婢奴～北[31]贝辈背～诵;～后;～着壁影～被～子;～打避～雨备

pʰ [24]胚坯披～上[53]培陪赔呸[31]配瑞

m [53]梅媒煤眉□～～:乳房

没₂[55]每美[31]妹昧<u>墨</u>~汁儿

f [24]非飞妃翡~翠[53]肥[55]匪[31]废肺痱~子费 □发~:小孩淘气,搞破坏

t [24]得形容得意的样子[53]嘚驱赶牲口向前的吆喝声[55]得~上学特~意儿:故意[31]对兑

tʰ [24]推忒[55]腿[31]退蜕褪

n [55]馁[31]内

l [24]勒~住脖子[53]雷[55]垒累积~[31]累劳~;连~类泪肋

ts [53]贼

ʂ [53]谁₂

k [55]给

kʰ [24]剋~嚓:用尖锐的器具或指甲小幅度动作地修理物品,也指一点一点地费力工作;用指甲抓

x [24]黑[53]谁₁

Ø [24]□叹词,用力时发出的声音

uei

t [55]怼[31]队

tʰ [53]颓

l [55]蕊

ts [24]堆[55]嘴[31]罪最醉

tsʰ [24]催崔[31]脆翠粹

s [24]虽塞~进去荽[53]髓[31]碎岁隧穗□~头:謷头

tʂ [24]追锥[31]缀赘坠

tʂʰ [24]吹炊[53]垂槌锤

ʂ [55]水[31]税睡

ʐ [31]芮

k [24]闺规龟归[55]鬼[31]桂跪柜贵

kʰ [24]亏[53]魁葵[31]溃愧

x [24]恢灰挥辉徽[53]回[55]悔毁[31]贿会开~;~不~烩

Ø [24]煨危微威[53]为作~维违围[55]委伟苇□身体在床上或地上蹭:~了一身土[31]卫为~了位未味魏胃

au

p [24]褒包胞剥炮烘烤,焙烤:~山药,把衣裳~干[53]薄~厚箔~子雹[55]保堡宝饱[31]报抱暴菢~窝豹爆鲍刨~花儿

pʰ [24]抛剖解~[53]袍刨~地[55]跑[31]泡炮鞭~

m [24]摸~一下[53]毛茅猫谋阴~矛[55]卯某~天[31]冒帽貌摸~着咯;~不着

f [55]否是~

t [24]刀叨[53]捯～线：两手替换着把线绕好；～气儿：临死前急促、断续地呼吸[55]岛倒打～；颠～[31]到倒～水道稻盗

tʰ [24]滔掏涛托～生□：瞎话：编谎话[53]桃逃淘陶[55]讨[31]套

n [24]孬[53]铙挠□～子：翻土用的农耕机[55]脑恼[31]闹

l [24]唠～叨[53]劳捞牢[55]老姥～娘[31]涝落～下烙痨

ts [24]遭糟[53]凿[55]早枣澡[31]躁灶造

tsʰ [24]操糙[53]槽曹[55]草[31]艚

s [24]骚臊[55]扫～地嫂[31]扫～把

tʂ [24]朝～阳召招着放，搁□～开：盛得下[53]着～火；睡～；～上：传染[55]找沼[31]罩笊～篱赵照□老～儿：麻雀

tʂʰ [24]抄钞超焯[53]巢朝～代潮[55]炒吵

ʂ [24]梢捎～带脚儿稍烧筲[53]勺□：缺心眼儿[55]少多～[31]潲～雨少～年捎往后～：往后退

k [24]高膏镐搁～桌子上羔糕

[55]搞稿[31]告

kʰ [24]尻[55]考烤[31]靠犒铐

ŋ [24]恶～心熝～白菜[53]熬[55]袄[31]傲

x [24]蒿薅[53]豪毫号呼～[55]好～坏郝[31]好爱～耗号～码

iau

p [24]标膘標鳔彪[55]表～哥；手～[31]摽～劲儿

pʰ [24]飘漂打水～[53]瓢嫖[31]票漂～亮

m [24]瞄～了一眼[53]苗描瞄～准[55]秒[31]庙妙

t [24]刁叼貂雕[31]钓吊掉调音～；～动锦门帘～儿□小孩调皮

tʰ [24]挑～扁担[53]条调～和[55]挑～高；～面条[31]跳

n [55]鸟[31]尿

l [53]撩辽疗聊[55]了燎[31]料尥～蹶子撂镣

tɕ [24]交郊胶教～会狡焦蕉椒骄娇浇脚觉～着角～色；桌子～饺[53]嚼[55]铰绞搅[31]教～室校～对较酵觉睡～轿叫□～水：用水泵泵水窖

tɕʰ [24]敲锹悄[53]桥荞瞧[55]巧[31]俏窍雀_{大~:麻雀}繑

ɕ [24]消宵萧箫削_{~皮}[53]学_{上~}[55]小晓[31]孝效校_{学~笑}

ø [24]妖邀腰要_{~求}么_{~二三}约_{称重}[53]饶摇谣窑姚□_{半截~儿:中间}[55]咬扰舀[31]要_{想~}绕耀弱疟_{发~子}药钥跃_{大~进□~子:用来捆收割的庄稼、菜的秸秆或绳子}

əu

pʰ [24]剖_{~析}

m [53]谋_{~划}

f [55]否_{~决}

t [24]兜[55]都_{~是}抖陡[31]斗豆逗

tʰ [24]偷[53]头投_{~坷垃:扔土块儿;~衣裳:漂洗衣服}[31]透

l [24]搂_{~草}[53]楼耧_{播种用的农具}[55]搂_{~抱}篓[31]漏陋

ts [24]邹[55]走[31]做_{~饭}揍奏作_{~么}

tsʰ [31]凑

s [24]搜飕馊_{饭~了}

tʂ [24]搋搋_{上去:托上去}周舟州洲粥[53]轴[55]肘[31]就_{~是}昼宙皱咒

tʂʰ [24]搋扶抽[53]绸稠筹愁仇酬□_{~衣裳:洗衣服}[55]丑瞅[31]臭

ʂ [24]收叔_{亲~}[53]熟煮_~[55]守首手[31]瘦兽受寿授售

k [24]勾钩沟[55]狗苟[31]够_{~得着;足~}构购

kʰ [24]抠[53]□_{形容与人交往中总是占上风,吵架厉害,不让人}[55]口[31]叩扣

ŋ [55]藕偶_{配~;~然}呕殴[31]沤_{~烂}怄_{~气}

x [24]齁□_{财迷~儿}[53]什_{~么}侯喉猴瘊[55]吼[31]后厚

ø [24]欧

iəu

t [24]丢[53]留_{~下}

n [24]妞[53]牛[55]扭钮□_{~子:狗尾草}[31]拗

l [24]溜蹓[53]流刘留_{保~}[55]柳绺[31]六遛[0]榴

tɕ [24]揪阄纠_{~缠;~正}灸针_{~究}[53]舅[55]酒九久□_{~遭儿:周围}[31]救臼旧就成_{~枢}

tɕʰ [24]秋_{~天;~千}丘□_{~~着:}

_{蜷缩着}着□_{藏起来等待}[53]囚求
球仇_姓[55]糗

ɕ　[24]修羞休朽宿_{一~：一夜}
[31]秀绣宿_星~锈袖嗅

ø　[24]忧优邮悠_{晃~}幽[53]
柔揉尤由油游犹[55]有友
酉[31]又右祐诱柚釉幼肉
[0]鼬

ən

p　[24]奔~_跑锛□_踢[55]本
[31]奔~_{头笨}

pʰ　[24]喷~_水[53]盆[31]喷~_香

m　[24]闷~_热焖[53]门[31]闷
_{憋~}

f　[24]分芬纷[53]焚坟[55]
粉[31]粪奋愤份忿□_{~囊：}
_{表皮起皱}

t　[24]□_{鸡或鸟类叼食物}[31]扽抻

tsʰ　[24]参~_差[53]岑

s　[24]森

tʂ　[24]针斟珍真贞侦[55]诊疹
[31]枕_{~头，名词；~枕头，动词}

tʂʰ　[24]抻[53]沉陈尘辰晨臣
[55]碜[31]趁衬

ʂ　[24]参_{人~}深糁身申伸[53]
什_{家~}儿神[55]沈审婶[31]

渗肾瘆葚

ʐ　[53]任_姓

k　[24]跟~_着根跟[53]哏[31]
跟_{我~他}

kʰ　[55]恳垦肯啃

ŋ　[24]恩[55]㤘_{第二人称代词}
[31]摁

x　[53]痕[55]很[31]恨

in

p　[24]彬宾[31]殡鬓

pʰ　[24]拼[53]贫频[55]品[31]
聘姘

m　[53]民[55]敏

l　[24]拎[53]林临邻鳞[55]
檩[31]论_{不~，~辈儿}赁□_~
_{月：闰月}[0]囵

tɕ　[24]今金禁_{~不得}[55]锦紧
仅[31]禁_{~止}妗尽进劲近

tɕʰ　[24]侵钦亲□_{用开水冲泡}
[53]琴禽擒秦勤芹[55]寝
[31]沁吣

ɕ　[24]心辛新欣[53]寻_{~媳妇}
_{儿；~思}[31]信衅_{挑~}

ø　[24]音阴荫因姻殷[53]吟
淫龈人仁银[55]饮忍寅引
隐[31]任_{责~}纴_{缝~}刃认印

un

t [24]敦墩蹲□～打模子:啄木鸟[55]盹趸～货[31]顿盾钝囤打～

tʰ [24]吞[53]屯囤～货臀

l [24]抡[53]轮仑淋[55]□量词,一大绺[31]论评～嫩

ts [24]尊遵[31]俊

tsʰ [24]村皴[53]存[31]寸

s [24]孙[55]损榫

tʂ [55]准

tʂʰ [24]春椿[53]纯醇[55]蠢[0]鹑

ʂ [53]□形容人长得丑,带有讽刺意味[55]吮[31]顺

k [55]滚[31]棍

kʰ [24]昆[55]捆[31]困

x [24]昏婚荤[53]苠～香魂馄～饨浑～身混～蛋[31]混～帐;蒙～

ø [24]温瘟[53]文纹蚊闻[55]吻稳[31]问

yn

tɕ [24]均钧菌君军[31]郡

tɕʰ [53]噙群裙唇

ɕ [24]熏[53]旬巡寻～找[31]

讯迅训

ø [24]晕[53]匀允云[31]润闰熨运孕

aŋ

p [24]帮邦□用木棍敲击[55]膀～子绑榜[31]傍棒

pʰ [24]乓胖[53]滂旁螃庞膀～胱[55]□～裤:用棉花絮的床垫[31]胖

m [53]忙芒～种茫盲[55]莽蟒

f [24]方芳[53]肪脂～妨房防[55]仿纺访[31]放

t [24]当应～[55]党挡挂～[31]当上～荡挡～住

tʰ [24]汤[53]堂螳唐塘[55]躺[31]烫趟一～

n [53]囊[55]攘用刀子～[0]齉

l [53]郎廊狼螂[55]朗[31]浪

ts [24]赃脏肮～[31]葬藏西～脏内～

tsʰ [24]仓苍[53]藏隐～

s [24]桑丧报～[55]嗓搡[31]丧～失

tʂ [24]张章樟□～过去:向后仰过去[55]长生～涨掌[31]帐账胀丈仗杖障

tʂʰ [24]昌[53]长～短肠尝常偿

[55]场厂敞氅[31]畅唱倡

ʂ　[24]商伤[55]赏响[31]上～山;～面尚

k　[24]刚纲钢豇[55]岗港[31]杠□～着:太,特别;该,轮到

kʰ　[24]康糠[31]抗炕扛

ŋ　[24]肮[53]昂

x　[24]夯[53]行～列;银～航杭[31]晃～～:晃晃瓶子类容器□树～子:小树林

iaŋ

n　[53]娘[55]仰～头[31]酿

l　[24]□～过去:超过去;～一棍子:用棍子打[53]良凉量～长短粮梁[55]两～个;缺斤短～[31]亮谅辆量数～晾

tɕ　[24]浆疆僵姜缰江奖将象棋术语[55]桨将～来蒋讲耩～地[31]酱将大～匠犟降下～虹彩虹糨

tɕʰ　[24]枪腔[53]墙强[55]抢[31]呛够～□～垮面儿

ɕ　[24]相～互箱厢湘镶香乡[53]详祥降投～[55]想享响[31]相～面象像橡向项

Ø　[24]央秧殃[53]羊洋杨阳扬疡溃～瓤[55]嚷养痒仰

敬～[31]让样

uaŋ

tʂ　[24]庄装桩[55]□动词,把书本、笔、席子等在桌子上蹲蹲,弄整齐[31]壮状撞2

tʂʰ　[24]窗疮[53]床[55]闯[31]创撞1

ʂ　[24]霜双[55]爽

k　[24]光胱[55]广[31]逛洸

kʰ　[24]筐[53]狂[31]眶矿

x　[24]荒慌[53]黄簧隍[55]谎晃被假动作骗[31]晃摇头～脑

Ø　[24]汪一～～水[53]王亡[55]往向～网[31]忘望旺往～里走

əŋ

p　[24]崩绷[31]蹦

pʰ　[24]烹[53]朋彭膨棚篷蓬[55]捧～着;一～[31]碰

m　[24]懵蒙糊弄[53]蒙～上蠓萌[55]猛[31]梦孟

f　[24]风枫疯丰封峰蜂锋[53]冯逢缝～衣服[55]讽[31]凤奉缝一条～

t　[24]登灯[55]等[31]凳镫邓澄水浑,～一～瞪磴一～儿:台阶或梯子的一级

tʰ [24]煻~干粮[53]腾誊藤疼

n [53]能 □～～着脚: 踮着脚 [31]弄

l [24]扔$_2$[53]棱[55]冷[31]愣

ts [24]曾姓增[31]赠

tsʰ [53]曾~经层[31]蹭

s [24]僧

tʂ [24]征蒸争筝睁正~月挣~口袋:把袋子的出口用手固定着,好往里面放东西[55]拯整[31]证症郑正政挣~钱

tʂʰ [24]称撑铛[53]澄~清橙乘承程成城诚盛~满[55]惩逞[31]秤

ʂ [24]升生牲甥声[53]绳[55]省~长;节~[31]剩胜~任;~利盛~开□溺爱孩子

k [24]更夜静~深耕春~[55]埂梗耿[31]更~加

kʰ [24]坑~人

x [24]哼[53]衡恒[31]横蛮~;~竖

iŋ

p [24]冰兵[53]甬不要;不用[55]丙饼[31]病并

pʰ [53]凭平评瓶萍

m [53]鸣明名[31]命

t [24]丁钉名词疔[55]顶[31]订定腚钉动词

tʰ [24]听厅[53]亭停庭蜓莛[55]艇挺[31]□~牌:打麻将时差一张牌就和牌

n [53]宁安~凝赢$_1$[55]拧~螺丝[31]宁~可拧脾气倔

l [53]陵凌灵零铃[55]领岭[31]令另

tɕ [24]更打~耕~地京惊精晶经菁[55]景警井[31]茎境敬竟镜竞静净

tɕʰ [24]清轻青蜻坑大~:大水坑[53]情晴婧~受[55]请苘[31]亲~家庆□~住:凝固

ɕ [24]兴~起星腥[53]行形型刑陉井~[55]省反~醒[31]兴高~杏幸性姓

Ø [24]应~该鹰莺鹦樱英婴缨扔$_1$[53]蝇迎营赢$_2$萤[55]影颖[31]应~承硬映

uŋ

t [24]东冬[55]懂董[31]冻栋动洞

tʰ [24]通捅触碰人或物:他~咾乜小孩儿一下,小孩儿就不干啀[53]同铜桐童瞳[55]桶捅

用刀子~筒统[31]痛

n　[53]齈农脓浓[31]□道路泥泞难走

l　[53]笼聋隆龙[55]拢垄

ts　[24]宗综踪[55]总[31]粽纵~囊:有皱纹,不平;~横

tsʰ　[24]聪葱[53]从丛

s　[24]松~树;~紧嵩[53]怂[55]悚耸[31]送宋诵颂

tʂ　[24]中~间忠终钟盅[55]种~族肿[31]中射~众重轻~种~树

tʂʰ　[24]充冲~锋[53]虫种姓重~复[55]宠[31]冲~着

k　[24]公蚣工功攻弓躬宫恭供~给,~不起□一~劲:一个劲儿[55]拱[31]贡供上~共

kʰ　[24]空~虚[55]孔恐[31]空~闲控

x　[24]轰~出去烘[53]红宏洪鸿虹彩~□小~车:中间拱两边低,两边常常放筐的小推车[55]哄~骗[31]哄起~

∅　[24]翁嗡[31]瓮

yŋ

tɕ　[55]窘

tɕʰ　[53]穷

ɕ　[24]兄胸凶[53]熊雄□精液

∅　[24]拥庸[53]荣绒融容蓉镕[55]永泳咏勇蛹□~以:因为[31]用

第三章　分类词表

1.本词汇表收录桃城区方言常用词汇三千余条。大致按意义分为30类,有一些词彼此不一定同类,但意义密切相关,也放在一起。

2.词目先写汉字,后写音标、释义、用例。有些词存在歧义,或者不止一个义项,注释时分别用①②③表示。音标中以"-"分隔本音和变音。举例时以"～"复指条目,以"|"分割各例。

3.同义词或近义词排在一起。常用的顶格排列,其他各条换行缩进1字符排列。

4.本字不明的,有同音字的用同音字表示,并用上标"="标示;没有同音字的,用"□"表示。

一、天文

（一）日月星

太阳 tʰai³¹iaŋ⁰

　爷儿爷儿 iɛr⁵³⁻²⁴iɛr⁰ 太阳,旧读

太阳地儿 tʰai³¹iaŋ⁰tiər³¹

向阳 ɕiaŋ³¹iaŋ⁵³

凉儿里 liar⁵³⁻²⁴li⁰ 阴凉地

背阴脚 pei³¹⁻⁵³in⁰tɕiau²⁴ 背阴的地方

月亮 yɛ³¹⁻⁵³liaŋ⁰

月亮地儿 yɛ³¹⁻⁵³liaŋ⁰tiər³¹

星星 ɕiŋ²⁴⁻³¹ɕiŋ⁰

北斗星 pei²⁴⁻³¹təu⁵⁵ɕiŋ²⁴

三忙星 sæ²⁴maŋ⁵³ɕiŋ²⁴ 启明星

天河 tʰiæ²⁴xɤ⁵³ 银河

扫把星 sau⁵⁵⁻⁵³pa⁰ɕiŋ²⁴ 彗星

（二）风云雷雨

风 fəŋ²⁴

大风 ta³¹fəŋ²⁴

大野风 ta³¹iɛ⁵⁵⁻²¹fəŋ⁰ 狂风

小风儿 ɕiau⁵⁵for²⁴

旋风 ɕyæ⁵³⁻²⁴fəŋ⁰

戗风 tɕʰiaŋ²⁴fəŋ²⁴ 顶风

顺风 ʂun³¹fəŋ²⁴

起风 tɕʰi⁵⁵fəŋ²⁴ 风刚刮起

刹住风 ʂaŋ²⁴⁻³¹tɕyˀfəŋ²⁴⁻³¹liæ⁰ 风停了

闹天 nau³¹tʰiæ²⁴ 天气变坏或持续不好

云彩 yn⁵³⁻²⁴tsʰai⁰

大黑云彩 ta³¹xei²⁴yn⁵³⁻²⁴tsʰai⁰ 乌云

雷 lei⁵³

打雷 ta⁵⁵lei⁵³

雷劈嚏 lei⁵³pʰi²⁴⁻³¹liæ⁰ 雷打了

闪 ʂæ⁵⁵ 闪电

天儿上来嚏 tʰier²⁴ʂaŋ³¹⁻⁵³lai⁰liæ⁰ 天阴了

雨 y⁵⁵

下雨 ɕia³¹y⁵⁵

潲 ʂau³¹ 雨斜着落下来

掉点儿 tiau³¹tier⁵⁵ 掉零星的雨点儿

小雨儿 ɕiau⁵⁵yər⁵⁵

濛星雨 məŋ⁵³⁻²⁴ɕiŋ⁰y⁵⁵ 毛毛雨

大雨 ta³¹y⁵⁵

暴雨 pau³¹y⁵⁵

连阴雨 liæ⁵³⁻²⁴in⁰y⁵⁵ 连续三天以上的阴雨天气

雷阵雨 lei⁵³tʂən³¹y⁵⁵

放晴 faŋ³¹tɕʰiŋ⁵³ 雨停后太阳出现

虹 tɕian³¹

挨淋 ŋai⁵³lun⁵³ 被雨淋

（三）冰雪霜露

冰凌 piŋ²⁴⁻³¹liŋ⁰ 冰

　　冬凌 tuŋ²⁴⁻³¹liŋ⁰

凌锥锥 liŋ⁵³⁻²⁴tʂuei⁰tʂuei⁰ 冰锥

结冰 tɕiɛ²⁴piŋ²⁴

雹子 pau⁵³⁻²⁴tsɿ⁰

树挂儿 ɕy³¹kuar³¹ 雾凇

雪 ɕyɛ²⁴

下雪 ɕia³¹ɕyɛ²⁴

鹅毛雪 ŋɤ⁵³mau⁵³ɕyɛ²⁴

饭＝不啦儿 fæ³¹⁻⁵³pu⁰lar⁰ 雪珠子

雨夹雪 y⁵³tɕia²⁴ɕyɛ²⁴

上冻 ʂaŋ³¹tuŋ³¹ ①结冰②土地冻硬

化冻 xua³¹tuŋ³¹ 解冻

露湿 lu³¹⁻⁵³ɕi⁰ 露

下露湿 ɕia³¹lu³¹⁻⁵³ɕi⁰ 下露

霜 ʂuaŋ²⁴

下霜 ɕia³¹ʂuaŋ²⁴

雾 u³¹

起雾 tɕʰi⁵⁵u³¹

（四）气候

天儿 tʰier²⁴ 天气

晴天儿 tɕʰiŋ⁵³tʰier²⁴

阴天 in²⁴tʰiæ²⁴

闹天 nau³¹tʰiæ²⁴ 天气发生变化,多指下雨或下雪

天儿热 t^{h}iɐr^{24}iɛ^{31}

燥热 tsau^{31}iɛ^{31} 干燥炎热

天儿冷 t^{h}iɐr$^{24-31}$lɘŋ^{55}

伏天 fu$^{53-24}$t^{h}iæ^0

入伏 y^{31}fu^{53}

头伏 t^{h}ɘu^{53}fu^{53}

二伏 ḻɤ^{31}fu^{53}

三伏 sæ^{24}fu^{53}

旱嗹 xæ$^{31-53}$liæ^0 天旱

大水淹 ta^{31}ʂuei^{55}iæ^{24} 涝

发大水 fa^{24}ta^{31}ʂuei^{55}

二、地理

（一）地

地 ti^{31} 专指耕种用地

平地儿 p^{h}iŋ^{53}tiɐr^{31}

旱地 xæ^{31}ti^{31}

水浇地 ʂuei^{55}tɕiau^{24}ti^{31} 水田

菜园子 ts^{h}ai^{31}yæ$^{53-24}$tsʅ^0 菜地

野地 iɛ^{55}ti^{31} 荒地

沙土地 ʂa$^{24-31}$t^{h}u^{55}ti^{31}

坡儿地 p^{h}or^{24}ti^{31}

盐碱地 iæ^{53}tɕiæ^{55}ti^{31}

（二）山河湖海沟水

山 ʂæ^{24}

河 xɤ^{53}

河里 xɤ$^{53-24}$li^0

水渠 ʂuei^{55}tɕ^{h}y^{53}

小水沟儿 ɕiau^{55}ʂuei^{55}kɘur^{24}

湖 xu^{53}

水池子 ʂuei^{55}tɕ^{h}i$^{53-24}$tsʅ^0 水潭

大坑 ta^{31}tɕ^{h}iŋ^{24} 水塘

小水洼儿 ɕiau^{55}ʂuei^{55}uar^{24} 水坑

海 xai^{55}

河沿儿 xɤ^{53}iɐr^{53} 河岸

大埝 ta^{31}niæ^{31} 堤

大坝 ta^{31}pa^{31} 坝

河滩 xɤ^{53}t^{h}æ^{24}

清水 tɕ^{h}iŋ$^{24-31}$ʂuei^{55}

浑水 xun^{53}ʂuei^{55}

雨水 y^{55}ʂuei^{55}

凉水 liaŋ^{53}ʂuei^{55}

热水 iɛ^{31}ʂuei^{55}

温和儿水 un$^{24-31}$xuor^{0}ʂuei^{55} 温水

开水 k^{h}ai$^{24-31}$ʂuei^{55}

（三）石、沙土、砖瓦、矿物

石头 ɕi$^{53-24}$t^{h}ɘu^0

大石头 ta^{31}ɕi$^{53-24}$t^{h}ɘu^0

小石头 ɕiau^{55}ɕi$^{53-24}$t^{h}ɘu^0

石板儿 ɕi^{53}pɐr^{55}

石子儿 ɕi^{53}tsɘr^{55}

老鸹枕头 lau$^{55-21}$kua^{0}tʂɘn$^{31-53}$t^{h}ɘu^0

长、扁的光滑石头

沙子 ʂa²⁴⁻³¹tsɿ⁰

沙土 ʂa²⁴⁻³¹tʰu⁵⁵

沙滩 ʂa²⁴tʰæ²⁴

土坯 tʰu⁵⁵pʰei²⁴

砖坯 tʂuæ²⁴pʰei²⁴

砖头 tʂuæ²⁴⁻³¹tʰəu⁰

半头砖 pæ³¹⁻⁵³tʰəu⁰tʂuæ²⁴ 半块的砖

瓦 ua⁵⁵

瓦碴儿 ua⁵⁵⁻²¹tʂʰar⁰ 碎瓦

灰 xuei²⁴ ①燃烧后的灰烬②物体表面
　　上的浮尘

塌灰 tʰa²⁴⁻³¹xuei⁰ 屋内高处垂下来的
　　一绺一绺的灰土

搪土 tʰaŋ⁵³⁻²⁴tʰu⁰ 衣服、被褥表面上
　　的浮尘

坷垃 kɤ²¹la⁰

泥 ni⁵³

胶泥 tɕiau²⁴⁻³¹ni⁰ 河边成层的黏土，
　　加工后可用于雕刻

紫⁼泥 tsɿ⁵⁵⁻²¹ni⁰ 河塘里沤黑的泥

金子 tɕin²⁴⁻³¹tsɿ⁰

银子 iŋ⁵³⁻²⁴tsɿ⁰

铜 tʰuŋ⁵³

铁头 tʰiɛ²⁴⁻³¹tʰəu⁰ 铁

白铁 pai⁵³⁻²⁴tʰiɛ⁰ 锡

　　锡连⁼片子 ɕi²⁴⁻³¹liæ⁰pʰiæ³¹⁻⁵³tsɿ⁰

煤 mei⁵³

砟子 tʂa⁵⁵⁻²¹tsɿ⁰ 块状煤，包括大砟和
　　砟子面儿

大砟 ta³¹tʂa⁵⁵ 体积较大的块状煤

砟子面儿 tʂa⁵⁵⁻²¹tsɿ⁰miɐr³¹ 小块儿
　　及粉末状的煤

蜂窝儿煤 fəŋ²⁴uor²⁴mei⁵³

煤油 mei⁵³iəu⁵³

汽油 tɕʰi³¹iəu⁵³

石灰 ɕi⁵³xuei²⁴

大白 ta³¹pai⁵³

洋灰 iaŋ⁵³xuei²⁴

吸铁石 ɕi²⁴⁻³¹tʰiɛ²⁴ɕi⁵³

玉 y³¹

木炭儿 mu³¹tʰɐr³¹

（四）城乡处所

地方儿 ti³¹⁻⁵³far⁰

城里 tʂʰəŋ⁵³⁻²⁴li⁰

城墙 tʂʰəŋ⁵³tɕʰiaŋ⁵³

渠沟 tɕʰy⁵³⁻²⁴kəu⁰ 壕沟

村儿 tsʰuər²⁴

俺村儿里 ŋæ⁵⁵tsʰuər²⁴⁻³¹li⁰

赶集 kæ⁵⁵tɕi⁵³

街上 tɕiɛ²⁴⁻³¹xaŋ⁰

道儿 taur³¹ 路

大道儿 ta³¹taur³¹

小道儿 ɕiau⁵⁵taur³¹

三、时令时间

（一）季节

春天 tʂʰun²⁴tʰiæ²⁴

夏天 ɕia³¹tʰiæ²⁴

秋天 tɕʰiəu²⁴tʰiæ²⁴

冬天 tuŋ²⁴tʰiæ²⁴

打春 ta⁵⁵tʂʰun²⁴

雨水 y⁵⁵ʂuei⁵⁵

惊蛰 tɕiŋ²⁴tɕie⁵³

春分 tʂʰun²⁴⁻³¹fən⁰

寒食 xæ⁵³ɕi⁵³ 清明

谷雨 ku²⁴⁻³¹y⁵⁵

立夏 li³¹ɕia³¹

小满 ɕiau⁵⁵mæ⁵⁵

芒种 maŋ⁵³⁻²⁴tʂuŋ⁰

夏至 ɕia³¹tʂʅ³¹

小暑 ɕiau⁵⁵ɕy⁵⁵

大暑 ta³¹ɕy⁵⁵

立秋 li³¹tɕʰiəu²⁴

处暑 tɕʰy³¹ɕy⁵⁵

白露 pai⁵³⁻²⁴lu⁰

秋分 tɕʰiəu²⁴⁻³¹fən⁰

寒露 xæ⁵³⁻²⁴lu⁰

霜降 ʂuaŋ²⁴tɕiaŋ³¹

立冬 li³¹tuŋ²⁴

小雪 ɕiau⁵⁵ɕyɛ²⁴

大雪 ta³¹ɕyɛ²⁴

冬至 tuŋ²⁴tʂʅ³¹

小寒 ɕiau⁵⁵xæ⁵³

大寒 ta³¹xæ⁵³

皇历 xuaŋ⁵³⁻²⁴li⁰

阴历 in²⁴li³¹

阳历 iaŋ⁵³li³¹

五冬立夏 u⁵⁵tuŋ²⁴li³¹ɕia³¹ 长年

（二）节日

大年三十儿 ta³¹niæ⁵³sæ²⁴ɕiər⁵³ 除夕

大年初一 ta³¹niæ⁵³tʂʰu²⁴i²⁴

破五儿 po³¹ur⁵⁵ 大年初五

正月十五 tʂəŋ²⁴⁻³¹yɛ⁰ɕi⁵³⁻²⁴u⁰ 元宵节

二月二 lɤ³¹⁻⁵³yɛ⁰lɤ³¹

五月单᪻五儿 u⁵⁵⁻²¹yɛ⁰tæ²⁴⁻³¹ur⁵⁵ 端午节

八月十五 pa²⁴⁻³¹yɛ⁰ɕi⁵³⁻²⁴u⁰ 中秋节

七月七 tɕʰi²⁴⁻³¹yɛ⁰tɕʰi²⁴ 七夕

七月十五 tɕʰi²⁴⁻³¹yɛ⁰ɕi⁵³⁻²⁴u⁰ 中元节

九月初九 tɕiəu⁵⁵⁻²¹yɛ⁰tʂʰu²⁴⁻³¹tɕiəu⁵⁵ 重阳节

腊八儿 la³¹par²⁴

（三）年

今年 tɕin²⁴niæ⁵³

头年里 tʰəu⁵³niæ⁵³⁻²⁴li⁰ 去年

过年 kuo³¹niæ⁵³ 明年

前年 tɕʰiæ⁵³⁻²⁴niæ⁰

大前年 ta³¹tɕʰiæ⁵³⁻²⁴niæ⁰

头几年 tʰəu⁵³⁻²⁴tɕi⁰niæ⁵³ 往年

后儿年 xəur³¹niæ⁵³

大后儿年 ta³¹xəur³¹niæ⁵³

年年 niæ⁵³niæ⁵³

一开春儿 i²⁴⁻⁵⁵kʰai²⁴tʂuər²⁴ 年初

年根儿底下 niæ⁵³kər²⁴ti⁵⁵⁻²¹xaŋ⁰ 年底

上半年儿 ʂaŋ³¹pæ³¹nier⁵³

下半年儿 ɕia³¹pæ³¹nier⁵³

一年到头儿 i²⁴⁻⁵⁵niæ⁵³tau³¹tʰəur⁵³

（四）月

正月 tʂəŋ²⁴⁻³¹yɛ⁰

腊月 la³¹⁻⁵³yɛ⁰

赁⁼月 lin³¹yɛ³¹ 闰月

月初 yɛ³¹tʂʰu²⁴

月底儿 yɛ³¹tiər⁵⁵

一个月 i²⁴⁻⁵⁵kɤ³¹yɛ³¹

头一个月 tʰəu⁵³⁻²⁴i¹kɤ³¹yɛ³¹ 上个月

这个月 tɕiɛ³¹kɤ³¹yɛ³¹

再一个月 tai³¹i²⁴⁻⁵⁵kɤ⁰yɛ³¹ 下个月

见月 tɕiæ³¹yɛ³¹ 每月

上半月 ʂaŋ³¹pæ³¹yɛ³¹

大进 ta³¹tɕin³¹ 农历三十天的月份

小进 ɕiau⁵⁵tɕin³¹ 农历二十九天的月份

（五）日、时

今儿个 tɕiər²⁴⁻³¹kʰɤ⁰ 今天

夜了个 iɛ³¹⁻⁵³lɤ⁰kʰɤ⁰ 昨天

明儿 miɛr⁵³ 明天

后儿 xəur³¹ 后天

大后儿 ta³¹xəur³¹ 大后天

赶明儿 kæ⁵⁵miɛr⁵³ 次日

前日个 tɕʰiæ⁵³⁻²⁴i⁰kʰɤ⁰ 前天

大前日个 ta³¹tɕʰiæ⁵³⁻²⁴i⁰kʰɤ⁰ 大前天

头几天 tʰəu⁵³⁻²⁴tɕi⁰tʰiæ²⁴

礼拜 li⁵⁵pai³¹ ①星期：这事儿他琢磨咾一个～嚥②专指星期天：平时忒忙嚥，赶～过去吧

礼拜天 li⁵⁵pai³¹tʰiæ²⁴

一个礼拜 i²⁴⁻⁵⁵kɤ³¹li⁵⁵pai³¹

这一天 tɕiɛ³¹i²⁴⁻⁵⁵tʰiæ²⁴

见天 tɕiæ³¹tʰiæ²⁴ 每天

十啦多天 ɕi⁵³⁻²⁴la⁰tuo²⁴tʰiæ²⁴

晌午 ʂaŋ⁵⁵⁻²¹xuo⁰ 中午

头晌午 tʰəu⁵³ʂaŋ⁵⁵⁻²¹xuo⁰ 上午

过晌午 kuo³¹ʂaŋ⁵⁵⁻²¹xuo⁰ 下午

半天儿 pæ³¹tʰier²⁴

多半天 tuo²⁴pæ³¹tʰiæ²⁴

早晨 tsau⁵⁵⁻²¹tɕʰin⁰

大早起 ta³¹tsau⁵⁵tɕʰi⁵⁵

旁晌子 pʰaŋ⁵³ʂaŋ⁵⁵⁻²¹tsɿ⁰ 午前

过午 kuo³¹u⁵⁵ 午后

大白天 ta³¹pai⁵³tʰiæ²⁴

傍黑儿 paŋ²⁴xər²⁴ 黄昏

黑咾 xei²⁴⁻³¹lau⁰ 夜晚

后晌 xuŋ³¹⁻⁵³xaŋ⁰

黑上 xei²⁴⁻³¹xaŋ⁰

半宿 pæ³¹ɕiəu²⁴ 半夜

头半宿 tʰəu⁵³pæ³¹ɕiəu²⁴

后半宿 xəu³¹pæ³¹ɕiəu²⁴

成宿 tʂʰəŋ⁵³ɕiəu²⁴ 整夜

一后晌 i²⁴⁻⁵⁵xuŋ³¹⁻⁵³xaŋ⁰ 整夜

见天黑咾 tɕiæ³¹tʰiæ²⁴xei²⁴⁻³¹lau⁰
　　每天晚上

日子 i³¹⁻⁵³tsʅ⁰

头哩 təu⁵³⁻²⁴li⁰ 先前

后来 xəu³¹lai⁰

这咱 tɕiɛ³¹tsæ⁰ 现在

乜咱 niɛ³¹tsæ⁰ 那时候

赶明儿 kæ⁵⁵miɛr⁵³ ①明天②等到明天

年份儿 niæ⁵³⁻²⁴fər⁰

月份儿 yɛ³¹fər³¹

五更 u⁵⁵⁻²¹tɕiŋ⁰ 天要亮的时候

一出子 i²⁴⁻⁵⁵tɕʰy²⁴⁻³¹tsʅ⁰ 一会儿，说
　　话人感觉时间相对较长

一霎儿 i²⁴⁻⁵⁵ʂar⁵³ 一会儿，时间相对
　　较短

早晚 tsau⁵⁵uæ⁵⁵

老长年上 lau⁵⁵tʂʰaŋ⁵³niæ⁵³⁻²⁴xaŋ⁰
　　很久以后

原先 yæ⁵³ɕiæ²⁴ 过去：他~不这样，后
　　来变嚏

四、农业

（一）农事

耕地 tɕiŋ²⁴ti³¹ 动词，春耕

过麦 kuo³¹mai³¹ 夏收

割麦子 kɤ²⁴mai³¹⁻⁵³tsʅ⁰

收麦子 ʂəu²⁴mai³¹⁻⁵³tsʅ⁰

过秋 kuo³¹tɕʰiəu²⁴ 秋收

种秋 tʂuŋ³¹tɕʰiəu²⁴ 秋季播种

收秋 ʂəu²⁴tɕʰiəu²⁴ 秋季收割庄稼

劐地 xuo²⁴ti³¹ 整地

耩地 tɕiaŋ⁵⁵ti³¹ 边开播边下种

耩麦子 tɕiaŋ⁵⁵mai³¹⁻⁵³tsʅ⁰

保墒 pau⁵⁵ʂaŋ²⁴ 保持土的湿度

抢墒 tɕʰiaŋ⁵⁵ʂaŋ²⁴ 趁土地湿种地

耧麦子 ləu⁵³mai³¹⁻⁵³tsʅ⁰ 春天为麦
　　苗松土，目的是保墒

荒嚏 xuaŋ²⁴⁻³¹liæ⁰ 地里长满草

出 tɕʰy²⁴ 把植物幼苗从苗圃移栽到田
　　地中

锄地 tʂʰu⁵³ti³¹

拔草 pa⁵³tsʰau⁵⁵ 薅草

收麦子 ʂəu²⁴mai³¹⁻⁵³tsʅ⁰ 割麦

柴禾垛 tʂʰai⁵³⁻²⁴xuo⁰tuo³¹

柴禾堆 tʂʰai⁵³⁻²⁴xuo⁰tsuei²⁴

草苫子 tsʰau⁵⁵tʂæ²⁴⁻³¹tsʅ⁰ 盖柴禾

垛的草垫子

翻地 fæ²⁴ti³¹ 松土

上化肥 ʂaŋ³¹xua³¹fei⁵³ 把化肥扬在田地里

出头户⁼棚 tɕʰy²⁴tʰəu⁵³⁻²⁴xu⁰pʰəŋ⁵³ 把牲口棚里的粪便清理出来

出猪圈 tɕʰy²⁴tɕy²⁴tɕyæ³¹ 把猪圈里的粪便清理出来

上粪 ʂaŋ³¹fən³¹ 往地里施粪肥

粪坑 fən³¹tɕʰiŋ²⁴ 沤肥的粪池

沤粪 ŋəu³¹fən³¹

造肥 tsau³¹fei⁵³ 积肥

拾粪 ɕi⁵³fən³¹ 用铁锨和筐收集家畜粪便用来做肥料

农家肥 nuŋ⁵³tɕia²⁴fei⁵³ 粪肥

化肥 xua³¹fei⁵³

拿虫子 na⁵³tʂʰuŋ⁵³⁻²⁴tsʅ⁰ 用手捉虫子

浇地 tɕiau²⁴ti³¹

打冻水 ta⁵⁵tuŋ³¹⁻⁵³ʂuei⁰ 上冻前给麦地浇水

担水 tæ²⁴⁻³¹ʂuei⁵⁵ 挑水

放水 faŋ³¹ʂuei⁵⁵ 排水

井 tɕiŋ⁵⁵

畦 tɕʰi⁵³ 小块儿田地或菜地

畦背儿 tɕʰi⁵³pər³¹ 用土堆出的田地分隔线

　地埝儿 ti³¹nɐr³¹

　地界儿 ti³¹tɕiɛr³¹

水埝 ʂuei⁵⁵niæ³¹

阳沟 iaŋ⁵³⁻²⁴kəu⁰ 田地或菜地之间的小水沟，用来浇水

封畦背儿 fəŋ²⁴tɕʰi⁵³pər³¹ 用土堆地埝儿

叫⁼水 tɕiau³¹ʂuei⁵⁵ 用水泵泵水

要⁼子 iau³¹⁻⁵³tsʅ⁰ 用来捆收割的庄稼、菜的秸秆或绳子，也叫"要儿"

个儿 kɤr³¹ 捆起来的一捆庄稼或菜

拾棉花 ɕi⁵³miaŋ⁵³⁻²⁴xua⁰ 摘棉花

翻山药蔓儿 fæ²⁴ʂæ²⁴⁻²¹iau⁰uɐr³¹ 把山药蔓翻起来，以防其扎根，影响山药生长

刨山药 pʰau⁵³ʂæ²⁴⁻²¹iau⁰ 收山药

墁 mæ³¹ ①将植物种子种在地表或用极薄的土覆盖：～胡萝卜②铺设：～砖

场 tʂʰaŋ⁵³ 打麦、晒粮食的平坦场地

轧场 ia³¹tʂʰaŋ⁵³ 用碌碡碾压场上的庄稼，使其脱粒

摊场 tʰæ²⁴tʂʰaŋ⁵³ 将收割后的麦子、豆子等平摊在场上

翻场 fæ²⁴tʂʰaŋ⁵³ 翻起摊在场上的庄稼，使其充分晾晒

起场 tɕʰi⁵⁵tʂʰaŋ⁵³ 轧场后，将秸秆收起

扬场 iaŋ⁵³tʂʰaŋ⁵³ 用扬锨将麦粒、豆粒等扬起来，借助风力使其与糠皮分离

老头儿乐儿 lau⁵⁵tʰəur⁵³lər³¹ 压把井

重茬 tʂʰuŋ⁵³⁻²⁴tʂʰa⁰ 连续两年种同一
　　种作物,第二年的地叫重茬

（二）农具

筲 ʂau²⁴ 专指挑水用的水桶

井绳 tɕiŋ⁵⁵⁻²¹ʂəŋ⁰

水车 ʂuei⁵⁵tɕʰiɛ²⁴

大车 ta³¹tɕʰiɛ²⁴

小拉车 ɕiau⁵⁵la²⁴⁻³¹tɕʰiɛ⁰ 较长的两
　　轮的农用车,可以用牲口拉

小推车儿 ɕiau⁵⁵tʰei²⁴⁻³¹tɕʰiɛr⁰

小洪⁼车儿 ɕiau⁵⁵xuŋ²⁴tɕʰiɛr⁰ 中间
　　拱两边低,两边常常放筐的小推车

三套车 sæ²⁴tʰau³¹tɕʰiɛ²⁴ 三个牲口
　　拉的车

套车 tʰau³¹tɕʰiɛ²⁴ 把牲口驾到车上

装车 tʂuaŋ²⁴tɕʰiɛ²⁴

卸车 ɕiɛ³¹tɕʰiɛ²⁴

车箱 tɕʰiɛ²⁴ɕiaŋ²⁴

大辕儿 ta³¹yɤr⁵³ 车辕

车轱辘儿 tɕʰiɛ²⁴⁻³¹ku⁵⁵⁻²¹lur⁰

辐条 fu²⁴⁻³¹tʰiau⁰

中轴 tʂuŋ²⁴tʂəu⁵³

车篷 tɕʰiɛ²⁴⁻³¹pʰəŋ⁰

车把 tɕʰiɛ²⁴⁻³¹pa⁵⁵

车尾巴 tɕʰiɛ²⁴⁻³¹i⁵⁵⁻²¹pa⁰

铜 tiæ³¹ 轴上嵌的铁块

圪拉 kɤ²⁴la⁰ ①套车时,牲口戴的夹脖
　　儿②小孩戴的围嘴儿

穗⁼头 suei³¹⁻⁵³tʰəu⁰ 穗头

缰绳 tɕiaŋ²⁴⁻³¹ʂəŋ⁰

拉便套 la²⁴piæ³¹tʰau³¹ 拉套

嚼子 tɕiau⁵³⁻²⁴tsʅ⁰

后鞧 xəu³¹tɕʰiəu²⁴ 鞧绳

捂眼儿 u⁵⁵iɚ⁵⁵ 牲口拉磨时戴的蔽眼物

牛鞍子 niəu⁵³ŋæ²⁴⁻³¹tsʅ⁰ 牛轭

牛笼碎 niəu⁵³luŋ⁵³⁻²⁴suei⁰ 牛笼嘴

牛鼻住⁼ niəu⁵³pi⁵³⁻²⁴tɕy⁰ 牛鼻桊儿

掌 tʂaŋ⁵⁵ 马掌

挂掌 kua³¹tʂaŋ⁵⁵ 钉掌

杈 tʂʰa²⁴

木杈 mu³¹tʂʰa²⁴

拖车 tʰuo²⁴⁻³¹tɕʰiɛ⁰ 拉农具的车

犁 li⁵³

步犁 pu³¹li⁵³ 手扶犁

犁铧 li⁵³xua⁵³ 略带螺旋形的铁片,装
　　在犁头的后部,使土朝向一侧翻,把
　　下层土翻到地面上

耙子 pʰa⁵³⁻²⁴tsʅ⁰ 搂草搂柴禾用,多为
　　竹制

铁耙 tʰiɛ²⁴pʰa⁵³ 平整土地用,一般为
　　铁制

挠⁼子 nau⁵³⁻²⁴tsʅ⁰ 农耕机,翻土用

耢子 xuo²⁴⁻³¹tsʅ⁰ 一种农具,如犁无"耳"
盖 kai³¹ 如耙而无齿,多用荆条制作

麦茬儿地 mai³¹tʂʰaɚ⁵³ti³¹ 收过麦子
　　的地

豆茬儿地 təu³¹tʂʰar⁵³ti³¹ 收过豆子
　的地

麦茬儿 mai³¹tʂʰar⁵³ 麦子割后留的
　近根部分

耧 ləu⁵³ 播种用的工具,可同时完成开
　沟和下种两项工作

囤 tun³¹

麦囤 mai³¹tun³¹

谷子囤 ku²⁴⁻³¹tsʅ⁰tun³¹

碌碡 liəu³¹⁻⁵³tʂəu⁰ 石磙

碾子 niæ⁵⁵⁻²¹tsʅ⁰ 石磨

磨盘 mo³¹⁻⁵³pʰæ⁰

磨道 mo³¹⁻⁵³tau³¹ 人推磨、牲口拉磨走
　的道

镐 kau²⁴

镐头 kau²⁴⁻³¹tʰəu⁰

铡刀 tʂa⁵³⁻²⁴tau⁰

铡 tʂa⁵³ 动词

铡草 tʂa⁵³tsʰau⁵⁵

镰刀 liæ⁵³⁻²⁴tau⁰ 短把儿,砍草用

镰 liæ⁵³ 长把儿,割麦子用

筛子 ʂai²⁴⁻³¹tsʅ⁰

漏筛 ləu³¹⁻⁵³ʂai⁰ 箩筛

坏杵子 pʰei²⁴⁻³¹tɕʰy⁵⁵⁻²¹tsʅ⁰ 碓杵

锄头 tʂʰu⁵³⁻²⁴tʰəu⁰

锛子 pən²⁴⁻³¹tsʅ⁰ 木工用的平木器、
　削平木料的平斧头

锛 pən²⁴ 动词,用锛子加工木头

扬锨 iaŋ⁵³⁻²⁴ɕiæ⁰ 木锨,扬场用

铁锨 tʰiɛ²⁴ɕiæ²⁴ 铁锨

桃锨 tʰau⁵³⁻²⁴ɕiæ⁰ 桃形尖锨

方锨 faŋ²⁴ɕiæ²⁴ 底部平直的锨

簸箕 po³¹⁻⁵³tɕʰi⁰ ①铲状器具,用以装
　垃圾②用藤条或去皮的柳条、竹篾
　编成的大撮子,用以扬米、麦去糠③
　簸箕形的指纹

磣的 tʂʰən⁵⁵⁻²¹ti⁰ 垃圾

筐 kʰuaŋ²⁴

粪筐 fən³¹kʰuaŋ²⁴ 小背筐

背筐 pei³¹⁻⁵³kʰuaŋ⁰ 大筐,与"粪筐"
　相对

笸箩 pu⁵³⁻²⁴luo⁰

箩 luo⁵³ ①筛面用的细筛②动词,筛面

篮子 læ⁵³⁻²⁴tsʅ⁰

筐头儿 kʰuaŋ²⁴tʰəur⁵³ 小筐

箩头筛 luo⁵³⁻²⁴tʰəu⁰ʂai²⁴ 箩筐

担子 tæ³¹⁻⁵³tsʅ⁰ 扁担

担挑 tæ²⁴tʰiau²⁴ 挑担子

扫帚 sau³¹⁻⁵³ɕy⁰

笤帚 tʰiau⁵³⁻²⁴ɕy⁰

刨笤帚 pʰau⁵³tʰiau⁵³⁻²⁴ɕy⁰ 绑笤帚

箔 pau⁵³ 芦苇或高粱杆编成的垫子

布袋 pu³¹⁻⁵³tai⁰ 泛指各种材质的用
　来装东西的袋子

口袋 kʰəu⁵⁵⁻²¹tai⁰

纤维袋儿 ɕiæ⁵³uei⁵³tɐr³¹

麻袋 ma$^{53-24}$tai^0 粗麻编织的的袋子

木桩儿 mu^{31}tʂuar^{24}

打个桩子 ta^{55}kɤ^{31}tʂuaŋ$^{24-31}$tsʅ^0

橛子 tɕyɛ$^{53-24}$tsʅ^0

木橛子 mu^{31}tɕyɛ$^{53-24}$tsʅ^0

脐儿 tɕʰiər^{53} 榫头

卯眼儿 mau^{55}iər^{55}

钉子 tiŋ$^{24-31}$tsʅ^0

用钉子钉 yŋ^{31}tiŋ$^{24-31}$tsʅ^{0}tiŋ^{24}

合叶 xɤ$^{53-24}$iɛ^0

钳子 tɕʰiæ$^{53-24}$tsʅ^0

官钳 kuan^{24}tɕʰiæ^{53} 夹钳

镊子 niɛ$^{31-53}$tsʅ^0

锤子 tʂʰuei$^{53-24}$tsʅ^0

榔头 laŋ$^{53-24}$tʰəu^0 用木头制作的敲打
　　用的工具

拴着 ʂuæ$^{24-31}$tʂau^0

绑着 paŋ$^{55-21}$tʂau^0

捆着 kʰun$^{55-21}$tʂau^0

活襻儿 xuo^{53}kʰuər^{31}

死襻儿 sʅ^{55}kʰuər^{31}

死纥繨 sʅ$^{55-21}$kɤ^{0}ta^{31}

五、植物

（一）农作物

庄稼 tʂuaŋ$^{24-31}$tɕia^0

粮食 liaŋ$^{53-24}$ɕi^0

麦子 mai$^{31-53}$tsʅ^0

麦芒儿 mai^{31}uar^{53}

麦穗儿 mai^{31}suər^{31}

麦秸莛儿 mai$^{31-53}$tɕiɛ^{0}tʰiɛr^{53} 麦子
　　茎的上半部分，一般用来编草帽等

荞麦 tɕʰiau$^{53-24}$mai^0

荞麦皮儿 tɕʰiau$^{53-24}$mai^{0}pʰiər^{53}

麦茬儿 mai^{31}tʂʰar^{53}

小米儿 ɕiau^{55}miər^{55}

谷子 ku$^{24-31}$tsʅ^0

棒子 paŋ$^{31-53}$tsʅ^0 玉米

甜棒 tʰiæ$^{53-24}$paŋ^0 玉米、高粱长成后
　　的秸杆部分，有甜味

棒穗儿 paŋ^{31}suər^{31} 玉米穗，带皮和
　　不带皮都叫棒穗儿

棒粒儿 paŋ^{31}liər^{31} 玉米粒

棒核儿 paŋ^{31}xur^{53} 玉米核

棒糁儿 paŋ^{31}ʂər^{24} 玉米面

糁子 ʂən$^{24-31}$tsʅ^0

糯米 nuo^{31}mi^{55}

江米 tɕiaŋ$^{24-31}$mi^0

高粱 kau$^{24-21}$liaŋ^0

秕子 pi$^{55-21}$tsʅ^0 中空或不饱满的谷子

米 mi^{55}

粘米 niæ$^{53-24}$mi^0 糯米

大米 ta^{31}mi^{55}

莛杆儿 tʰiŋ$^{53-24}$kɤr^0 高粱顶部直而

光滑的茎,用来制作算子等

秫秸 ɕy⁵³⁻²⁴tɕiɛ⁰ 玉米、高粱的秸杆

麦秸 mai³¹⁻⁵³tɕiɛ⁰

豆秸 təu³¹⁻⁵³tɕiɛ⁰

黍子 ɕy⁵⁵⁻²¹tsʅ⁰

穄子 tɕi³¹⁻⁵³tsʅ⁰

棉花 mian⁵³⁻²⁴xua⁰

棉花桃儿 mian⁵³⁻²⁴xua⁰tʰaur⁵³ 棉花的果实

棉花柴 mian⁵³⁻²⁴xua⁰tʂʰai⁵³ 棉花的秸杆

麻柴 ma⁵³tʂʰai⁵³ 麻秆

芝麻 tʂʅ²⁴⁻³¹ma⁰

芝麻秸儿 tʂʅ²⁴⁻³¹ma⁰tɕiɚr²⁴ 芝麻的秸杆

望金莲 uaŋ³¹tɕin²⁴liæ⁵³ 向日葵

葵花儿 kʰuei⁵³⁻²⁴xuar⁰

葵花子儿 kʰuei⁵³⁻²⁴xua⁰tsɚ⁵⁵

麻山药 ma⁵³ʂæ²⁴⁻²¹iau⁰ 白薯

土豆儿 tʰu⁵⁵təur³¹ 马铃薯

芋头 y³¹⁻⁵³tʰəu⁰

山药 ʂæ²⁴⁻²¹iau⁰ 红薯

山药蔓儿 ʂæ²⁴⁻²¹iau⁰uɐr³¹ 红薯长在地表上的茎

长果儿 tʂʰaŋ⁵³kuor⁵⁵ 花生

花生米 xua²⁴ʂəŋ²⁴⁻³¹mi⁵⁵

长果儿皮儿 tʂʰaŋ⁵³kuor⁵⁵pʰiɚr⁵³ 花生皮

藕 ŋəu⁵⁵

莲子儿 liæ⁵³tsɚr⁵⁵

（二）豆类蔬菜

黄豆 xuaŋ⁵³⁻²⁴təu⁰

绿豆 ly³¹⁻⁵³təu⁰

黑豆 xei²⁴təu³¹

白豆 pai⁵³⁻²⁴təu⁰

红小豆 xuŋ⁵³ɕiau⁵⁵⁻²¹təu⁰

芸扁豆 yn⁵³piæ⁵⁵təu³¹ 扁豆

蚕豆 tsʰæ⁵³⁻²⁴təu⁰

茄子 tɕʰiɛ⁵³⁻²⁴tsʅ⁰

黄瓜 xuaŋ⁵³⁻²⁴kua⁰

菜瓜 tsʰai³¹⁻⁵³kua⁰

丝瓜 sʅ²⁴⁻³¹kua⁰

苦瓜 kʰu⁵⁵⁻²¹kua⁰

南瓜 næ⁵³⁻²⁴kua⁰

冬瓜 tuŋ²⁴⁻³¹kua⁰

葫芦 xu⁵³⁻²⁴lu⁰

瓢葫芦 pʰiau⁵³xu⁵³⁻²⁴lu⁰ 瓢子

葱 tsʰuŋ²⁴

葱头 tsʰuŋ²⁴tʰəu⁵³ 洋葱

葱叶儿 tsʰuŋ²⁴iɐr³¹

葱白儿 tsʰuŋ²⁴pɐr⁵³

蒜 suæ³¹

大蒜 ta³¹suæ³¹

蒜毫儿 suæ³¹xaur⁵³ 蒜苔

韭菜 tɕiəu⁵⁵⁻²⁴tsʰai⁰

韭黄儿 tɕiəu⁵⁵xuar⁵³

茴香 xun⁵³⁻²⁴ɕiaŋ⁰

土豆儿 tʰu⁵⁵təur³¹

西红柿 ɕi²⁴xuŋ⁵³ʂʅ³¹

姜 tɕiaŋ²⁴

青椒 tɕʰiŋ²⁴tɕiau²⁴ 柿子椒

辣子 la³¹⁻⁵³tsʅ⁰ 辣椒

辣子面儿 la³¹⁻⁵³tsʅ⁰miɐr³¹ 辣椒面

芥菜 tɕiɛ³¹⁻⁵³tsʰai⁰

芥末 tɕiɛ³¹⁻⁵³mo⁰

菠菜 po²⁴⁻³¹tsʰai⁰

白菜 pai⁵³⁻²⁴tsʰai⁰

洋白菜 iaŋ⁵³pai⁵³⁻²⁴tsʰai⁰

小白菜儿 ɕiau⁵⁵pai⁵³⁻²⁴tsʰɐr⁰

莴笋 uo²⁴⁻³¹sun⁵⁵

莴笋叶子 uo²⁴⁻³¹sun⁵⁵iɛ³¹⁻⁵³tsʅ⁰

生菜 ʂəŋ²⁴tsʰai³¹

芹菜 tɕʰin⁵³⁻²⁴tsʰai⁰

菾苤菜 kən²⁴⁻³¹ta⁰tsʰai³¹

苤蓝 pʰiɛ⁵⁵⁻²¹liɛ⁰

蔓菁 mæ⁵³⁻²⁴tɕiŋ⁰

马生菜 ma⁵⁵⁻²¹ʂəŋ⁰tsʰai³¹ 马齿苋

芫荽 iæ⁵³⁻²⁴suei⁰

萝卜 luo⁵³⁻²⁴pei⁰

萝卜糠嗾 luo⁵³⁻²⁴pei⁰kʰaŋ²⁴⁻³¹liæ⁰

萝卜缨子 luo⁵³⁻²⁴pei⁰iŋ⁵⁵⁻³¹tsʅ⁰

萝卜干儿 luo⁵³⁻²⁴pei⁰kɐr⁵⁵

胡萝卜 xu⁵³⁻²⁴lu⁰pei²⁴

油菜 iəu⁵³⁻²⁴tsʰai⁰

油菜籽儿 iəu⁵³⁻²⁴tsʰai⁰tsər⁵⁵

（三）树木

树 ɕy³¹

树行＝子 ɕy³¹xaŋ⁵³tsʅ⁰ 树林

小树苗儿 ɕiau⁵⁵ɕy³¹miaur⁵³

树身子 ɕy³¹ʂən²⁴⁻³¹tsʅ⁰

树梢儿 ɕy³¹ʂaur⁵⁵

树根儿 ɕy³¹kɐr²⁴

树叶儿 ɕy³¹iɛr³¹

树枝儿 ɕy³¹tʂɐr²⁴

栽树 tsai²⁴ɕy³¹

刨树 pʰau⁵³ɕy³¹

松树 suŋ²⁴⁻³¹ɕy⁰

松树叶儿 suŋ²⁴⁻³¹ɕy⁰iɛr³¹

松树籽儿 suŋ²⁴⁻³¹ɕy⁰tsər⁵⁵

松枝儿 suŋ²⁴tʂɐr²⁴

桑树 saŋ²⁴ɕy³¹

葚子 ʂən³¹⁻⁵³tsʅ⁰ 桑葚儿

桑叶儿 saŋ²⁴iɛr³¹

杨树 iaŋ⁵³⁻²⁴ɕy⁰

柳树 liəu⁵⁵⁻²¹ɕy⁰

蒺藜 tɕi⁵³⁻²⁴lin⁰

竹竿儿 tɕy²⁴kɐr⁵⁵

席篾儿 ɕi⁵³⁻²⁴mɐr⁰ 篾片。"篾"字不符合儿化音变规律

竹劈儿 tɕy²⁴pʰiər²⁴ 竹子劈成的薄片

（四）瓜果

水果儿 ʂuei⁵⁵kuor⁰

干果儿 $\text{kæ}^{24-31}\text{kuor}^{55}$

桃儿 $\text{t}^{h}\text{aur}^{53}$

杏儿 ɕiɛr^{31}

李子 $\text{li}^{55-21}\text{tsʅ}^{0}$

苹果 $\text{p}^{h}\text{iŋ}^{53}\text{kuo}^{0}$

小沙果儿 $\text{ɕiau}^{55}\text{ʂa}^{24-31}\text{kuor}^{55}$

枣儿 tsaur^{55}

梨 li^{53}

柿子 $\text{ʂʅ}^{31-53}\text{tsʅ}^{0}$

柿饼子 $\text{ʂʅ}^{31}\text{piŋ}^{55-21}\text{tsʅ}^{0}$

石榴 $\text{ɕi}^{53-24}\text{liəu}^{0}$

柚子 $\text{iəu}^{31-53}\text{tsʅ}^{0}$

橘子 $\text{tɕy}^{53-24}\text{tsʅ}^{0}$

橙子 $\text{tʂ}^{h}\text{ən}^{53-24}\text{tsʅ}^{0}$

木瓜 $\text{mu}^{31}\text{kua}^{24}$

龙眼儿 $\text{luŋ}^{53}\text{iɛr}^{55}$

荔枝 $\text{li}^{31}\text{tsʅ}^{24}$

芒果儿 $\text{maŋ}^{53}\text{kuor}^{55}$

菠萝 $\text{po}^{24}\text{luo}^{53}$

橄榄 $\text{kæ}^{55}\text{læ}^{55}$

银杏 $\text{in}^{53}\text{ɕiŋ}^{31}$

栗子 $\text{li}^{31-53}\text{tsʅ}^{0}$

核桃 $\text{xɤ}^{53-24}\text{t}^{h}\text{au}^{0}$

榛子 $\text{tʂən}^{24-31}\text{tsʅ}^{0}$

西瓜 $\text{ɕi}^{24-31}\text{kua}^{0}$

瓜子儿 $\text{kua}^{24-31}\text{tsər}^{55}$

甜瓜 $\text{t}^{h}\text{iæ}^{53-24}\text{kua}^{0}$

甘蔗 $\text{kæ}^{24-31}\text{tɕiɛ}^{0}$

（五）花草菌类

桂花儿 $\text{kuei}^{31}\text{xuar}^{24}$

菊花儿 $\text{tɕy}^{53-24}\text{xuar}^{0}$

梅花儿 $\text{mei}^{53-24}\text{xuar}^{0}$

指甲桃儿花儿 $\text{tʂʅ}^{24-31}\text{tɕia}^{0}\text{t}^{h}\text{aur}^{53}$
　xuar^{24} 凤仙花

荷花儿 $\text{xɤ}^{53-24}\text{xuar}^{0}$

荷叶 $\text{xɤ}^{53-24}\text{iɛ}^{0}$

牵牛郎 $\text{tɕ}^{h}\text{iæ}^{24}\text{niəu}^{53}\text{laŋ}^{53}$ 牵牛花

手实＝花儿 $\text{ʂəu}^{55-21}\text{ɕi}^{0}\text{xuar}^{24}$ 蜀葵

谎花儿 $\text{xuan}^{55-21}\text{xuar}^{0}$ 不结果的雄花

苇子 $\text{uei}^{55-21}\text{tsʅ}^{0}$ 芦苇

蒲棒草 $\text{p}^{h}\text{u}^{53-24}\text{paŋ}^{0}\text{ts}^{h}\text{au}^{55}$

婆婆奶 $\text{po}^{53-24}\text{po}^{0}\text{nai}^{55}$ 生地黄

嘟噜酸 $\text{tu}^{53}\text{lu}^{0}\text{suæ}^{24}$ 又分蓼

炸＝蓬牙 $\text{tʂa}^{31-53}\text{p}^{h}\text{əŋ}^{0}\text{ia}^{53}$ 猪毛菜

黄蒿 $\text{xuan}^{53-24}\text{xau}^{0}$ 麦蒿

牛舌头棵儿 $\text{niəu}^{53}\text{ɕiɛ}^{53-24}\text{t}^{h}\text{əu}^{0}\text{k}^{h}\text{ər}^{24}$
　车前草

红骨＝蔫＝儿 $\text{xuŋ}^{53-24}\text{ku}^{0}\text{niɛr}^{24}$ 枸杞

谷纽＝子 $\text{ku}^{24-31}\text{niəu}^{55-21}\text{tsʅ}^{0}$ 狗尾草
　纽＝子 $\text{niəu}^{55-21}\text{tsʅ}^{0}$

芦草苇子 $\text{lu}^{53-24}\text{ts}^{h}\text{au}^{0}\text{uei}^{55-21}\text{tsʅ}^{0}$
　芦苇
　芦草 $\text{lu}^{53-24}\text{ts}^{h}\text{au}^{0}$
　苇子 $\text{uei}^{55-21}\text{tsʅ}^{0}$

茅草 $\text{mau}^{53-24}\text{ts}^{h}\text{au}^{0}$

灰灰菜 $\text{xuei}^{24-31}\text{xuei}^{0}\text{ts}^{h}\text{ai}^{31}$

苍子 tsaŋ²⁴⁻³¹tsʐ⁰ 苍耳

苘麻 tɕʰiŋ⁵⁵⁻²¹ma⁰

狗尿苔 kəu⁵⁵niau³¹tʰai⁵³ 一种雨后
　　野生腐木菌

马勃 ma⁵⁵⁻²¹pau⁰ 一种田地里野生
　　的、粉末可止血的药材

仙人掌 ɕiæ²⁴ˑin⁵³tʂaŋ⁵⁵

花骨都ᵓ儿 xua²⁴ku²⁴⁻³¹tur⁰ 花蕾

花瓣儿 xua²⁴pɐr³¹

花心儿 xua²⁴ɕiər²⁴

蘑菇 mo⁵³⁻²⁴ku⁰ 包括香菇和蘑菇

六、动物

（一）牲畜

头户ᵓ təu⁵³⁻²⁴xu⁰ 牲口

儿马 lʐ⁵³ma⁵⁵ 公马

母马 mu⁵⁵ma⁵⁵

犍子 tɕiæ²⁴⁻³¹tsʐ⁰ 公牛

　犍牛 tɕiæ²⁴⁻³¹niəu⁰

牛犊子 niəu⁵³tu⁵³⁻²⁴tsʐ⁰

驴 ly⁵³ 统称

叫驴 tɕiau³¹⁻⁵³ly⁰ 公驴

草驴 tsʰau⁵⁵⁻²¹ly⁰ 母驴

骡子 luo⁵³⁻²⁴tsʐ⁰

小母牛儿 ɕiau⁵⁵mu⁵⁵⁻²¹niəur⁰

黄牛 xuaŋ⁵³niəu⁵³

水牛 ʂuei⁵⁵⁻²¹niəu⁰

倒噍儿 tau⁵⁵tɕiaur⁵³ 反刍

尥蹶子 liau³¹tɕyɛ²⁴⁻³¹tsʐ⁰ 骡马驴等
　　后腿向后踢

打栏 ta⁵⁵læ⁵³ 牛羊发情

降 tɕiaŋ²⁴ 牲畜分娩

骆驼 luo³¹⁻⁵³tʰuo⁰

绵羊 miæ⁵³⁻²⁴iaŋ⁰

山羊 ʂæ²⁴⁻³¹iaŋ⁰

小羊儿 ɕiau⁵⁵iar⁵³

狗 kəu⁵⁵

牙狗 ia⁵³⁻²⁴kəu⁰ 公狗

母狗 mu⁵⁵⁻²¹kəu⁰

小狗儿 ɕiau⁵⁵kəur⁵⁵

哈吧狗儿 xa²⁴⁻³¹pa⁰kəur⁵⁵

猫 mau⁵³

儿猫 lʐ⁵³⁻²⁴mau⁰ 公猫

女猫 ny⁵⁵⁻²¹mau⁰ 母猫

脬猪 pʰau²⁴⁻³¹tɕy⁰ 公猪

种猪 tʂuŋ⁵⁵tɕy²⁴

母猪 mu⁵⁵⁻²¹tɕy⁰

小猪崽儿 ɕiau⁵⁵tɕy²⁴⁻³¹tsɐr⁵⁵

劁猪 tɕʰiau²⁴tɕy²⁴ 阉猪

兔子 tʰu³¹⁻⁵³tsʐ⁰

鸡 tɕi²⁴

公鸡 kuŋ²⁴⁻³¹tɕi⁰

草鸡 tsʰau⁵⁵⁻²¹tɕi⁰ 母鸡

豙窝鸡 $tʂa^{31}uo^{24}tɕi^{24}$ 抱窝鸡
雏鸡 $tʂʰu^{53-24}tɕi^{0}$
鸡蛋 $tɕi^{24}tæ^{31}$
下蛋 $ɕia^{31}tæ^{31}$
孵鸡 $fu^{24}tɕi^{24}$
鸡冠儿 $tɕi^{24}kuɐr^{24}$
鸡爪子 $tɕi^{24-31}tʂua^{55-21}tsʅ^{0}$
鸭子 $ia^{24-31}tsʅ^{0}$
小鸭子儿 $ɕiau^{55}ia^{24-31}tsər^{0}$
鸭蛋 $ia^{24}tæ^{31}$
鹅 $ŋɤ^{53}$
小鹅儿 $ɕiau^{55}ŋɤr^{53}$

（二）鸟兽

野兽 $iɛ^{55}ʂəu^{31}$
狮子 $ʂʅ^{24-31}tsʅ^{0}$
老虎 $lau^{55-53}xu^{0}$
母老虎 $mu^{55}lau^{55-53}xu^{0}$
猴儿 $xəur^{53}$
熊 $ɕyŋ^{53}$
豹 pau^{31}
狐狸 $xu^{53-24}li^{0}$
黄鼬 $xuaŋ^{53-24}{}^{·}iəu^{0}$ 黄鼠狼
老鼠 $lau^{55-21}ɕy^{0}$
地排子 $ti^{31-53}pʰai^{0}tsʅ^{0}$ 田鼠
长虫 $tʂʰaŋ^{53}tʂʰuŋ^{0}$ 蛇
鸟儿 $niaur^{55}$
老鸹 $lau^{55-21}kua^{0}$ 乌鸦
喜巧 $ɕi^{55-21}tɕʰiau^{0}$ 喜鹊

马野巧 $ma^{55}{}^{·}iɛ^{55-21}tɕʰiau^{0}$ 喜鹊
大雀儿 $ta^{31-53}tɕʰiaur^{0}$ 麻雀
老照＝儿 $lau^{55}tʂaur^{31}$
燕子 $iæ^{31-53}tsʅ^{0}$
大雁 $ta^{31}iæ^{31}$
鹁鸽 $pu^{53-24}kau^{0}$ 鸽子
鹌鹑 $ŋæ^{24-31}tʂʰun^{0}$
布谷鸟儿 $pu^{31}ku^{24-31}niaur^{55}$
蹲＝打模子 $tun^{24-31}ta^{0}mu^{53-24}tsʅ^{0}$
啄木鸟
夜猫子 $iɛ^{31-53}mau^{0}tsʅ^{0}$ 猫头鹰
八哥儿 $pa^{24}kɤr^{24}$
鹤 $xɤ^{31}$
老鹰 $lau^{55-}iŋ^{24}$
野鸡 $iɛ^{55}tɕi^{24}$
檐边虎儿 $iæ^{53-24}piæ^{0}xur^{55}$ 蝙蝠
翅儿 $tʂʰər^{31}$
嘴 $tsuei^{55}$ ①鸟兽的嘴②人的嘴
鸟窝儿 $niau^{55}uor^{24}$

（三）虫类

蚕 $tsʰæ^{53}$
蛹子 $yŋ^{55-21}tsʅ^{0}$ 蚕蛹
蚕粑粑 $tsʰæ^{53}pa^{55-21}pa^{0}$ 蚕沙
蛛蛛 $tɕy^{24-31}tɕy^{0}$ 蜘蛛
米＝羊 $mi^{55-21}iaŋ^{0}$ 蚂蚁
拉蛄 $la^{53-24}ku^{0}$ 蝼蛄
牛子 $niəu^{53-24}tsʅ^{0}$ 米象
盖盖虫 $kai^{31-53}kai^{0}tʂʰuŋ^{53}$ 土鳖

曲车˭tɕʰy²⁴⁻²¹tɕʰiɛ⁰蚯蚓
　地蛆 ti³¹tɕʰy²⁴
蜗牛儿 uo²⁴niəur⁵³
屎壳螂 ʂʅ⁵⁵⁻²¹kʰɤ⁰laŋ⁵³蜣螂
蚰蜒 liəu³¹⁻⁵³iæ⁰蜈蚣
钱串子 tɕʰiæ⁵³tʂʰuæ³¹⁻⁵³tsʅ⁰蚰蜒
蝎子 ɕiɛ²⁴⁻³¹tsʅ⁰
蝎虎连˭子 ɕiɛ²⁴⁻³¹xu⁰liæ⁵³⁻²⁴tsʅ⁰
　壁虎
毛毛虫 mau³¹⁻²⁴mau⁰tʂʰuŋ⁵³
肉蛋虫 iəu³¹tæ⁰tʂʰuŋ⁵³肉虫
腻虫子 ni³¹⁻⁵³tʂʰuŋ⁰tsʅ⁰蚜虫
蝇子 iŋ⁵³⁻²⁴tsʅ⁰苍蝇
绿豆蝇 ly³¹⁻⁵³təu⁰iŋ⁵³比家蝇略大，
　躯体泛蓝绿色或金色，形似绿豆
蚊子 un⁵³⁻²⁴tsʅ⁰
跟头虫儿 kən²⁴⁻³¹tʰəu⁰tʂuor⁵³孑孓
虱子 ʂʅ²⁴⁻³¹tsʅ⁰
虮子 tɕi⁵⁵⁻²¹tsʅ⁰
臭虫 tʂʰəu³¹⁻⁵³tʂʰuŋ⁰
个蚤 kɤ³¹⁻⁵³tsau⁰跳蚤
瞎蠓 ɕia²⁴məŋ⁵³牛虻
素蛐儿蛐儿 su³¹⁻⁵³tɕyər⁰tɕyər⁰蟋蟀
蚂张˭ ma³¹⁻⁵³tʂaŋ⁰蝗虫
蛋˭张˭ tæ³¹⁻⁵³tʂaŋ⁰小型蝗虫
蝈蝈 kuai²⁴⁻³¹kuai⁰雄性蝈蝈
驴驹 ly⁵³⁻²⁴tɕy⁰雌性蝈蝈
刀螂 tau²⁴⁻³¹laŋ⁰螳螂

刀螂籽儿 tau²⁴⁻³¹laŋ⁰tsər⁵⁵螳螂卵
知了 tɕi⁵³⁻²⁴liau⁰蝉
知了猴儿 tɕi⁵³⁻²⁴liau⁰xəur⁵³蝉幼虫
蜜蜂 mi³¹fəŋ²⁴
蚂蜂 ma⁵⁵⁻²¹fəŋ⁰又叫 ma⁵⁵⁻²¹pʰəŋ⁰
蜇 tɕiɛ²⁴
蜂窝 fəŋ²⁴uo²⁴
蜜 mi³¹蜂蜜
臭大姐 tʂʰəu³¹ta³¹tɕiɛ⁵⁵
蛾儿 uor⁵³
扑愣蛾子 pʰu²⁴⁻³¹ləŋ⁰uor⁵³⁻²⁴tsʅ⁰
　①灯蛾②蝴蝶
蚂螂 ma⁵³⁻²⁴laŋ⁰蜻蜓
花媳妇儿 xua²⁴⁻³¹ɕi²⁴⁻²¹fər⁰花大姐
水牛牛 ʂuei⁵⁵⁻²¹niəu⁰niəu⁰黑色天
　牛，雨后出现
潮虫子 tʂʰau⁵³tʂʰuŋ⁵³⁻²⁴tsʅ⁰鼠妇
小老虎儿 ɕiau⁵⁵lau⁵⁵⁻⁵³xur⁰扁刺蛾
　幼虫，生长在枣树上，身体带有毒刺
黏虫 niæ⁵³⁻²⁴tʂʰuŋ⁰麦子快熟时出
　现，危害麦子
布˭局˭ pu³¹⁻⁵³tɕy⁰吊死鬼儿，槐树、
　榆树上的害虫

（四）鱼虾类
鱼 y⁵³
鲤鱼 li⁵⁵⁻²¹y⁰
鲫鱼 tɕi²⁴⁻³¹y⁰
草鱼 tsʰau⁵⁵⁻²¹y⁰

黄鱼 xuaŋ$^{53-24}$y^{0}

带鱼 tai^{31}y^{53}

白鲢 pai$^{53-31}$liæ^{53}

麦穗儿 mai^{31}suər^{31} 麦穗鱼

黑鱼 xei$^{24-31}$y^{0}

金鱼儿 tɕin^{24}yɐr^{53}

泥鳅 ni$^{53-24}$tɕʰiəu^{0}

鳝鱼 ʂæ$^{31-53}$y^{0}

鱼鳞 y^{53}lin^{53}

鱼刺儿 y^{53}tsʰər^{31}

鱼鳔儿 y^{53}piaur^{24}

鱼翅儿 y^{53}tʂʰər^{31} 鳍

腮间 sai$^{24-31}$tɕiæ^{0} 鱼腮

鱼子儿 y^{53}tsər^{55}

鱼苗儿 y^{53}miaur^{53}

钓鱼 tiau^{31}y^{53}

鱼竿儿 y^{53}kɐr^{24}

鱼钩儿 y^{53}kəur^{24}

鱼篓儿 y^{53}ləur^{55}

鱼网 y^{53}uaŋ^{55}

虾 ɕia^{24}

鲜虾仁儿 ɕiæ^{24}ɕia^{24}ːiər^{53}

虾皮儿 ɕia^{24}pʰiər^{53} 干虾米

王八 uaŋ$^{53-24}$pa^{0} ①龟②鳖

螃蟹 pʰaŋ$^{53-24}$ɕiɛ^{0}

蟹黄儿 ɕiɛ^{31}xuar^{53}

蛤蟆 xɤ$^{53-24}$ma^{0} 青蛙

蛤 蟆 坷 叉＝儿 xɤ$^{53-24}$ma^{0}kʰɤ$^{24-31}$
tʂʰar^{0} 蝌蚪

癞蛤蟆 lai^{31}xɤ$^{53-24}$ma^{0} 蟾蜍

　疥蛤蟆 tɕiɛ$^{31-53}$xɤ^{0}ma^{0}

　气蛤蟆 tɕʰi$^{31-53}$xɤ^{0}ma^{0}

肉钻子 iəu^{31}tsuæ$^{24-31}$tsʅ^{0} 水蛭

改＝拉儿 kai$^{55-21}$lar^{0} 蛤蜊

七、房舍

（一）房子

宅子 tʂai$^{53-24}$tsʅ^{0} 住宅

盖房 kai^{31}faŋ^{53}

翻盖 fæ^{24}kai^{31}

房 faŋ^{53}

当院儿 taŋ^{24}yɐr^{31} 院子

院墙 yæ$^{31-53}$tɕʰiaŋ^{0}

影壁 iŋ$^{55-21}$pei^{0}

脚地 tɕiəu^{24}ti^{31} 地上

夹道儿 tɕia^{24}taur^{31} 正房与厢房的墙
　壁之间的狭窄空间

后夹道儿 xəu^{31}tɕia^{24}taur^{31} 在厢房
　南侧的墙壁和院墙之间留出的一条
　狭窄空间,使厢房顶方便排水

屋儿 ur^{24}

外间屋儿 uai$^{31-53}$tɕiæ^{0}ur^{24} 外屋,相
　当于客厅

里间屋儿 li$^{55-21}$tɕiæ^{0}ur^{24} 里屋,相当

于卧室

北屋 pei$^{24-31}$u^0 正房

下房屋 ɕia^{31}faŋ^{53}u^{24} 厢房

堂屋 tʰaŋ$^{53-24}$u^0 客厅

平房 pʰiŋ^{53}faŋ^{53}

楼 ləu^{53}

洋房儿 iaŋ^{53}far^{53}

过道儿 kuo$^{31-53}$taur^0 胡同

伙房 xuo$^{55-21}$faŋ^0

（二）房屋结构

楼上 ləu$^{53-24}$xaŋ^0

楼底下 ləu^{53}ti$^{55-21}$xaŋ^0

门楼儿 mən$^{53-24}$ləur^0

楼梯 ləu^{53}tʰi^{24}

梯子 tʰi$^{24-31}$tsɿ^0

晾台 liaŋ^{31}tʰai^{53} 阳台

草棚子 tsʰau$^{55-21}$pʰəŋ^{0}tsɿ^0 草房

屋脊儿 u^{24}tɕiər^{24}

房顶儿 faŋ^{53}tier^{55}

房檐儿 faŋ^{53}ier^{53}

房梁 faŋ^{53}liaŋ^{53}

檩条 lin$^{55-21}$tʰiau^0

檐椽 iæ^{53}tʂʰuæ^{53} 椽子

柱子 tɕy$^{31-53}$tsɿ^0

门台儿 mən^{53}tʰɐr^{53} 屋门外高出院子的平台和台阶

天花板 tʰiæ^{24}xua$^{24-31}$pæ^{55}

大门 ta^{31}mən^{53} 正门

后门儿 xəu^{31}mər^{53}

碱 $^=$tɕiæ^{55} 房屋底部用芦苇或油毡做的防水层

打碱 ta^{55}tɕiæ^{55} 建造房屋"碱"以下的部分，即打地基

泥 ni^{31} 用流体材料（泥、水泥等）抹墙

门衔儿 mən^{53}ɕiɐr^{53} 门槛

门后头 mən^{53}xəu$^{31-53}$tʰəu^0

门插管 mən^{53}tʂʰa$^{24-31}$kuæ^0 门栓

一扇儿门 i$^{24-55}$ʂɐr^{31}mən^{53}

门帘锦儿 mən$^{53-24}$liæ^{0}tiaur^{31} 门上的搭钩

门帘鼻儿 mən$^{53-24}$liæ^{0}piɐr^{53} 钉在门上的铜制或铁制半圆形物，可以跟门帘锦儿、铁棍等配合把门扣住或加锁

锁 suo^{55}

钥匙 iau$^{31-53}$ʂʐ̩^{0}

窗户 tʂʰuaŋ$^{24-31}$xuo^0

窗台 tʂʰuaŋ^{24}tʰai^{53}

楼道 ləu^{53}tau^{31}

楼板儿 ləu^{53}pɐr^{55}

隔山墙 tɕiɛ^{24}ʂæ^{24}tɕʰiaŋ^{53} 隔断墙

前山 tɕʰiæ^{53}ʂæ^{24} 房屋的前墙

后山 xəu^{31}ʂæ^{24} 房屋的后墙

（三）其他设施

饭棚子 fæ$^{31-53}$pʰəŋ^{0}tsɿ^0 厨房

大锅 ta^{31}kuo^{24} ①灶②大号的锅

灶火塘 tsau$^{31-53}$xuo^{0}tʰaŋ^{53} 灶膛

灶火坑 tsau$^{31-53}$xuo^{0}tɕʰiŋ^{24} 灶前放柴禾和供人烧火的位置

盘炕 pʰæ^{53}kʰaŋ^{31} 用砖垒炕

茅子 mau$^{53-24}$tsʐ̩^{0} 厕所

磨房 mo$^{31-53}$faŋ^{0}

马圈 ma^{55}tɕyæ^{31} 马棚

牛圈 niəu^{53}tɕyæ^{31}

猪圈 tɕy^{24}tɕyæ^{31}

猪槽子 tɕy^{24}tsʰau$^{53-24}$tsʐ̩^{0} 猪食槽

　猪甋子 tɕy^{24}tʂʰæ$^{31-53}$tsʐ̩^{0}

羊圈 iaŋ^{53}tɕyæ^{31}

狗窝儿 kəu^{55}uor^{24}

鸡窝儿 tɕi^{24}uor^{24}

鸡笼子 tɕi^{24}luŋ$^{53-24}$tsʐ̩^{0}

厦子 ʂa$^{31-53}$tsʐ̩^{0} 屋前用于存放东西、遮阳挡雨的走廊,多盖在北屋前

前出一步廊 tɕʰæ^{53}tɕʰy^{24}i$^{24-55}$pu^{31}laŋ^{53}

廊子 laŋ$^{53-24}$tsʐ̩^{0}

篱笆 li$^{53-24}$pa^{0}

窖 tɕiau^{24} 冬天用来储存山药、白菜的地窖

八、器具用品

（一）一般家具

家具 tɕia^{24}tɕy^{31}

柜 kuei^{31}

大橱 ta^{31}tɕʰy^{53} 大衣柜

书橱 ɕy^{24}tɕʰy^{53}

碗橱 uæ^{55}tɕʰy^{53}

桌子 tʂuo$^{24-31}$tsʐ̩^{0}

圆桌 yæ^{53}tʂuo^{24}

方桌 faŋ^{24}tʂuo^{24}

条几 tʰiau^{53}tɕi^{24}

办公桌 pæ^{31}kuŋ^{24}tʂuo^{24}

饭桌 fæ^{31}tʂuo^{24}

桌布儿 tʂuo^{24}pur^{31}

抽屉 tʂʰəu^{24}tʰi^{31}

　抽抽 tʂʰəu$^{24-31}$tʂʰəu^{0}

椅子 i$^{55-21}$tsʐ̩^{0}

躺椅 tʰaŋ$^{55;55}$

椅子背儿 i$^{55-21}$tsʐ̩^{0}pər^{31}

撑儿 tʂʰɤr^{31} 桌椅等的腿跟腿之间的横木

板凳床儿 pæ^{55}təŋ^{0}tʂʰuar^{53} 板凳

　小板凳儿 ɕiau^{55}pæ^{55}tɤr^{31}

高凳儿 kau^{24}tɤr^{31}

　兀蹲儿 u^{31}tuər^{24}

马扎儿 ma^{55}tʂar^{53}

蒲团 pʰu$^{53-24}$tʰuæ^{0}

（二）卧室用具

床 tʂʰuaŋ^{53}

床板 tʂʰuaŋ^{53}pæ^{55}

炕 kʰaŋ^{31}

蚊帐 un⁵³⁻²⁴tʂaŋ⁰

毯子 tʰæ⁵⁵⁻²¹tsʅ⁰

被子 pei³¹⁻⁵³tsʅ⁰

被窝儿 pei³¹⁻⁵³uor⁰

被里 pei³¹li⁵⁵ 被子贴身盖的一面

被面儿 pei³¹miɐr³¹ 被子朝外的一面

套子 tʰau³¹⁻⁵³tsʅ⁰棉衣、棉被里的旧棉絮

穰子 iaŋ⁵⁵⁻²¹tsʅ⁰加工好的蓬松、柔软的新棉絮

床单儿 tʂʰuaŋ⁵³tɐr²⁴

褥子 y³¹⁻⁵³tsʅ⁰

凉席 liaŋ⁵³ɕi⁵³

枕头 tʂən³¹⁻⁵³tʰəu⁰

枕套儿 tʂən³¹⁻⁵³tʰaur³¹

枕芯儿 tʂən³¹ɕiɐr²⁴

梳妆台 ʂu²⁴tʂuaŋ²⁴tʰai⁵³

镜子 tɕiŋ³¹⁻⁵³tsʅ⁰

手提箱 ʂəu⁵⁵tʰi⁵³ɕiaŋ²⁴

衣裳架儿 i²⁴⁻³¹ʂaŋ⁰tɕiar³¹

晾衣架儿 liaŋ³¹⁻²⁴i²⁴tɕiar³¹

尿盆儿 niau³¹pʰər⁵³夜壶

火盆儿 xuo⁵⁵pʰər⁵³

暖壶 nuæ⁵⁵xu⁵³

（三）炊事用具

风箱 fəŋ²⁴⁻³¹ɕiaŋ⁰

火连=棍儿 xuo⁵⁵⁻²¹liæ⁰kuær³¹烧火棍

柴禾 tʂʰai⁵³⁻²⁴xuo⁰

锯末 tɕy³¹mo³¹

刨花儿 pau³¹xuar²⁴用刨子加工木制品时产生的长条木屑

洋火儿 iaŋ⁵³xuor⁵⁵火柴

锅底灰 kuo²⁴⁻³¹ti⁵⁵xuei²⁴锅烟子

烟筒 iæ²⁴⁻³¹tʰuŋ⁰

锅 kuo²⁴

钢种锅 kaŋ²⁴⁻³¹tʂuŋ⁵⁵kuo²⁴铝锅

砂锅 ʂa²⁴kuo²⁴

小锅儿 ɕiau⁵⁵kuor²⁴

锅盖 kuo²⁴kai³¹

铲子 tʂʰæ⁵⁵⁻²¹tsʅ⁰

水壶 ʂuei⁵⁵xu⁵³

碗 uæ⁵⁵

儿碗 lɤ³¹⁻⁵³uæ⁰海碗

茶杯 tʂʰa⁵³pei²⁴

勺子 ʂau⁵³⁻²⁴tsʅ⁰

小勺儿 ɕiau⁵⁵ʂaur⁵³

筷子 kʰuai³¹⁻⁵³tsʅ⁰

筷子笼子 kʰuai³¹⁻⁵³tsʅ⁰luŋ⁵³⁻²⁴tsʅ⁰

浅子 tɕʰiæ⁵⁵⁻²¹tsʅ⁰柳条编织或塑料制的小浅筐，用来盛馒头、水果、菜等

盖碗儿 kai³¹⁻⁵³uɐr⁰

酒盅儿 tɕiəu⁵⁵tʂuor²⁴

盘子 pʰæ⁵³⁻²⁴tsʅ⁰

酒壶 tɕiəu⁵⁵xu⁵³

酒坛子 tɕiəu⁵⁵tʰæ⁵³⁻²⁴tsʅ⁰

罐子 kuæ³¹⁻⁵³tsʅ⁰

瓢 p^hiau^{53} 用葫芦外壳做的舀水的器具

笊篱 $tʂau^{31-53}li^0$

瓶子 $p^hiŋ^{53-24}tsʅ^0$

瓶盖儿 $p^hiŋ^{53}kɐr^{31}$

菜刀 $tsʰai^{31}tau^{24}$

板子 $pæ^{55-21}tsʅ^0$ 砧板

擀面轴儿 $kæ^{55}miæ^{31}tʂəur^{53}$ 擀面杖

笼屉儿 $luŋ^{53}t^hiɚr^{31}$ 蒸笼

箅子 $pi^{31-53}tsʅ^0$

盖垫儿 $kai^{31-53}tiɐr^0$ 用高粱杆儿编
　　成的圆形平垫子,用来放待下锅的
　　饺子、面条等

擦床 $tsʰa^{24-31}tʂʰuaŋ^0$ 一种镶嵌斜孔
　　金属片用以擦削瓜果等成丝、片的长方
　　形木、竹或塑料制工具,又叫"擦床子"

蒜臼儿 $suæ^{31}tɕiəur^{31}$

砸蒜 $tsa^{53}suæ^{31}$ 捣蒜泥

水瓮 $ʂuei^{55}uŋ^{31}$ 水缸

泔水 $kæ^{24-31}ʂuei^0$

泔水桶 $kæ^{24-31}ʂuei^0t^huŋ^{55}$

炊帚 $tʂʰuei^{24-31}ɕy^0$

擦桌布儿 $tsʰa^{24}tʂuo^{24}pur^{31}$ 抹布

墩布 $tun^{24}pu^{31}$

　　（四）工匠用具

刨子 $pau^{31-53}tsʅ^0$

斧子 $fu^{55-21}tsʅ^0$

锛子 $pən^{24-31}tsʅ^0$

锯 $tɕy^{31}$

凿子 $tsau^{53-24}tsʅ^0$

尺子 $tɕʰi^{24-31}tsʅ^0$

卷尺 $tɕyæ^{55}tɕʰi^{24}$

墨斗 $mei^{31}təu^{55}$

墨斗线 $mei^{31}təu^{55}ɕiæ^{31}$

老虎钳 $lau^{55-53}xu^0tɕʰiæ^{53}$

绳子 $ʂəŋ^{53-24}tsʅ^0$

瓦刀 $ua^{55-21}tau^0$

抹子 $mo^{55-21}tsʅ^0$ 抹刀

泥板 $ni^{53-24}pæ^0$ 用来涂抹泥或水泥的
　　有柄铁板

麻刀 $ma^{53-24}tau^0$

灰斗子 $xuei^{24}təu^{55-21}tsʅ^0$

剃头刀儿 $t^hi^{31}t^həu^{53}taur^{24}$

推子 $t^hei^{24-31}tsʅ^0$

剪子 $tɕiæ^{55-21}tsʅ^0$

拢子 $luŋ^{55-21}tsʅ^0$ 梳子

篦子 $pi^{31-53}tsʅ^0$ 梳齿较密的梳子

磨刀布儿 $mo^{53}tau^{24}pur^{31}$ 錾刀布

缝纫机 $fəŋ^{53}in^{31}tɕi^{24}$

烙铁 $lau^{31-53}t^hiɛ^0$ 熨斗

电烙铁 $tiæ^{31}lau^{31-53}t^hiɛ^0$ 电熨斗

棉花车子 $miæ^{53-24}xua^0tɕʰiɛ^{24-31}$
　　$tsʅ^0$ 纺车

织布机 $tɕi^{24}pu^{31}tɕi^{24}$

　　（五）其他生活用品

东西 $tuŋ^{24-31}ɕi^0$

洗脸水 $ɕi^{55}liæ^{55}ʂuei^{55}$

脸盆儿 liæ⁵⁵pʰər⁵³

盆架儿 pʰən⁵³tɕiar³¹

洗澡盆 ɕi⁵⁵tsau⁵⁵pʰən⁵³

胰子 i⁵³⁻²⁴tsʅ⁰ 肥皂

香胰子 ɕian²⁴ⁱi⁵³⁻²⁴tsʅ⁰ 香皂

洗衣粉 ɕi⁵⁵ⁱi²⁴⁻³¹fən⁵⁵

手巾 ʂəu⁵⁵⁻²¹tɕin⁰ 毛巾

洗脚盆 ɕi⁵⁵tɕiau²⁴pʰən⁵³

擦脚布儿 tsʰa²⁴tɕiau²⁴pur³¹

蜡 la³¹ 蜡烛

煤油灯 mei²⁴ⁱiəu⁵³təŋ²⁴

灯心儿 təŋ²⁴ɕiər²⁴

灯罩儿 təŋ²⁴tʂaur³¹

灯盏儿 təŋ²⁴⁻³¹tʂɛr⁵⁵

灯油 təŋ²⁴ⁱiəu⁵³

灯笼 təŋ²⁴⁻³¹ləu⁰

包儿 paur²⁴

钱包儿 tɕʰiæ⁵³paur²⁴

印章 in³¹tʂaŋ²⁴

　戳儿 tʂʰuor

望远镜 uaŋ³¹yæ⁵⁵tɕiŋ³¹

糨糊儿 tɕiaŋ³¹⁻⁵³xur⁰

　糨子 tɕiaŋ³¹⁻⁵³tsʅ⁰

顶针儿 tiŋ⁵⁵⁻²¹tʂər⁵⁵

缠线板儿 tʂʰæ⁵⁵ɕiæ³¹pɐr⁵⁵

袼褙 kɤ²⁴⁻³¹pai⁰

针鼻儿 tʂən²⁴piər⁵³

针尖儿 tʂən²⁴tɕiɐr²⁴

针脚 tʂən²⁴⁻³¹tɕiau⁰

认针 in³¹tʂən²⁴

锥子 tʂuei²⁴⁻³¹tsʅ⁰

掏耳勺儿 tʰau²⁴⁻³¹lɤ⁵⁵ʂaur⁵³

搓板 tsʰuo²⁴⁻³¹pæ⁰

棒槌 paŋ³¹⁻⁵³tʂʰuei

鸡毛掸子 tɕi²⁴mau⁵³tæ⁵⁵⁻²¹tsʅ⁰

扇子 ʂæ³¹⁻⁵³tsʅ⁰

蒲扇 pʰu⁵³⁻²⁴ʂæ⁰ 专指蒲葵叶制的圆扇

拐棍儿 kuai⁵⁵kuər³¹

擦腚纸 tsʰa²⁴tiŋ³¹tsʅ⁵⁵

匣子 ɕia⁵³⁻²⁴tsʅ⁰ 收音机

九、称谓

（一）一般称谓

男的 næ⁵³⁻²⁴ti⁰①成年男性②丈夫,叙称,背称

女的 ny⁵⁵⁻²¹ti⁰成年女性

小月孩儿 ɕiau⁵⁵yɛ³¹⁻⁵³xɐr⁰婴儿

小孩儿 ɕiau⁵⁵xɐr⁵³

小小子儿 ɕiau⁵⁵ɕiau⁵⁵⁻²¹tsər⁰小男孩

小闺妮儿 ɕiau⁵⁵kuei²⁴⁻³¹niər⁰小女孩

老头儿 lau⁵⁵tʰəur⁵³

老婆儿 lau⁵⁵pʰor⁵³

小伙子 ɕiau⁵⁵xuo⁵⁵⁻²¹tsʅ⁰

市里的 ʂʅ³¹li⁵⁵⁻²¹ti⁰城里人

村儿里的 tsʰuər²⁴⁻³¹li⁰ti⁰ 农村人

一家儿 i²⁴⁻⁵⁵tɕiar²⁴

外国人 uai³¹kuo⁵⁵ʔin⁵³

一伙的 i²⁴⁻³¹xuo⁵⁵⁻²¹ti⁰

外人 uai³¹ʔin⁵³

客 tɕʰiɛ²⁴ 客人

同岁 tʰuŋ⁵³⁻²⁴suei⁰

懂行儿 tuŋ⁵⁵xar⁵³ 动词

在行儿 tsai³¹xar⁵³ 形容词

行家 xaŋ⁵³⁻²⁴tɕia⁰

　老把式儿 lau⁵⁵pa⁵⁵⁻²¹ʂər⁰

　内行儿 nei³¹xar⁵³

二把刀 ʅɤ³¹pa²⁴tau²⁴ 名词，外行

二五眼 ʅɤ³¹u⁵⁵iæ⁵⁵ 形容词，外行

　不沾弦⁼ pu²⁴tʂæ²⁴ɕiæ⁵³

　力⁼巴 li³¹⁻⁵³pa⁰

二虎 ʅɤ³¹⁻⁵³xu⁰ 半瓶醋

中间人 tʂuŋ²⁴tɕiæ²⁴ʔin⁵³

光棍儿 kuaŋ²⁴⁻²¹kuər⁰ 单身汉

老闺妮 lau⁵⁵kuei²⁴⁻³¹ni⁰ 老姑娘

童养媳 tʰuŋ⁵³iaŋ⁵⁵ɕi²⁴

寡妇 kua⁵⁵⁻²¹fu⁰

破鞋 pʰo³¹ɕiɛ⁵³ 妓女

私孩子 sʅ²⁴⁻⁵³xai⁰tsʅ⁰ 私生子，詈语。

"私"字变调不符合一般规律

蹲监狱的 tun²⁴tɕiæ²⁴y³¹⁻⁵³ti⁰

财迷駒⁼儿 tsʰai⁵³mi⁵³xəur²⁴ 吝啬鬼

败家子儿 pai³¹tɕia²⁴⁻³¹tsər⁵⁵

破家五鬼儿败家子儿 pʰo³¹

　tɕia²⁴u⁵⁵kuər⁵⁵pai³¹tɕia²⁴⁻³¹

　tsər⁵⁵

要饭儿的 iau³¹fɐr³¹⁻⁵³ti⁰ 乞丐

糊弄人的 xu³¹⁻⁵³luŋ⁰ʔin⁵³⁻²⁴ti⁰ 骗子

二流子 ʅɤ³¹liəu²⁴⁻³¹tsʅ⁰ 流氓

拐子 kuai⁵⁵⁻²¹tsʅ⁰ 拐卖儿童的人

劫道儿的 tɕiɛ⁵³tau³¹⁻⁵³ti⁰

老抢儿 lau⁵⁵tɕʰiar⁵⁵ 小孩儿淘气时，

　训斥小孩儿的话

　老砸儿 lau⁵⁵tsar⁵³

小偷儿 ɕiau⁵⁵tʰəur²⁴

跟脚狗 kən²⁴tɕiau²⁴⁻³¹kəu⁵⁵ 跟屁虫

（二）职业称谓

上班儿 ʂaŋ³¹pɐr²⁴

工人 kuŋ²⁴ʔin⁵³

打工的 ta⁵⁵kuŋ²⁴⁻³¹ti⁰

长工 tʂʰaŋ⁵³⁻²⁴kuŋ⁰

短工 tuæ⁵⁵⁻²¹kuŋ⁰

零活儿 liŋ⁵³xuor⁵³

种地的 tʂuŋ³¹ti³¹⁻⁵³ti⁰

做买卖的 tsəu³¹mai⁵⁵⁻²¹mai⁰ti⁰

掌柜的 tʂaŋ⁵⁵kuei³¹⁻⁵³ti⁰

主家 tɕy⁵⁵⁻²¹tɕia⁰ 东家

老板娘 lau⁵⁵pæ⁵⁵niaŋ⁵³

伙计 xuo⁵⁵⁻²¹tɕi⁰

学徒的 ɕiau⁵³tʰu⁵³⁻²⁴ti⁰

买东西的 mai⁵⁵tuŋ²⁴⁻³¹ɕi⁰ti⁰

做小买卖的 tsəu³¹ɕiau⁵⁵mai⁵⁵⁻²¹
mai⁰ti⁰
摆摊儿的 pai⁵⁵tʰər²⁴⁻³¹ti⁰
教书的 tɕiau²⁴ɕy²⁴⁻³¹ti⁰
　老师 lau⁵⁵ʂ̩²⁴
学生 ɕiau⁵³⁻²⁴ʂəŋ⁰
同学儿 tʰuŋ⁵³ɕiaur⁵³
不错的 pu²⁴tsʰuo³¹⁻⁵³ti⁰朋友
兵 piŋ²⁴
警察 tɕiŋ⁵⁵tʂʰa⁵³
大夫 tai³¹⁻⁵³fu⁰
开车的 kʰai²⁴tɕʰiɛ²⁴⁻³¹ti⁰
木匠 mu³¹⁻⁵³tɕiaŋ⁰
瓦匠 ua⁵⁵⁻²¹tɕiaŋ⁰
锡匠 ɕi²⁴tɕiaŋ³¹
铜匠 tʰuŋ⁵³tɕiaŋ³¹
铁匠 tʰiɛ²⁴tɕiaŋ³¹
补锅的 pu⁵⁵kuo²⁴⁻³¹ti⁰
焊洋铁壶的 xæ³¹iaŋ⁵³⁻²⁴tʰiɛ⁰xu⁵³⁻²⁴
ti⁰
裁缝 tsʰai⁵³⁻²⁴fəŋ⁰
铰头发的 tɕiau⁵⁵tʰəu⁵³⁻²⁴fa⁰ti⁰理
　发师
宰猪的 tsai⁵⁵tɕy²⁴⁻³¹ti⁰
挑脚儿的 tʰiau²⁴tɕiaur²⁴⁻³¹ti⁰脚夫
抬轿儿的 tʰai⁵³tɕiaur³¹⁻⁵³ti⁰轿夫
摆船的 pai⁵⁵tʂʰuæ⁵³⁻²⁴ti⁰艄公
管事儿的 kuæ⁵⁵ʂər³¹⁻⁵³ti⁰管家
做饭的 tsəu³¹fæ³¹⁻⁵³ti⁰厨师
喂头户的 uei³¹⁻⁵³tʰəu⁵³⁻²⁴xu⁰ti⁰饲
　养员
奶母娘 nai⁵⁵mu⁵⁵niaŋ⁵³奶妈
伺候人的 tsʰʅ³¹⁻⁵³xu⁰in⁵³⁻²⁴ti⁰仆人
丫环 ia²⁴⁻³¹xuæ⁰
接生婆儿 tɕiɛ²⁴ʂəŋ²⁴pʰor⁵³
和尚 xɤ⁵³⁻²⁴ʂaŋ⁰
姑子 ku²⁴⁻³¹tsʅ⁰尼姑
老道 lau⁵⁵tau³¹

十、亲属

（一）长辈

老的儿 lau⁵⁵⁻²¹tər⁰专指上了年纪的
　父母
老爷爷 lau⁵⁵iɛ⁵³⁻²⁴iɛ⁰曾祖父
老奶奶 lau⁵⁵nai⁵⁵⁻²¹nai⁰曾祖母
爷爷 iɛ⁵³⁻²⁴iɛ⁰
奶奶 nai⁵⁵⁻²¹nai⁰
姥爷 lau⁵⁵⁻²¹iɛ⁰
姥娘 lau⁵⁵⁻²¹niaŋ⁰
爹 tiɛ²⁴面称
娘 niaŋ⁵³面称
老丈人 lau⁵⁵tʂaŋ³¹⁻⁵³in⁰背称
丈母娘 tʂaŋ³¹⁻⁵³mu⁰niaŋ⁵³背称
公公 kuŋ²⁴⁻³¹kuŋ⁰背称

婆婆 $p^ho^{53-24}p^ho^0$ 背称

后爹 $x\partial u^{31}ti\varepsilon^{24}$

后娘 $x\partial u^{31}nia\eta^{53}$

大伯 $ta^{31-53}pai^0$

大娘 $ta^{31}nia\eta^{53}$

叔 $\d{s}\partial u^{24}$

婶子 $\d{s}\partial n^{55-21}ts\d{1}^0$

舅 $t\varepsilon i\partial u^{53}$

妗子 $t\varepsilon in^{31-53}ts\d{1}^0$

姑 ku^{24}

姨 i^{53}

姑夫 $ku^{24-31}fu^0$

姨夫 $i^{53-24}fu^0$

老姑 $lau^{55}ku^{24}$ 父亲的姑姑

姨姥娘 $i^{53}lau^{55-21}nia\eta^0$

　　　（二）平辈

一辈儿的 $i^{24-55}p\partial r^{31-53}ti^0$ 平辈

两口子 $lia\eta^{55}k^h\partial u^{55-21}ts\d{1}^0$

家里的 $t\varepsilon ia^{24-31}li^0ti^0$ 妻，叙称

二房儿 $\d{r}^{31}far^{53}$ 小老婆

大伯子 $ta^{31-53}pai^0ts\d{1}^0$

小叔子 $\varepsilon iau^{55}\d{s}\partial u^{24-31}ts\d{1}^0$

大姑子 $ta^{31-53}ku^0ts\d{1}^0$

小姑 $\varepsilon iau^{55-21}ku^0$

大舅子 $ta^{31}t\varepsilon i\partial u^{53}ts\d{1}^0$ 内兄

小舅子儿 $\varepsilon iau^{55}t\varepsilon i\partial u^{53}ts\partial r^0$ 内弟

大姨子 $ta^{31}i^{53-24}ts\d{1}^0$

小姨子儿 $\varepsilon iau^{55}i^{53-24}ts\partial r^0$

弟兄 $ti^{31-53}\varepsilon y\eta^0$

姊们 $ts\d{1}^{55-21}m\partial n^0$ 姊妹

哥 $k\d{r}^{24}$

嫂子 $sau^{55-21}ts\d{1}^0$

兄弟 $\varepsilon y\eta^{24-31}ti^0$ 弟弟

兄弟媳妇儿 $\varepsilon y\eta^{24-31}ti^0\varepsilon i^{24-21}f\partial r^0$
　　弟媳

姐姐 $t\varepsilon i\varepsilon^{55-21}t\varepsilon i\varepsilon^0$

姐夫 $t\varepsilon i\varepsilon^{55-21}fu^0$

妹子 $mei^{31-53}ts\d{1}^0$

妹夫 $mei^{31-53}fu^0$

叔伯兄弟 $\d{s}\partial u^{24-31}pai^0\varepsilon y\eta^{24-31}ti^0$
　　堂兄弟

叔伯哥 $\d{s}\partial u^{24-31}pai^0k\d{r}^{24}$ 堂兄

叔伯姊们儿 $\d{s}\partial u^{24-31}pai^0ts\d{1}^{55-21}$
　　$m\partial r^0$ 堂姐妹

叔伯姐姐 $\d{s}\partial u^{24-31}pai^0t\varepsilon i\varepsilon^{55-21}t\varepsilon i\varepsilon^0$
　　堂姐

叔伯妹子 $\d{s}\partial u^{24-31}pai^0mei^{31-53}ts\d{1}^0$
　　堂妹

姑表兄弟 $ku^{24-31}piau^{55}\varepsilon y\eta^{24-31}ti^0$

表哥 $piau^{55}k\d{r}^{24}$

表嫂 $piau^{55}sau^{55}$

表弟 $piau^{55}ti^{31}$

表姊们儿 $piau^{55}ts\d{1}^{55-21}m\partial r^0$

表姐 $piau^{55}t\varepsilon i\varepsilon^{55}$

表妹 $piau^{55}mei^{31}$

盟兄弟 $m\partial \eta^{53}\varepsilon y\eta^{24}ti^{31}$

（三）晚辈

小的儿 ɕiau⁵⁵⁻²¹tər⁰ 晚辈

闺妮小子 kuei²⁴⁻³¹ni⁰ɕiau⁵⁵⁻²¹tsʅ⁰ 子女

小子 ɕiau⁵⁵⁻²¹tsʅ⁰ 儿子

大小子 ta³¹ɕiau⁵⁵⁻²¹tsʅ⁰

老小儿 lau⁵⁵ɕiaur⁵⁵ 小儿子

拾的小孩儿 ɕi⁵³⁻²⁴ti⁰ɕiau⁵⁵xər⁵³ 养子

儿媳妇 lɣ⁵³ɕi²⁴⁻²¹fər⁰

闺妮 kuei²⁴⁻³¹ni⁰

闺妮女婿 kuei²⁴⁻³¹ni⁰ny⁵⁵⁻²¹ɕy⁰

孙子 sun²⁴⁻³¹tsʅ⁰

孙子媳妇儿 sun²⁴⁻³¹tsʅ⁰ɕi²⁴⁻²¹fər⁰

孙女儿 sun²⁴⁻³¹nyər⁰

孙女儿女婿 sun²⁴⁻³¹nyər⁰ny⁵⁵⁻²¹ɕy⁰

重孙子 tʂʰuŋ⁵³sun²⁴⁻³¹tsʅ⁰

重孙女儿 tʂʰuŋ⁵³sun²⁴⁻³¹nyər⁰

外甥儿 uai³¹⁻⁵³ʂɣr⁰ ①外孙②外甥

外甥儿女儿 uai³¹⁻⁵³ʂɣr⁰nyər⁵⁵ ①外孙女②外甥女

侄子 tɕi⁵³⁻²⁴tsʅ⁰

侄女儿 tɕi⁵³⁻²⁴nyər⁰

娘家侄子 niaŋ⁵³⁻²⁴kɣ⁰tɕi⁵³⁻²⁴tsʅ⁰ 内侄

娘家侄女 niaŋ⁵³⁻²⁴kɣ⁰tɕi⁵³⁻²⁴nyər⁰ 内侄女

（四）其他称谓

挑担 tʰiau²⁴⁻²¹tæ⁰ 连襟

一担挑儿 i⁵⁵tæ³¹tʰiaur²⁴

亲家 tɕʰiŋ³¹⁻⁵³tɕia⁰

亲家婆 tɕʰiŋ³¹⁻⁵³tɕia⁰pʰo⁵³

亲家公 tɕʰiŋ³¹⁻⁵³tɕia⁰kuŋ²⁴

亲家儿 tɕʰin²⁴⁻³¹tɕiar⁰ 亲戚

走亲 tsəu⁵⁵tɕʰin²⁴ 走亲戚

爷们儿 iɛ⁵³⁻²⁴mər⁰

娘们儿 niaŋ⁵³⁻²⁴mər⁰

娘家 niaŋ⁵³⁻²⁴kɣ⁰

婆家 pʰo⁵³⁻²⁴kɣ⁰

男家儿 næ⁵³⁻²⁴tɕiar⁰

女家儿 ny⁵⁵⁻²¹tɕiar⁰

姥娘家 lau⁵⁵⁻²¹niaŋ⁰kɣ⁰

老丈人家 lau⁵⁵tʂaŋ³¹⁻⁵³in⁰kɣ⁰

当家子 taŋ³¹tɕia²⁴⁻³¹tsʅ⁰ 本家,同宗族的人

当院里 taŋ³¹yæ³¹⁻⁵³li⁰

十一、身体

（一）五官

身上 ʂən²⁴⁻³¹xaŋ⁰ 身体

身条儿 ʂən²⁴tʰiaur⁵³ 身材

脑袋瓜儿 nau⁵⁵⁻²¹tai⁰kuar²⁴

门楼头儿 mən⁵³⁻²⁴ləu⁰tʰəur⁵³ 额头

额拉盖儿 iɛ³¹⁻⁵³la⁰kɣr³¹

秃子 t^{h}u$^{24-31}$tsʅ^0

谢顶 ɕiɛ^{31}tiŋ^{55}

脑袋顶儿 nau$^{55-21}$tai^{0}tiɛr^{55}

后脑勺儿 xəu^{31}nau^{55}ʂaur^{53}

脖子 po$^{53-24}$tsʅ^0

燕⁼窝儿 iæ^{31}uor^{24} 后颈窝

头发 t^{h}əu$^{53-24}$fa^0

少白头 ʂau^{31}pai^{53}t^{h}əu^{53}

落头发 lau^{31}t^{h}əu$^{53-24}$fa^0

头囟子 t^{h}əu^{53}ɕin$^{31-53}$tsʅ^0 囟门

辫子 piæ$^{31-53}$tsʅ^0

纂儿 tsuɐr^{55} 髻

头发衫⁼儿 t^{h}əu$^{53-24}$fa^{0}ʂɐr^{24} 刘海

脸 liæ^{55}

脸蛋儿 liæ^{55}tɐr^{53}

颧骨 tɕ^{h}yæ$^{53-24}$ku^0

酒窝儿 tɕiəu^{55}uor^{24}

人中 in^{53}tʂuŋ^{24}

腮帮子 sai^{24}paŋ$^{24-31}$tsʅ^0

眼 iæ^{55}

眼眶儿 iæ^{55}k^{h}uar^{31}

眼珠儿 iæ^{55}tɕyər^{24}

白眼珠子 pai^{53}iæ^{55}tɕy$^{24-31}$tsʅ^0

黑眼珠子 xei$^{24-31}$iæ^{55}tɕy$^{24-31}$tsʅ^0

瞳仁儿 t^{h}uŋ^{53}iər^{53}

眼角儿 iæ^{55}tɕiaur^{24}

眼圈儿 iæ^{55}tɕ^{h}yɐr^{24}

泪 lei^{31}

眵目糊 tʂ^{h}ʅ$^{24-31}$ma^{0}xu^{24} 眼屎

眼皮儿 iæ^{55}p^{h}iər^{53}

单眼皮儿 tæ$^{24-31}$iæ^{55}p^{h}iər^{53}

双眼皮儿 ʂuaŋ$^{24-31}$iæ^{55}p^{h}iər^{53}

眼之毛儿 iæ$^{55-21}$tsʅ^{0}maur^{53} 眼睫毛

眼眉 iæ^{55}mei^{53}

皱眉头儿 tʂəu^{31}mei^{53}t^{h}əur^{53}

鼻子 pi$^{53-24}$tsʅ^0 ①鼻子②鼻涕

鼻子疙渣儿 pi$^{53-24}$tsʅ^{0}kɤ$^{24-31}$tʂar^0
　　干鼻涕

鼻子眼儿 pi$^{53-24}$tsʅ^{0}iɛr^{55}

鼻毛儿 pi^{53}maur^{53}

鼻子尖儿 pi$^{53-24}$tsʅ^{0}tɕiɛr^{24}

鼻梁儿 pi^{53}liar^{53}

酒糟鼻 tɕiəu^{55}tsau^{24}pi^{53}

嘴唇 tsuei^{55}tɕ^{h}yn^{53}

吐嘛 t^{h}u$^{31-53}$ma^0 唾沫

吐嘛星子 t^{h}u$^{31-53}$ma^{0}ɕiŋ$^{24-31}$tsʅ^0

哈喇子 xa^{24}la$^{53-24}$tsʅ^0

舌头 ɕiɛ$^{53-24}$t^{h}əu^0

舌苔 ɕiɛ^{53}t^{h}ai^{24}

秃⁼啦舌头 t^{h}u$^{24-31}$la^{0}ɕiɛ$^{53-24}$t^{h}əu^0
　　大舌头

牙 ia^{53}

门牙 mən^{53}ia^{53}

后槽牙 xəu^{31}ts^{h}au^{53}ia^{53}

小虎牙儿 ɕiau^{55}xu^{55}iar^{53}

牙锈 ia^{53}ɕiəu^{31} 牙垢

牙花子 ia⁵³xua²⁴⁻³¹tsʅ⁰ 牙床

虫吃牙 tʂʰuŋ⁵³tɕʰi²⁴ia⁵³ 虫牙

耳朵 lɤ⁵⁵⁻²¹tau⁰

耳朵眼儿 lɤ⁵⁵⁻²¹tau⁰iɐr⁵⁵

耳髓 lɤ⁵⁵⁻²¹suei⁰ 耳屎

耳背 lɤ⁵⁵pei³¹

下巴颏儿 ɕia³¹⁻⁵³pa⁰kʰɤr²⁴

嗓子眼儿 saŋ⁵⁵⁻²¹tsʅ⁰iɐr⁵⁵

胡子 xu⁵³⁻²⁴tsʅ⁰

满脸胡儿 mæ⁵⁵liæ⁵⁵xur⁵³

八撇儿胡儿 pa²⁴⁻³¹pʰiɐr²⁴xur⁵³

（二）手脚胸背

膀子 paŋ⁵⁵⁻²¹tsʅ⁰ 肩膀

侧棱肩儿 tʂai⁵⁵⁻²¹ləŋ⁰tɕiɐr²⁴ 溜肩膀

胳膊 kɤ²⁴⁻³¹pʰa⁰

胳膊肘儿 kɤ²⁴⁻³¹pʰa⁰tʂɤur⁵⁵

胳肢˭窝 kɤ²⁴⁻³¹tʂa⁰uo²⁴ 腋窝

胳膊腕儿 kɤ²⁴⁻³¹pʰa⁰uɐr³¹ 手腕

左手 tsuo⁵⁵ʂɤu⁵⁵

右手 iəu³¹ʂɤu⁵⁵

手指头 ʂɤu⁵⁵tsʅ²⁴⁻³¹tʰəu⁰

手指头节儿 ʂɤu⁵⁵tsʅ²⁴⁻³¹tʰəu⁰tɕiɐr²⁴

指头缝儿 tsʅ²⁴⁻³¹tʰəu⁰for³¹

老膙子 lau⁵⁵tɕiaŋ⁵⁵⁻²¹tsʅ⁰ 手脚上的

　硬茧

大拇哥儿 ta³¹⁻⁵³mu⁰kɤr²⁴ 大拇指

食指 ɕi⁵³tsʅ²⁴

中指 tʂuŋ²⁴tsʅ²⁴

无名指 u⁵³miŋ⁵³tʂʅ²⁴

小手指 ɕiau⁵⁵ʂəu⁵⁵tʂʅ²⁴

指甲 tʂʅ²⁴⁻³¹tɕia⁰

指头肚儿 tʂʅ²⁴⁻³¹tʰəu⁰tur³¹

拳头 tɕʰyæ⁵³⁻²⁴tʰəu⁰

手巴掌 ʂəu⁵⁵pa²⁴⁻³¹tʂaŋ⁰ 手掌

　巴掌 pa²⁴⁻³¹tʂaŋ⁰

手心儿 ʂəu⁵⁵ɕiər²⁴

手背 ʂəu⁵⁵pei³¹

腿 tʰei⁵⁵

大腿 ta³¹tʰei⁵⁵

大腿根儿 ta³¹tʰei⁵⁵kər²⁴

小腿儿 ɕiau⁵⁵tʰər⁵⁵

腿肚儿 tʰei⁵⁵tur³¹

圪拉拜儿 kɤ³¹la⁰pɐr³¹ 膝盖

脚脖子 tɕiau²⁴po⁵³⁻²⁴tsʅ⁰ 脚腕

踝骨 xuai⁵³⁻²⁴ku⁰

脚丫子 tɕiau²⁴ia²⁴⁻³¹tsʅ⁰

光脚 kuaŋ²⁴tɕiau²⁴

脚背 tɕiau²⁴pei³¹

脚打板子 tɕiau²⁴⁻³¹ta⁰pæ⁵⁵⁻²¹tsʅ⁰

　脚掌

脚心儿 tɕiau²⁴ɕiər²⁴

脚尖儿 tɕiau²⁴tɕiɐr²⁴

脚趾头 tɕiau²⁴tʂʅ²⁴⁻³¹tʰəu⁰

脚趾甲 tɕiau²⁴tʂʅ²⁴⁻³¹tɕia⁰

脚后跟儿 tɕiau²⁴xəu³¹kər²⁴

脚印儿 tɕiau²⁴iər³¹

心口儿 $\varepsilon in^{24-31}k^həur^{55}$

胸膛 $\varepsilon y\eta^{24-31}t^ha\eta^0$

肋条 $lei^{31-53}t^hiau^0$

媒=媒 $mei^{53-24}mei^0$ 乳房

肚子 $tu^{31-53}ts\textipa{\:i}^0$

小肚子 $\varepsilon iau^{55}tu^{31-53}ts\textipa{\:i}^0$ 小腹

荸荠 $pi^{53-24}t\varepsilon^hi^0$ ①植物名②肚脐眼

腰 iau^{24}

脊娘= $t\varepsilon i^{24-31}nia\eta^0$ 后背

脊娘=骨儿 $t\varepsilon i^{24-31}nia\eta^0kur^{24}$

（三）其他

旋儿 $su\textturnr r^{31}$ 头发旋

手纹儿 $\textrtails\textschwa u^{55}u\textturnr r^{53}$

斗 $t\textschwa u^{55}$ ①盛粮食的器具②斗形的指纹

寒毛 $x\ae^{53-24}mau^0$

骨头 $ku^{24-31}t^h\textschwa u^0$

筋 $t\varepsilon in^{24}$

血 $\varepsilon i\varepsilon^{24}$

血管儿 $\varepsilon i\varepsilon^{24-31}ku\textturnr r^{55}$

脉 mai^{31}

五脏六腑 $u^{55}tsa\eta^{31}li\textschwa u^{31}fu^{55-24}$

"腑"字不符合一般变调规律

心 εin^{24}

肝儿 $k\textturnr r^{24}$

肺 fei^{31}

苦胆 $k^hu^{55}t\ae^{55}$

脾 p^hi^{53}

胃 uei^{31}

腰子 $iau^{24-31}ts\textipa{\:i}^0$ 肾

肠子 $t\textrtails^ha\eta^{53-24}ts\textipa{\:i}^0$

大肠 $ta^{31}t\textrtails^ha\eta^{53}$

小肠 $\varepsilon iau^{55}t\textrtails^ha\eta^{53}$

盲肠 $ma\eta^{53}t\textrtails^ha\eta^{53}$

屎 pi^{24}

衾 ts^hau^{31}

雄= $\varepsilon y\eta^{53}$ 精液

鸡眼儿 $t\varepsilon i^{24-31}i\textturnr r^{55}$

屁股 $p^hi^{31-53}xu^0$

屁股眼儿 $p^hi^{31-53}xu^0i\textturnr r^{55}$

屁股蛋儿 $p^hi^{31-53}xu^0t\textturnr r^{31}$

腚沟儿 $ti\eta^{31}k\textschwa ur^{24}$

尾巴骨子 $i^{55-21}pa^0ku^{24-31}ts\textipa{\:i}^0$

十二、疾病医疗

（一）一般用语

得病 $tei^{24}pi\eta^{31}$

不得劲儿 $pu^{24}tei^{24}t\varepsilon i\textschwa r^{31}$ 小病

不好嗻 $pu^{24-31}xau^{55-21}li\ae^0$ 重病

犯病 $f\ae^{31}pi\eta^{31}$ 旧病复发

见好 $t\varepsilon i\ae^{31}xau^{55}$

见轻 $t\varepsilon i\ae^{31}t\varepsilon^hi\eta^{24}$

没事儿嗻 $mu^{53}\textrtails\textschwa r^{31-53}li\ae^0$ 病好了

找大夫 $t\textrtails au^{55}tai^{31-53}fu^0$

治病 $t\varepsilon i^{31}pi\eta^{31}$

看病 kʰæ³¹piŋ³¹
号脉 xau³¹mai³¹
开方儿 kʰai²⁴far²⁴
偏方儿 pʰiæ²⁴far²⁴
抓中药 tʂua²⁴tʂuŋ²⁴iau³¹
要点儿药儿 iau³¹tier⁵⁵iaur³¹ 买西药
中药铺儿 tʂuŋ²⁴iau³¹pʰur³¹
药店 iau³¹tiæ³¹
药引子 iau³¹in⁵⁵⁻²¹tsʅ⁰
熬药 ŋau⁵³iau³¹
药膏儿 iau³¹kaur²⁴
膏药 kau²⁴iau³¹
药面儿 iau³¹mier³¹
擦药膏儿 tsʰa²⁴iau³¹kaur²⁴
上药儿 ʂaŋ³¹iaur³¹
发汗 fa²⁴xæ³¹
败火 pai³¹xuo⁵⁵
消食儿 ɕiau²⁴ɕiər⁵³
打针 ta⁵⁵tʂən²⁴

（二）内科

拔罐儿 pa⁵³kuɐr³¹
闹肚子 nau³¹tu³¹⁻⁵³tsʅ⁰
蹿稀 tsʰuæ²⁴ɕi²⁴ 跑肚拉稀
发烧 fa²⁴ʂau²⁴
发冷 fa²⁴⁻³¹ləŋ⁵⁵
打得⸗得 ta⁵⁵tei³¹tei⁰ 冷得打哆嗦
起鸡皮疙瘩 tɕʰi⁵⁵tɕi²⁴pʰi⁵³kɤ²⁴⁻³¹ta⁰
着凉 tʂau⁵³liaŋ⁵³ 症状一般是闹肚子

冻着嚏 tuŋ³¹⁻⁵³tʂau⁰liæ⁰ 症状一般是感冒
咳嗽 kʰɤ²⁴⁻³¹suo⁰
呼噜儿 xu²⁴⁻³¹lur⁰
气管儿炎 tɕʰi³¹kuɐr⁵⁵iæ⁵³
热火龙嚏 iɛ³¹xuo⁵⁵⁻²¹luŋ⁰liæ⁰ 中暑
上火 ʂaŋ³¹xuo⁵⁵
窝住食儿嚏 uo²⁴⁻³¹tɕy⁰ɕiər⁵³⁻²⁴ liæ⁰ 积滞
肚子疼 tu³¹⁻⁵³tsʅ⁰tʰəŋ⁵³
胸口疼 ɕyŋ²⁴⁻³¹kʰəu⁵⁵tʰəŋ⁵³
头旋 tʰəu⁵³⁻²⁴suæ⁰ 头晕
晕车 yn²⁴tɕʰiɛ²⁴
晕船 yn²⁴tʂʰuæ⁵³
脑袋疼 nau⁵⁵⁻²¹tai⁰tʰəŋ⁵³
恶心 ŋau²⁴⁻³¹ɕin⁰
哕 yɛ⁵⁵ 吐
干哕 kæ²⁴⁻³¹yɛ⁰ 恶心想吐又吐不出
疝气 ʂæ³¹tɕʰi³¹
发疟子 fa²⁴iau³¹⁻⁵³tsʅ⁰
打摆子 ta⁵⁵pai⁵⁵⁻²¹tsʅ⁰
出疹子 tɕʰy²⁴⁻³¹tʂən⁵⁵⁻²¹tsʅ⁰
出水痘儿 tɕʰy²⁴⁻³¹ʂuei⁵⁵təur³¹
出天花儿 tɕʰy²⁴tʰiæ²⁴xuar²⁴
种花儿 tʂuŋ³¹xuar²⁴ 种痘
黄疸 xuan⁵³tæ⁵⁵
肝炎 kæ²⁴iæ⁵³
肺炎 fei³¹iæ⁵³

胃病 uei^{31}piŋ^{31}

盲肠炎 maŋ^{53}tʂʰaŋ^{53}iæ^{53}

痨伤 lau$^{31-53}$ʂaŋ^{0} 肺结核

羊角疯儿 iaŋ^{53}tɕiau^{24}for^{24} 癫痫

抽风儿 tʂʰəu^{24}for^{24}

中风 tʂuŋ^{31}fəŋ^{24}

瘫痪 tʰæ$^{24-31}$liæ^{0} 瘫痪

（三）外科

摔着痪 ʂuai$^{24-31}$tʂau^{0}liæ^{0} 跌伤

碰着痪 pʰəŋ$^{31-53}$tʂau^{0}liæ^{0} 碰伤

蹭破皮儿 tsʰəŋ$^{31-53}$pʰo^{0}pʰiər^{53} 皮
肤表层蹭伤

拉个口子 la^{53}kɤ^{31}kʰəu$^{55-21}$tsɿ^{0}

破痪 pʰo$^{31-53}$liæ^{0} 皮肤表层受伤破损

淤血 y^{24}ɕiɛ^{24}

肿痪 tʂuŋ$^{55-21}$liæ^{0}

化脓 xua^{31}nuŋ^{53}

结痂儿 tɕiɛ^{24}tɕiar^{24}

疤啦 pa$^{24-31}$la^{0} 伤疤

长疙瘩 tʂaŋ^{55}kɤ$^{24-31}$ta^{0} 腮腺炎

长疮儿 tʂaŋ^{55}tʂʰuar^{24}

长疔子 tʂaŋ^{55}tiŋ$^{24-31}$tsɿ^{0}

痔疮 tɕi$^{31-53}$tʂʰuaŋ^{0}

疥疮 tɕiɛ$^{31-53}$tʂʰuaŋ^{0}

癣 suæ^{55}

泛$^{=}$ fæ^{31} 荨麻疹

热疙瘩 iɛ$^{31-53}$kɤ$^{24-31}$ta^{0} 痱子

猴儿 xəur^{53}

痦子 u$^{31-53}$tsɿ^{0}

黑浅沙 xei$^{24-31}$tɕʰiæ^{55}ʂa^{24} 雀斑

青年痘儿 tɕʰiŋ^{24}niæ^{53}təur^{53} 粉刺

臭胳肢窝 tʂʰəu^{31}kɤ$^{24-31}$tʂa^{0}uo^{24} 狐臭

嘴臭 tsuei^{55}tʂʰəu^{31} 口臭

粗脖子 tsʰu^{24}po$^{53-24}$tsɿ^{0} 大脖子

鼻齉 pi$^{53-24}$naŋ^{0} 鼻子不通畅

崴脚 uai^{55}tɕiau^{24}

杨柳细腰儿 iaŋ^{53}liəu^{55}ɕi^{31}iaur^{24}
水蛇腰

哑巴嗓儿 ia$^{55-21}$pa^{0}sar^{55}

独眼儿 tu$^{53-24}$iar^{0}

近视眼 tɕin^{31}ʂɿ^{31}iæ^{55}

老花眼 lau^{55}xua$^{24-31}$iæ^{55}

肿眼泡子 tʂuŋ^{55}iæ^{55}pʰau$^{24-31}$tsɿ^{0}

对眼儿 tei$^{31-53}$iər^{0}

（四）残疾等

拐子 kuai$^{55-21}$tsɿ^{0} 瘸子

矬子 tsʰuo$^{53-24}$tsɿ^{0}

　小矬个儿 ɕiau^{55}tsʰuo^{53}kɤr^{31}

罗锅儿 luo$^{53-24}$kuor^{0}

弯弯腰儿 uæ$^{24-31}$uæ^{0}iaur^{24} 驼背，
比罗锅儿程度轻

聋子 luŋ$^{53-24}$tsɿ^{0}

哑巴 ia$^{55-21}$pa^{0}

结巴嘴 tɕyɛ$^{24-31}$pa^{0}tsuei^{55} 结巴。"结"
字介音异常

瞎子 ɕia$^{24-31}$tsɿ^{0}

傻子 ʂa$^{55-21}$tsʅ^{0}

疯子 fəŋ$^{24-31}$tsʅ^{0}

秃子 tʰu$^{24-31}$tsʅ^{0}

麻子脸 ma$^{53-24}$tsʅ^{0}liæ^{55}

豁子嘴儿 xuo$^{24-31}$tsʅ^{0}tsuər^{55}

兜齿儿 təu$^{24-31}$tʂʰər^{0}下唇比上唇更

向前突

六指儿 liəu$^{31-53}$tʂər^{0}

左撇子 tsuo^{55}pʰiɛ$^{55-21}$tsʅ^{0}

二尾子 lʏ^{31}i$^{55-21}$tsʅ^{0}对双性人的蔑称

撞克儿 tʂuaŋ$^{31-53}$kʰʏr^{0}中邪

十三、衣服穿戴

（一）服装

穿的 tʂʰuæ$^{24-31}$ti^{0}衣服

衣裳 i$^{24-31}$ʂaŋ^{0}

工作服 kuŋ^{24}tsuo^{31}fu^{53}

中山服 tʂuŋ^{24}ʂæ^{24}fu^{53}

西服 ɕi^{24}fu^{53}

长袍大褂儿 tʂʰaŋ^{53}pʰau^{53}ta^{31}kuar^{53}

旗袍儿 tɕʰi^{53}pʰaur^{53}

棉衣裳 miæ$^{53-24}$i$^{24-31}$ʂaŋ^{0}

袄 ŋau^{55}泛指上衣

棉袄 miæ^{53}ŋau^{55}

棉猴儿 miæ^{53}xəur^{53}带帽子的棉大衣

皮袄 pʰi^{53}ŋau^{55}

大衣 ta^{31}i^{24}

大氅 ta^{31}tʂʰaŋ^{55}斗篷

布衫儿 pu$^{31-53}$ʂɐr^{0}衬衫

褂子 kua$^{31-53}$tsʅ^{0}外衣

坎肩儿 kʰæ^{55}tɕiɐr^{24}马甲，多为棉衣
　　或夹衣

背心儿 pei^{31}ɕiɐr^{24}夏天无袖、无领、

套头的上衣，后来T恤也叫背心

大襟儿 ta^{31}tɕiər^{24}衣襟

对襟儿的 tei^{31}tɕiər^{24}ti^{0}

脖领儿 po^{53}liɛr^{55}领子

袄领子 ŋau^{55}liŋ$^{55-21}$tsʅ^{0}

袄袖子 ŋau^{55}ɕiəu$^{31-53}$tsʅ^{0}

长袖儿 tʂaŋ^{53}ɕiəur^{31}长袖子的上衣

半截袖儿 pæ^{31}tɕiɛ^{53}ɕiəur^{31}

裙子 tɕʰyn$^{53-24}$tsʅ^{0}

裤子 kʰu$^{31-53}$tsʅ^{0}

单裤儿 tæ^{24}kʰur^{31}与"棉裤"相对

裤衩儿 kʰu^{31}tʂʰar^{31}内裤

大裤衩子 ta^{31}kʰu^{31}tʂʰa$^{55-21}$tsʅ^{0}

开裆裤儿 kʰai^{24}taŋ^{24}kʰur^{31}

裤裆 kʰu^{31}taŋ^{24}

裤腰 kʰu^{31}iau^{24}

刹腰带 ʂa^{24}iau^{24}tai^{31}腰带

裤腿儿 kʰu^{31}tʰər^{55}

兜儿 təur^{24}

扣儿 kʰəur^{31}

扣迷$^{=}$儿 kʰəu^{31}miər^{53} 扣眼

襻儿 pʰɐr^{31} ①扣住纽扣的套：扣～儿 ②功能、形状像襻的东西：帽～儿|鞋～儿

破扑$^{=}$吃$^{=}$ pʰo^{31}pʰu$^{24-31}$tɕʰi^{0} 破烂布块或布条

（二）鞋帽

鞋 ɕiɛ^{53}

鞋趿拉儿 ɕiɛ^{53}tʰa$^{24-31}$lar^{0} 拖鞋

靴头儿 ɕyɛ^{24}tʰəur^{53} 手工做的棉鞋

皮鞋 pʰi^{53}ɕiɛ^{53}

毡窝儿 tʂæ^{24}uor^{24}

布鞋 pu^{31}ɕiɛ^{53}

鞋样子 ɕiɛ^{53}iaŋ$^{31-53}$tsɿ^{0} 做鞋用的纸样，包括鞋面和鞋底两部分

鞋底儿 ɕiɛ^{53}tiər^{55}

绳子 ʂəŋ$^{53-24}$tsɿ^{0} ①绳索②专指纳鞋底儿用的线绳

鞋帮儿 ɕiɛ^{53}par^{24}

鞋楦儿 ɕiɛ^{53}ɕyɐr^{31}

鞋拔子 ɕiɛ^{53}pa$^{53-24}$tsɿ^{0}

凉鞋 liaŋ^{53}ɕiɛ^{53}

雨鞋 y^{55}ɕiɛ^{53}

鞋带儿 ɕiɛ$^{53-24}$tɐr^{0}

鞋窠喽儿 ɕiɛ^{53}kʰɤ$^{24-21}$ləur^{0} 鞋窝

袜子 ua$^{31-53}$tsɿ^{0}

裹脚条子 kuo$^{55-21}$tɕiau^{0}tʰiau$^{53-24}$tsɿ^{0} 裹脚布

绑脚带儿 paŋ^{55}tɕiau^{24}tɐr^{31}

帽子 mau$^{31-53}$tsɿ^{0}

狗皮帽子 kəu^{55}pʰi^{53}mau$^{31-53}$tsɿ^{0}

瓜皮帽儿 kua^{24}pʰi^{53}maur^{31}

军帽 tɕyn^{24}mau^{31}

草帽儿 tsʰau^{55}maur^{31}

帽檐儿 mau^{31}iɐr^{53}

（三）装饰品

戴的 tai$^{31-53}$ti^{0}

首饰 ʂəu$^{55-21}$ʂʅ^{0}

手镯儿 ʂəu^{55}tʂuor^{53}

戒指儿 tɕiɛ$^{31-53}$tʂər^{0}

项链儿 ɕiaŋ^{31}liɐr^{31}

长命锁 tʂaŋ$^{53-24}$miŋ^{0}suo^{55}

别针儿 piɛ^{53}tʂər^{24}

簪子 tsæ$^{24-31}$tsɿ^{0}

耳坠儿 ɭɤ^{55}tʂuər^{31}

粉儿 fər^{55} 胭脂

（四）其他穿戴用品

包 pau^{24} 围裙

围裙 uei$^{53-24}$tɕʰyn^{0}

褯子 tɕiɛ$^{31-53}$tsɿ^{0} 尿布

手绢儿 ʂəu^{55}tɕyɐr^{53}

围脖儿 uei^{53}por^{53} 围巾

手套儿 ʂəu^{55}tʰaur^{53}

暖袖儿 nuæ$^{55-21}$ɕiəur^{0} 夹棉的圆筒，冬天手抄在其中取暖

眼镜 iæ^{55}tɕiŋ^{31}

伞 sæ⁵⁵

雨衣 y⁵⁵ʔi²⁴

十四、饮食

（一）伙食

家常便饭 tɕia²⁴tʂʰaŋ⁵³piæ³¹fæ³¹

吃饭 tɕʰi²⁴fæ³¹

早晨饭 tsau⁵⁵⁻²¹tɕʰin⁰fæ³¹

晌午饭 ʂaŋ⁵⁵⁻²¹xuo⁰fæ³¹ 午饭

黑唠饭 xei²⁴⁻³¹lau⁰fæ³¹ 晚饭

　后晌饭 xuŋ³¹⁻⁵³xaŋ⁰fæ³¹ 晚饭

差样儿的 tʂʰa³¹iar³¹⁻⁵³ti⁰ 与平常不
　一样的、好吃的饭

吃的 tɕʰi²⁴⁻³¹ti⁰

　吃头儿 tɕʰi²⁴⁻³¹tʰəur⁰

零嘴儿 liŋ⁵³tsuər⁵⁵

点心 tiæ⁵⁵⁻²¹ɕin⁰

焖饭 mən²⁴fæ³¹ ①名词，干饭 ②动
　词，焖干饭

坷叉 kʰɤ³¹tʂʰaʔ⁰ 动词，指煮饭时水烧
　开后再用小火慢慢熬一会儿：饭再～
　一会儿，就能吃唻

剩饭 ʂəŋ³¹fæ³¹

现成儿饭 ɕiæ³¹tʂʰɤr⁵³fæ³¹

包锅唻 pau²⁴kuo²⁴⁻³¹liæ⁰ 饭煳了
　煳唻 xu⁵³⁻²⁴liæ⁰

饭酸唻 fæ³¹suæ²⁴⁻³¹liæ⁰ 饭馊了

味儿唻 uər³¹⁻⁵³liæ⁰ 食物因变质而

散发臭味儿

　有味儿 iəu⁵⁵uər³¹

丝闹唻 sɿ²⁴⁻³¹nau⁰liæ⁰ 馒头变质，
　掰开会拉丝

澥里 ɕiɛ³¹⁻⁵³li⁰ 米粥因搅拌或久放，
　米、糁和水分离

饭圪渣儿 fæ³¹kɤ²⁴⁻³¹tʂar⁰ 锅巴

米饭 mi⁵⁵fæ³¹

大米饭 ta³¹mi⁵⁵fæ³¹

大米干饭 ta³¹mi⁵⁵kæ²⁴fæ³¹

白米饭 pai⁵³⁻²⁴mi⁰fan³¹

两掺儿饭 liaŋ⁵⁵tʂʰɤr²⁴fæ³¹ 大小米搀
　和的饭

白粥 pai⁵³⁻²⁴tʂəu⁰ 专指玉米面熬的粥

稀饭 ɕi²⁴fæ³¹ 泛指各种米煮的粥

饭汤 fæ³¹tʰaŋ²⁴

乱乎儿饭 luæ³¹⁻⁵³xur⁰fæ³¹ 稠而黏的
　稀饭

小米儿稀饭 ɕiau⁵⁵miər⁵⁵ɕi²⁴fæ³¹

粽子 tsuŋ³¹⁻⁵³tsɿ⁰

（二）面食

白面 pai⁵³⁻²⁴miæ³¹ 面粉

面 miæ³¹ ①面粉 ②面条 ③形容词，指
　食物柔软，没有纤维

包皮子面 pau²⁴pʰi⁵³⁻²⁴tsʅ⁰miæ³¹ 用
　　榆树皮、高粱压成面,和面时外面再
　　包上一层面粉

面条儿 miæ³¹tʰiaur⁵³

挂面 kua³¹miæ³¹

热面 iɛ³¹miæ³¹ 汤面

捞面 lau⁵³miæ³¹ 不带汤的面条

温面 un²⁴miæ³¹ 不过凉水的捞面

干粮 kæ²⁴⁻³¹liaŋ⁰ 馒头
　　卷子 tɕyæ⁵⁵⁻²¹tsʅ⁰

窝窝 uo²⁴⁻³¹uo⁰ 窝头

包子 pau²⁴⁻³¹tsʅ⁰

馃子 kuo⁵⁵⁻²¹tsʅ⁰ 油条

火烧 xuo⁵⁵⁻²¹ʂau⁵⁵ 烧饼

饼 piŋ⁵⁵ 烙的饼

焖饼 mən²⁴⁻³¹piŋ⁵⁵

烩饼 xuei³¹piŋ⁵⁵

咸食 ɕiæ⁵³⁻²⁴ɕi⁰ 白面摊的鸡蛋饼

油盐卷儿 iəu⁵³iæ⁵³tɕyɤr⁵⁵ 花卷

懒龙 læ⁵⁵luŋ⁵³ 将肉卷进面片蒸熟的
　　长条形主食,个头大,吃的时候要分
　　成小段

饺子 tɕiau²⁴⁻³¹tsʅ⁰

饺子馅儿 tɕiau²⁴⁻³¹tsʅ⁰ɕiɐr³¹

馄饨 xun⁵³⁻²⁴tun⁰

麦仁儿 mai³¹iɚr⁵³

饸饹 xɤ⁵³⁻²⁴la⁰

嘎⁼嘎⁼ ka⁵³⁻²⁴ka⁰ 玉米面做的面疙
　　瘩,放在水里煮熟食用

拿糕 na⁵³⁻²⁴kau⁰ 用野菜或榆钱儿等
　　拌玉米面蒸制的面食

丝⁼糕 sʅ²⁴⁻³¹kau⁰ 用小米面蒸制的发
　　面面食

面片儿 miæ³¹pʰiɐr³¹

面叶儿 miæ³¹iɐr³¹

剂子 tɕi³¹⁻⁵³tsʅ⁰ 饺子皮儿

擀剂子 kæ⁵⁵tɕi³¹⁻⁵³tsʅ⁰

垳面 pu⁵³⁻²⁴miæ⁰ 洒在案板上防止面
　　团、面条、面皮粘连的干面粉

合子 xuo⁵³⁻²⁴tsʅ⁰ 馅饼

疙瘩汤 kɤ²⁴⁻³¹ta⁰tʰaŋ²⁴

蛋糕 tæ³¹kau²⁴

汤圆儿 tʰaŋ²⁴yɤr⁵³

月饼 yɛ³¹piŋ⁰

饼干儿 piŋ⁵⁵kɐr²⁴

麻儿花儿 mar⁵³⁻²⁴xuar⁰

槽子糕 tsʰau⁵³⁻²⁴tsʅ⁰kau²⁴ 鸡蛋糕

接头 tɕiɛ²⁴⁻³¹tʰəu⁰ 面酵

(三)肉蛋

肉丁儿 iəu³¹tiɐr²⁴

肉片儿 iəu³¹pʰiɐr³¹

肉丝儿 iəu³¹sɚr²⁴

肉皮 iəu³¹pʰi⁵³

冻子 tuŋ³¹⁻⁵³tsʅ⁰ 肉冻

肉松 iəu³¹suŋ²⁴

肘子 tʂəu⁵⁵⁻²¹tsʅ⁰

猪蹄儿 tɕy²⁴tʰiər⁵³

里脊 li⁵⁵⁻²¹tɕi⁰

筋渣儿 tɕin²⁴⁻³¹tʂar⁰ 蹄筋

口条儿 kʰəu⁵⁵⁻²¹tʰiaur⁰ 牛舌、猪舌

杂碎 tsa⁵³⁻²⁴suei⁰ 下水

肺叶子 fei³¹ɩɛ³¹⁻⁵³tsʅ⁰

心壶儿 ɕin²⁴xur⁵³ 心

大肠儿 ta³¹⁻⁵³tʂʰar⁰

小肠儿 ɕiau⁵⁵⁻²¹tʂʰar⁰

灌肠 kuæ³¹⁻⁵³tʂʰaŋ⁰ 香肠

　肠子 tʂʰaŋ⁵³⁻²⁴tsʅ⁰

肚子 tu⁵⁵⁻²¹tsʅ⁰

牛肚儿 niəu⁵³tur⁵⁵

百叶儿 pai²⁴iɛr³¹

肝滑⁼ kæ²⁴⁻³¹xua⁰ 肝

腰子 iau²⁴⁻³¹tsʅ⁰

腰花儿 iau²⁴xuar²⁴

鸡杂儿 tɕi²⁴tsar⁵³

鸡脯⁼吃⁼ tɕi²⁴pʰu⁵³⁻²⁴tɕʰi⁰ 鸡肫

猪血 tɕy²⁴ɕiɛ²⁴

鸡血 tɕi²⁴ɕiɛ²⁴

肉汤 iəu³¹tʰaŋ²⁴

鸡蛋 tɕi²⁴tæ³¹

炒鸡蛋 tʂʰau⁵⁵tɕi²⁴tæ³¹

荷包鸡蛋 xɤ⁵³⁻²⁴pau⁰tɕi²⁴tæ³¹

打鸡蛋 ta⁵⁵tɕi²⁴tæ³¹ 将鸡蛋搅拌后
　倒入沸腾的汤中

卧鸡蛋 uo³¹tɕi²⁴tæ³¹ 将鸡蛋整个倒
　入沸腾的汤中煮熟

煮鸡蛋 tɕy⁵⁵tɕi²⁴tæ³¹

侵⁼鸡蛋 tɕʰin²⁴tɕi²⁴tæ³¹ 用开水冲泡
　搅拌好的鸡蛋

　泼鸡蛋 pʰo²⁴tɕi²⁴tæ³¹

鸡蛋汤 tɕi²⁴tæ³¹tʰaŋ²⁴

鸡蛋糕儿 ɕi²⁴tæ³¹kaur²⁴ 鸡蛋羹

蒸鸡蛋糕儿 tʂəŋ²⁴tɕi²⁴tæ³¹kaur²⁴

松花蛋 suŋ²⁴xua²⁴tæ³¹

腌鸡蛋 iæ²⁴tɕi²⁴tæ³¹

咸鸭蛋 ɕiæ⁵³ia²⁴tæ³¹

暴腌儿 pau³¹iɐr²⁴ 为加快速度，把鸡
　蛋煮熟再腌

（四）菜

咸菜 ɕiæ⁵³⁻²⁴tsʰai⁰ 下饭菜

素的 su³¹⁻⁵³ti⁰ 素菜

肉的 iəu³¹⁻⁵³ti⁰ 肉菜

老咸菜 lau⁵⁵ɕiæ⁵³⁻²⁴tsʰai⁰ 腌制的咸菜

　咸菜疙瘩 ɕiæ⁵³⁻²⁴tsʰai⁰kɤ²⁴⁻³¹ta⁰

剩菜 ʂəŋ³¹tsʰai³¹

腌白菜 iæ²⁴pai⁵³⁻²⁴tsʰai⁰

豆腐 təu³¹⁻⁵³fu⁰

豆腐皮儿 təu³¹⁻⁵³fu⁰pʰiər⁵³

豆筋儿 təu³¹tɕiər²⁴

豆腐干儿 təu³¹⁻⁵³fu⁰kɐr²⁴

豆腐脑儿 təu³¹⁻⁵³fu⁰naur⁵⁵

豆浆 təu³¹tɕiaŋ²⁴

酱豆腐 tɕiaŋ³¹təu³¹⁻⁵³fu⁰

细干粉儿 ɕi³¹kæ²⁴⁻³¹fər⁵⁵ 粉丝
干粉儿 kæ²⁴⁻³¹fər⁵⁵ 粉条
面筋 miæ³¹⁻⁵³tɕin⁰
凉粉儿 liaŋ⁵³fər⁰
藕粉 ŋəu⁵⁵⁻⁵³fən⁰
豆瓣儿酱 təu³¹pər³¹tɕiaŋ³¹
芡儿 tɕʰiɐr³¹
木耳 mu³¹l̩⁵⁵
银耳 in⁵³l̩⁵⁵
海带 xai⁵⁵tai³¹
肉菜 iəu³¹tsʰai³¹
　燺菜 ŋau²⁴tsʰai³¹
　大锅儿菜 ta³¹kuor²⁴tsʰai³¹
棒花儿 paŋ³¹xuar²⁴ 玉米粒做的爆米花
花生仁儿 xua²⁴ʂəŋ²⁴iɐr⁵³
黄花儿菜 xuaŋ⁵³xuar²⁴tsʰai³¹

（五）油盐作料

味儿 uər³¹ ①吃的滋味②闻的气味
色儿 ʂɐr²⁴ 颜色
头户⁼油 tʰəu⁵³⁻²⁴xu⁰iəu⁵³ 动物油
腥油 ɕin²⁴iəu⁵³ 荤油
瓜籽儿油 kua²⁴⁻³¹tsər⁵⁵iəu⁵³
花生油 xua²⁴ʂəŋ²⁴iəu⁵³
卫生油 uei³¹ʂəŋ²⁴iəu⁵³
豆油 təu³¹iəu⁵³
菜籽儿油 tsʰai³¹tsər⁵⁵iəu⁵³
香油 ɕiaŋ²⁴iəu⁵³
哈喇子味儿 xa²⁴la⁵³⁻²⁴tsʅ⁰uər³¹ 食

用油变质后的味道
盐 iæ⁵³
大盐 ta³¹iæ⁵³ 粗盐
细盐 ɕi³¹iæ⁵³
酱油 tɕiaŋ³¹iəu⁵³
麻汁 ma⁵³⁻²⁴tɕi 芝麻酱
甜面酱 tʰiæ⁵³miæ⁵³tɕiaŋ³¹
豆瓣儿酱 təu³¹pər³¹tɕiaŋ³¹
辣子酱 la³¹⁻⁵³tsʅ⁰tɕiaŋ³¹ 辣椒酱
醋 tsʰu³¹
料酒 liau³¹tɕiəu⁵⁵
糖 tʰaŋ⁵³ 统称
红糖 xuŋ⁵³tʰaŋ⁵³
白糖 pai⁵³tʰaŋ⁵³
冰糖 piŋ²⁴tʰaŋ⁵³
花生糖 xua²⁴ʂəŋ²⁴tʰaŋ⁵³
糖稀 tʰaŋ⁵³ɕi²⁴
佐料 tsuo⁵⁵⁻²⁴liau⁰
大料 ta³¹liau³¹
花椒 xua²⁴tɕiau²⁴
茴香籽儿 xun⁵³⁻²⁴ɕiaŋ²⁴⁻³¹tsər⁵⁵
葱花儿 tsʰuŋ²⁴xuar²⁴
蒜末儿 suæ³¹mor³¹
蒜泥儿 suæ³¹niɐr⁵³ 将大蒜去皮捣
　碎成泥状，多用作佐料
粉团 fən⁵⁵tʰuæ⁵³ 芡的原材料
胡椒面儿 xu⁵³tɕiau²⁴miɐr³¹

（六）烟酒茶

烟 iæ^{24}

大烟叶儿 ta^{31}iæ^{24}·iɛr^{31}

烟丝儿 iæ^{24}sər^{24}

旱烟 xæ^{31}iæ^{24}

烟袋 ian^{24}tai^{31}

烟盒儿 iæ^{24}xɤr^{53}

烟油子 iæ^{24}iəu$^{53-24}$tsʅ^{0}

烟灰 iæ^{24}xuei^{24}

火石 xuo^{55}ɕi^{0}

茶叶 tʂʰa$^{53-24}$·iɛ^{0}

茶叶水 tʂʰa$^{53-24}$iɛ^{0}ʂuei^{55}

开水 kʰai$^{24-31}$ʂuei^{55}

凉白开 liaŋ^{53}pai^{53}kʰai^{24}

侵⁻茶叶水 tɕʰin^{24}tʂʰa$^{53-24}$·iɛ^{0}ʂuei^{55}
　沏茶

倒上茶叶水 tau$^{31-53}$xaŋ^{0}tʂʰa$^{53-24}$·iɛ^{0}ʂuei^{55}

白酒 pai^{53}tɕiəu^{55}

白干儿 pai^{53}kɐr^{24}

黄酒 xuaŋ^{53}tɕiəu^{55}

烧酒 ʂau$^{24-31}$tɕiəu^{55}

十五、红白大事

（一）婚姻生育

红事儿 xuŋ^{53}ʂər^{31} 婚事

说媒 ɕyɛ^{24}mei^{53}

保媒 pau^{55}mei^{53}

提亲 tʰi^{53}tɕʰin^{24}

媒人 mei$^{53-24}$in^{0}

媒婆子 mei$^{53-24}$pʰo^{0}tsʅ^{0}

说媒的 ɕyɛ^{24}mei$^{53-24}$ti^{0}

结婚 tɕiɛ^{24}xun^{24}

娶媳妇儿 tɕʰy^{55}ɕi$^{24-21}$fər^{0}

接媳妇儿 tɕiɛ$^{24-31}$ɕi$^{24-21}$fər^{0} 接亲

聘闺妮 pʰin^{31}kuei$^{24-31}$ni^{0} 嫁闺女

　娶闺妮 tɕʰy^{55}kuei$^{24-31}$ni^{0}

寻婆家 ɕin^{53}pʰo$^{53-24}$kɤ^{0} 出嫁

定亲 tiŋ^{31}tɕʰin^{24}

见面儿 tɕiæ^{31}miɐr^{31} 相亲

模样儿 mu$^{53-24}$iar^{0} 相貌

岁数 suei$^{31-53}$ʂu^{0}

好日 xau$^{55-21}$i^{0} 喜期

通路儿 tʰuŋ^{24}lur^{31} 送嫁妆

出门子 tɕʰy^{24}mən$^{53-24}$tsʅ^{0} 出嫁

过事儿 kuo^{31}ʂər^{31} 结婚

典礼 tiæ^{55}li^{55} 拜堂

女婿 ny$^{55-21}$ɕy^{0}

喜酒 ɕi^{55}tɕiəu^{55}

喝喜酒 xɤ$^{24-31}$ɕi^{55}tɕiəu^{55}

接亲 tɕiɛ^{24}tɕʰin^{24}

送亲 suŋ^{31}tɕʰin^{24}

递帖儿 ti^{31}tʰiɐr^{24} 男女双方买东西互
　送，订婚时的礼仪

花轿 xua²⁴tɕiau³¹

坐席 tsuo³¹ɕi⁵³ 吃婚宴

铺毡 pʰu²⁴tʂæ²⁴ 婚礼当天，男方在女
方家门口铺红毡，一直到迎亲的车
门，以便使新娘子脚不沾地

拜堂 pai³¹tʰaŋ⁵³

开脸 kʰai²⁴⁻³¹liæ⁵⁵

新女婿 ɕin²⁴⁻³¹ny⁵⁵⁻²¹ɕy⁰

新媳妇儿 ɕin²⁴⁻³¹ɕi²⁴⁻²¹fər⁰

新房 ɕin²⁴faŋ⁵³

压炕头儿的 ia²⁴kʰaŋ³¹tʰəur⁵³⁻²⁴
ti⁰ 婚礼前一晚，男方选出的在新房
炕头睡觉的小男孩，一般为新郎的
弟弟、侄子或外甥

提茶壶的 ti⁵³tʂʰa⁵³xu⁵³⁻²⁴ti⁰ 婚礼
当天，女方选出的紧跟新娘的小男
孩，一般为新娘的弟弟、侄子或外甥

闹媳妇儿 nau³¹ɕi⁵⁵⁻²¹fər⁰ 闹洞房

回门儿 xuei⁵³mər⁵³

二婚 lɤ³¹xun²⁴

往前走一步儿 uaŋ⁵⁵tɕʰiæ⁵³
tsəu⁵⁵⁻²¹i⁰pur³¹ 再嫁

填房 tʰiæ⁵³faŋ⁵³

有嗹 iəu⁵⁵⁻²¹liæ⁰ 怀孕了

　大肚儿嗹 ta³¹tur³¹⁻⁵³liæ⁰

　双身子嗹 ʂuaŋ²⁴ʂən²⁴⁻²¹tsɿ⁰liæ⁰

小月嗹 ɕiau⁵⁵yɛ³¹⁻⁵³liæ⁰ 小产

足月儿 tsu⁵³yɛr³¹

快添嗹 kʰuai³¹tʰiæ²⁴⁻³¹liæ⁰ 将到产期

养活嗹 iaŋ⁵⁵⁻²¹xuo⁰liæ⁰ 生孩子了

　添嗹 tʰiæ²⁴⁻³¹liæ⁰

接生 tɕiɛ²⁴ʂən²⁴

铰脐带儿 tɕiau²⁴tɕʰi⁵³⁻²⁴tɤr⁰

衣 ni²⁴ 胎盘

坐月子 tsuo³¹yɛ³¹⁻⁵³tsɿ⁰

　占房 tʂæ³¹faŋ⁵³

满月 mæ⁵⁵⁻²¹yɛ⁰

头一个 tʰəu⁵³⁻²⁴i⁰kɤ³¹ 头胎

小墓孩儿 ɕiau⁵⁵mu³¹⁻²⁴xɤr⁵³ 遗腹子

　　"墓"字不合符变调规律

殁生儿 mo³¹⁻²⁴ʂɤr⁰ "殁"字不合
符轻声变调规律

吃茶 tɕʰi²⁴tʂʰa⁵³ 吃奶

奶头儿 nai⁵⁵tʰəur⁵³

尿炕 niau³¹kʰaŋ³¹

挪挪骚气窝 nuo⁵³nuo⁰sau²⁴⁻³¹tɕʰi⁰
uo²⁴ 婴儿满月到姥姥家

安生 ŋæ²⁴ʂən²⁴ 小孩儿性格安静

听说 tʰiŋ²⁴ɕyɛ²⁴ 不闹

认生 in³¹ʂən²⁴

不识闲儿 pu²⁴ɕi²⁴ɕiɤr⁵³ 不停

害臊 xai³¹sau³¹

腼腆 miæ⁵⁵⁻²¹tʰi⁰

（二）寿辰丧葬

生日 ʂəŋ²⁴⁻³¹i⁰

做生日 tsəu³¹ʂəŋ²⁴⁻³¹i⁰

老人儿生日哩 lau^{55}iər^{53}ʂəŋ$^{24-31}$i^{0}li^0

白事儿 pai^{53}ʂər^{31} 丧事

捯气儿 tau^{53}tɕʰiər^{31}

咽气儿 iæ^{31}tɕʰiər^{31}

倒头儿 tau^{55}tʰəur^{53} 将死时将头部和
　脚部交换位置

吊供 tiau$^{31-53}$kuŋ^0 奔丧

死 sɿ^{55} 去世的统称

没嗹 mei$^{53-24}$liæ^0 任何年龄的去世，
　委婉的说法

老嗹 lau$^{55-21}$liæ^0 老人去世，委婉的说法

蒙脸 məŋ^{53}liæ^0 蒙在死人脸上的纸

长命灯 tʂʰaŋ^{53}miŋ^{31}təŋ^{24}

停丧箔子 tʰiŋ$^{53-24}$saŋ^{0}pau$^{53-24}$tsɿ^0
　芦苇编的席子，停放死人用

棺材 kuæ$^{24-31}$tsʰai^0
　材 tsʰai^{53}

棺罩儿 kuæ^{24}tʂaur^{31}

入殓 y^{31}liæ^{31}

在屋里停丧 tai^{31}u$^{24-31}$li^{0}tʰiŋ$^{53-24}$saŋ^0

牌位 pʰai$^{53-24}$uei^0

守灵 ʂəu^{55}liŋ^{53}

路记 lu^{31}tɕi^0 外甥及闺女、女婿在半
　路对着棺材再拜一次

头七 tʰəu$^{53-24}$tɕʰi^0

二七 lɣ$^{31-53}$tɕʰi^0

三七 sæ$^{24-31}$tɕʰi^0

五七 u$^{55-21}$tɕʰi^0

进七 tɕin$^{31-53}$tɕʰi^0 人死后满两个月的
　当天，后辈要到坟前烧纸祭奠

穿白 tʂʰuæ^{24}pai^{53}

带孝 tai^{31}ɕiau^{31}

穿孝 tʂʰuæ^{24}ɕiau^{31}

孝帽 ɕiau^{31}mau^{31} 白布做成的道冠
　形白帽，白事时男性晚辈戴在头上

孝箍 ɕiau^{31}ku^{24}

勒头 lei^{24}tʰəu^{53} 长条形白布，白事时
　女性晚辈系在头上

辞灵儿 tsʰɿ^{53}lier^{53} 出殡前一天举行
　的遗体告别仪式

解孝 tɕiɛ^{55}ɕiau^{31} 除孝

孝子孝孙 ɕiau^{31}tsɿ^{55}ɕiau^{31}sun^{24}

报丧 pau^{31}saŋ^{24}

谢孝 ɕiɛ^{31}ɕiau^{31} 出完殡当天，吹鼓手
　吹吹打打在村子里转一圈，代表孝
　子感谢乡亲

祭奠 tɕi^{31}tiæ^{31}

出殡 tɕʰy^{24}pin^{31}

送殡 suŋ^{31}pin^{31}

哭丧棒 kʰu^{24}saŋ^{24}paŋ^{31}

幡儿 fer^{24} 出殡时孝子手持的引魂幡

打幡儿 ta^{55}fer^{24}

花圈 xua^{24}tɕʰyæ^{24}

纸活儿 tʂɿ^{55}xuor^{53} 纸扎

下葬 ɕia³¹tsaŋ³¹

烧纸 ʂau²⁴⁻³¹tʂʅ⁵⁵ ①名词，黑黄色用
　　来祭奠的纸②动词，点燃烧纸

坟上 fən⁵³⁻²⁴xaŋ⁰ 坟地

坟 fən⁵³

圆坟 yæ⁵³fən⁵³ 出殡后第三天亲属到
　　坟前将坟整理培土

碑 pei²⁴

立碑 li³¹pei²⁴

上坟 ʂaŋ³¹fən⁵³

自杀 tsʅ³¹ʂa²⁴
　　想 不 开 喱 ɕiaŋ⁵⁵⁻²¹puᵒkʰai²⁴⁻³¹
　　liæ⁰ 指自杀

跳河 tʰiau³¹xɤ⁵³

跳井 tʰiau³¹tɕiŋ⁵⁵

上吊 ʂaŋ³¹tiau³¹

尸首 ɕi²⁴⁻³¹ʂəu⁵⁵

验尸 iæ³¹ʂʅ²⁴

骨灰 ku⁵⁵xuei²⁴

骨灰盒儿 ku⁵⁵xuei²⁴xɤr⁵³

（三）迷信

老天爷 lau⁵⁵tʰiæ²⁴iɛ⁵³

灶王爷 tsau³¹⁻⁵³uaŋ⁰iɛ⁵³

佛佛 fo⁵³⁻²⁴fo⁰ 佛

菩萨 pʰu⁵³⁻²⁴sa⁰

观音菩萨 kuæ²⁴in²⁴pʰu⁵³⁻²⁴sa⁰

土地庙 tʰu⁵⁵ti³¹miau³¹

关公庙 kuæ²⁴kuŋ²⁴miau³¹

城隍庙 tʂʰəŋ⁵³⁻²⁴xuaŋ⁰miau³¹

阎王爷 iæ⁵³⁻²⁴uaŋ⁰iɛ⁵³

小鬼儿 ɕiau⁵⁵kuər⁵⁵

老马儿猴儿 lau⁵⁵mar⁵⁵⁻²⁴xəur⁵³ 妖
　　怪，吓唬小孩时用。"马"字不符合
　　变调规律

闹鬼 nau³¹kuei⁵⁵

闹凶 nau³¹ɕyŋ²⁴

鬼火儿 kuei⁵⁵xuor⁵⁵

托生 tʰau²⁴⁻³¹ʂəŋ⁰

上供 ʂaŋ³¹kuŋ³¹

供献 kuŋ³¹⁻⁵³ɕiaŋ⁰ 供品

蜡台 la³¹tʰai⁵³

蜡 la³¹ 蜡烛

香 ɕiaŋ²⁴ 线香

香炉 ɕiaŋ²⁴⁻³¹lu⁰

舍 ɕiɛ⁵⁵ 布施

烧香 ʂau²⁴ɕiaŋ²⁴

抽签儿 tʂʰəu²⁴tɕʰiɛr²⁴ 求签

算卦 suæ³¹kua³¹

卦 kua³¹

庙会 miau³¹xuei³¹

念经 niæ³¹tɕiŋ²⁴

老道 lau⁵⁵tau³¹ 道士

看风水 kʰæ³¹fəŋ²⁴⁻³¹ʂuei⁰

算命 suæ³¹miŋ³¹

算卦的 suæ³¹kua³¹⁻⁵³ti⁰

相面的 ɕiaŋ³¹miæ³¹⁻⁵³ti⁰

跳大仙儿 tʰiau³¹ta³¹ɕiɐr²⁴ 跳大神

神汉 ʂən⁵³xæ³¹ 男巫

神婆 ʂən⁵³pʰo⁵³ 巫婆

许愿 ɕy⁵⁵yæ³¹

还愿 xuæ⁵³yæ³¹

时气 ʂ̩⁵³tɕʰi⁰ 运气

十六、日常生活

（一）衣

穿衣裳 tʂʰuæ²⁴ʲi²⁴⁻³¹ʂaŋ⁰

脱衣裳 tʰuo²⁴ʲi²⁴⁻³¹ʂaŋ⁰

脱鞋 tʰuo²⁴ɕiɛ⁵³

做衣裳 tsəu³¹ʲi²⁴⁻³¹ʂaŋ⁰

贴繡儿 tiɛ²⁴tɕʰiaur³¹ 贴边

窝繡儿 uo²⁴tɕʰiaur³¹ 窝边儿

纳鞋底儿 na³¹ɕiɛ⁵³tiɚr⁵⁵

跟脚 kən²⁴tɕiau²⁴ 鞋合脚

钉扣儿 tiŋ³¹kʰəur³¹ 缝扣子

绣花儿 ɕiəu³¹xuar²⁴

补补丁 pu⁵⁵pu⁵⁵⁻²¹tiŋ⁰

砸衣裳 tsa⁵³ʲi²⁴⁻³¹ʂaŋ⁰ 用缝纫机缝
　　制衣服

做被子 tsəu³¹pei³¹⁻⁵³tṣ̩⁰

绸⁼衣裳 tʂʰəu⁵³ʲi²⁴⁻³¹ʂaŋ⁰ 洗衣服

头一过儿 tʰəu⁵³⁻²⁴ʲi⁰kuor³¹ 洗衣服
　　的第一水

涮 ʂuæ³¹ 把洗涤剂冲洗干净

晾衣裳 liaŋ³¹ʲi²⁴⁻³¹ʂaŋ⁰

烫衣裳 tʰaŋ³¹ʲi²⁴⁻³¹ʂaŋ⁰ 熨衣服

（二）食

生火 ʂəŋ²⁴⁻³¹xuo⁵⁵

引火 in⁵⁵xuo⁵⁵ 点燃灶火

烧火 ʂau²⁴⁻³¹xuo⁵⁵

做饭 tsəu³¹fæ³¹

淘米 tʰau⁵³mi⁵⁵

发面 fa²⁴miæ³¹ ①动词,使面团发酵
　　②形容词,发酵好的、面粉制作的

和面 xuo⁵³miæ³¹

揉面 iəu⁵³miæ³¹

揉剂子 iəu⁵³tɕi³¹⁻⁵³tṣ̩⁰ 揉面剂儿

摵面 tʂuai²⁴miæ³¹ 将干面粉揉进面团

擀面 kæ⁵⁵miæ³¹

切面 tɕʰiɛ²⁴miæ³¹

煮面 tɕy⁵⁵miæ³¹

饿⁼埻面儿 tɕʰaŋ³¹pu⁵³⁻²⁴miɐr⁰ 蒸
　　馒头时,为了口感好,在发好面后再
　　揉进一些面粉

蒸干粮 tʂəŋ²⁴kæ²⁴⁻³¹liaŋ⁰ 蒸馒头

熥干粮 tʰəŋ²⁴kæ²⁴⁻³¹liaŋ⁰ 馏馒头

烀 xu²⁴ 半蒸半煮

炒菜 tʂʰau⁵⁵tsʰai³¹

炒肉 tʂʰau⁵⁵iəu³¹

氽丸子 tsʰuæ²⁴uæ⁵³⁻²⁴tṣ̩⁰

包饺子 pau²⁴tɕiau²⁴⁻³¹tṣ̩⁰

包包子 pau²⁴pau²⁴⁻³¹tsʅ⁰
洗菜 ɕi⁵⁵tsʰai³¹
切菜 tɕʰiɛ²⁴tsʰai³¹
择菜 tʂai⁵³tsʰai³¹
炒菜 tʂʰau⁵⁵tsʰai³¹
打汤 ta⁵⁵tʰaŋ²⁴
饭熟哩 fæ³¹ʂəu⁵³⁻²⁴liæ⁰
夹生 tɕia²⁴ʂəŋ²⁴
开饭 kʰai²⁴fæ³¹
舀饭 iau⁵⁵fæ³¹
吃饭 tɕʰˑi²⁴fæ³¹
夹菜 tɕia²⁴tsʰai³¹
舀汤 iau⁵⁵tʰaŋ²⁴
吃零嘴儿 tɕʰi²⁴liŋ⁵³tsuər⁵⁵
要嘴吃 iau³¹tsuei⁵⁵tɕʰi²⁴ 向别人要食物吃
使筷子 ʂʅ⁵⁵kʰuai³¹⁻⁵³tsʅ⁰ 用筷子
一箸子菜 i²⁴⁻⁵⁵tɕy³¹⁻⁵³tsʅ⁰tsʰai³¹ 一筷子菜
肉还生着哩 iəu³¹xæ⁵³ʂəŋ²⁴⁻³¹tʂau⁰li⁰
嚼不烂 tɕiau⁵³⁻²⁴pu⁰læ³¹
噎住 iɛ²⁴⁻³¹tɕy⁰
打嗝儿 ta⁵⁵kər⁵³ "嗝"字不符合儿化一般规律
吃撑着哩 tɕʰi²⁴tʂʰəŋ²⁴⁻³¹tʂau⁰liæ⁰
嘴里没味儿 tsuei⁵⁵⁻²¹li⁰mu⁵³uər³¹ 因身体不舒服吃饭不香

喝茶叶水 xɤ²⁴tʂʰa⁵³⁻²⁴iɛ⁰ʂuei⁵⁵
喝酒 xɤ²⁴⁻³¹tɕiəu⁵⁵
抽烟 tʂʰəu²⁴iæ²⁴
饿得慌嗹 uo³¹⁻⁵³ti⁰xuaŋ²⁴⁻³¹liæ⁰
淘瓮 tʰau⁵³uŋ³¹ 将瓮里的水排掉并刷洗干净

（三）住

洗手 ɕi⁵⁵ʂəu⁵⁵
洗脸 ɕi⁵⁵liæ⁵⁵
漱口 ʂu³¹kʰəu⁵⁵
刷牙 ʂua²⁴ia⁵³
拢头发 luŋ⁵⁵tʰəu⁵³⁻²⁴fa⁰ 梳头发
梳辫子 ʂu²⁴piæ³¹⁻⁵³tsʅ⁰
梳纂 ʂu²⁴⁻³¹tsuæ⁵⁵
推头 tʰei²⁴tʰəu⁵³
剃葫芦秃儿 tʰi³¹xu⁵³⁻²⁴lu⁰tʰur²⁴ 剃光头
铰指甲 tɕiau⁵⁵tsʅ²⁴⁻³¹tɕia⁰
掏耳髓 tʰau²⁴⁻³¹lɤ⁵⁵⁻²¹suei⁰
洗澡儿 ɕi⁵⁵tsaur⁵⁵
搓搓 tsʰuo²⁴tsʰuo⁰ 搓澡
擦擦身上 tsʰa²⁴tsʰa⁰ʂən²⁴⁻³¹xaŋ⁰
尿泡 niau³¹pʰau²⁴
解小手儿 tɕiɛ⁵⁵ɕiau⁵⁵ʂəur⁵⁵
解大手儿 tɕiɛ⁵⁵ta³¹ʂəur⁵⁵
凉快凉快 liaŋ⁵³⁻²⁴kʰuai⁰liaŋ⁵³⁻²⁴kʰuai⁰
晒暖儿 ʂai³¹nuɐr⁵⁵ 晒太阳

烤火儿 $k^hau^{55}xuor^{55}$

掌灯 $tʂaŋ^{55}təŋ^{24}$点燃灯盏或蜡烛

开灯 $k^hai^{24}təŋ^{24}$打开电灯

吹灯 $tʂ^huei^{24}təŋ^{24}$

拉灯 $la^{24}təŋ^{24}$开、关灯

歇歇儿 $ɕie^{24}ɕiɛr^0$

打盹儿 $ta^{55}tuər^{55}$

打哈欠 $ta^{55}xa^{24-31}tɕ^hiɛ^0$

困嘞 $k^hun^{31-53}liæ^0$

迷瞪 $mi^{53-24}təŋ^0$小睡

铺炕 $p^hu^{24}k^haŋ^{31}$

躺下 $t^haŋ^{55-21}xaŋ^0$睡下

睡着嘞 $ʂuei^{31}tʂau^{53-24}liæ^0$

打呼噜儿 $ta^{55}xu^{24-31}lur^0$

睡不着 $ʂuei^{31-53}pu^0tʂau^{53}$

睡晌觉 $ʂuei^{31}ʂaŋ^{55-21}tɕiau^0$睡午觉

趴着睡 $p^ha^{24-31}tʂau^0ʂuei^{31}$

囫囵个儿着睡 $xu^{53-24}lin^0kɤr^{31-53}$

　　$tʂau^0ʂuei^{31}$指不脱衣服睡

打通脚 $ta^{55}t^huŋ^{24}tɕiau^{24}$一个被窝

　　里一头睡一个人

落枕 $lau^{31}tʂən^{55}$

抽筋儿嘞 $tʂ^hɤu^{24}tɕiər^{24-31}liæ^0$

做梦 $tsau^{31}məŋ^{31}$

说梦话 $ɕyɛ^{24}məŋ^{31-53}xua^0$

撒密˭眼儿 $sa^{24}mi^{31-53}iɐr^0$撒癔症

熬夜 $ŋau^{53}iɛ^{31}$

（四）行

上地里去 $ʂaŋ^{31}ti^{31-53}li^0tɕ^hy^{31}$

干活儿的 $kæ^{31}xuor^{53-24}ti^0$去上工

收工 $ʂɤu^{24}kuŋ^{24}$

磨洋工 $mo^{53}iaŋ^{53}kuŋ^{24}$

歇畔儿 $ɕie^{24}p^hɐr^{31}$农民在地头上休息

出去 $tɕ^hy^{24-31}tɕ^hy^0$离开听话人所在

　　的空间范围

出门儿 $tɕ^hy^{24}mər^{53}$出远门

家去 $tɕia^{24-21}tɕ^hy^0$回家去

家来 $tɕia^{24-21}lai^0$回家来

上街 $ʂaŋ^{31}tɕiɛ^{24}$

赶集 $kæ^{55}tɕi^{53}$

跑外 $p^hau^{55}uai^{31}$跑业务

蹓弯儿 $liɤu^{31}uɐr^{24}$

十七、讼事

打官司 $ta^{55}kuæ^{24-31}sɿ^0$

告状 $kau^{31}tʂuaŋ^{31}$

诉状 $su^{31}tʂuaŋ^{31}$

口供 $k^hɤu^{55-21}kuŋ^0$

一伙儿的 $i^{24-31}xuor^{55-21}ti^0$

犯罪 $fæ^{31}tsuei^{31}$

逮起来嘞 $tai^{55-21}tɕ^hi^0lai^{53-24}liæ^0$抓

　　起来了

罚钱 $fa^{53}tɕ^hiæ^{53}$

砍脑袋 $k^hæ^{55}nau^{55-21}tai^0$杀头

枪毙 tɕʰiaŋ²⁴pi³¹

手铐儿 ʂəu⁵⁵kʰaur³¹

脚镣儿 tɕiau²⁴liaur⁵³

捆上 kun⁵⁵⁻²¹xaŋ⁰

关起来 kuæ²⁴⁻³¹tɕʰi⁰lai⁵³

蹲监狱 tun²⁴tɕiæ²⁴y³¹

立文书 li³¹un⁵³⁻²⁴ɕy⁰

摁手印儿 ŋən³¹ʂəu⁵⁵iər³¹

拿捐 na⁵³tɕyæ²⁴ 缴税

上税 ʂaŋ³¹ɕuei³¹

执照 tʂʅ⁵³tʂau³¹

布告 pu³¹kau³¹

公章 kuŋ²⁴tʂaŋ²⁴

十八、交际

走动 tsəu⁵⁵tuŋ³¹ 来往

走过场 tsəu⁵⁵kuo³¹tʂʰaŋ⁵⁵ 应酬

串门儿 tʂʰuæ²⁴mər⁵³

看看 kʰæ³¹kʰæ⁰ ①看人：老张回来哩，我去~的②看病：你肚子疼得么厉害，还不赶紧~的

走亲 tsəu⁵⁵tɕʰin²⁴ 拜访亲戚

回礼 xuei⁵³li⁵⁵

待客 tai³¹tɕʰiɛ²⁴

待承 tai³¹tʂʰəŋ⁵³ 招待

行礼 ɕiŋ⁵³li⁵⁵

礼细 li⁵⁵ɕi³¹ 礼数周全

别拘着 piɛ⁵³tɕy²⁴⁻⁵³tʂau⁰ 别拘束

解⁼记不到 tɕiɛ²¹tɕi⁰pu²⁴tau³¹ 想不到，招待不周

份子 fən³¹⁻⁵³tsʅ⁰

陪客 pʰei⁵³tɕʰiɛ²⁴

送送的 suŋ³¹suŋ³¹⁻⁵³ti⁰ 送客时主人说的话：你这就回去哄，我~

不送嗹 pu²⁴suŋ³¹⁻⁵³liæ⁰ 送客时主人说的话：你慢慢走，我~

别送嗹 piɛ⁵³suŋ³¹⁻⁵³liæ⁰ 送客时客人说的话，相当于"留步"

谢谢 ɕiɛ³¹ɕiɛ⁰

帖 tʰiɛ²⁴

发帖 fa²⁴tʰiɛ²⁴

倒上 tau³¹⁻⁵³xaŋ⁰ ①倒水②倒酒

满上 mæ⁵⁵⁻²¹xaŋ⁰ 倒酒

干盅儿 kæ²⁴tʂuor²⁴

干咾 kæ²⁴⁻³¹lau⁰

罚拳 fa⁵³tɕʰyæ⁵³

家长里短 tɕia²⁴tʂʰaŋ⁵³li⁵⁵tuæ⁵⁵

不拉⁼ pu²⁴la⁵³ 不和睦

死对头 sʅ⁵⁵tei³¹⁻⁵³tʰəu⁰

一块儿的 i⁵⁵kʰuɐr³¹⁻⁵³ti⁰ 同伴

冤枉 yæ²⁴⁻³¹uaŋ⁰

挑字眼儿 tʰiau²⁴tsʅ³¹iɐr⁵⁵ 从措辞用字上找小毛病

话茬儿 xua³¹tʂʰar⁵³

挑理 tʰiau²⁴⁻³¹li⁵⁵

白棱 pai⁵³⁻²⁴ləŋ⁰ 用白眼看人，表示不满或看不起

拿 捏 na⁵³⁻²⁴niɛ⁰ ①做作 ②把握，读 na⁵³niɛ²⁴

摆谱儿 pai⁵⁵pʰur⁵⁵

装傻 tʂuaŋ²⁴⁻³¹ʂa⁵⁵

出洋相 tɕʰy²⁴iaŋ⁵³ɕiaŋ³¹

丢人 tiəu²⁴in⁵³

　丢人现眼 tiəu²⁴in⁵³ɕiæ³¹iæ⁵⁵

巴结 pa²⁴⁻³¹tɕiɛ⁰

串门儿 tʂʰuæ³¹mər⁵³

套近乎儿 tʰau³¹tɕin³¹⁻⁵³xur⁰

耐心烦儿 nai³¹ɕin²⁴fər⁵³ 耐心

心气儿 ɕin²⁴tɕʰiər³¹ 志气

搋相儿 tsəu³¹ɕiar³¹ 人的样子，骂人

的说法:你看他也～

看得起 kʰæ³¹⁻⁵³ti⁰tɕʰi⁵⁵

看不起 kʰæ³¹⁻⁵³pu⁰tɕʰi⁵⁵

拿把 na⁵³pa⁵⁵ 做事时故意为难别人，以抬高自己身价

犟嘴 tɕiaŋ³¹tsuei⁵⁵

气不忿儿 tɕʰi³¹⁻⁵³pu⁰fər³¹ 不服气

动声儿 tuŋ³¹⁻⁵³ɕiər⁰ ①声音 ②消息，情况

造改 tsau³¹kai⁵⁵ 编排

打踏 ta⁵⁵tʂʰa⁵⁵ 说话、做事不靠谱:他说收完麦子再着小孩儿上学的，这不～昂，白耽搁孩子

打岔 ta⁵⁵tʂʰa³¹ 岔开话题

打伙儿 ta⁵⁵xuor⁵⁵ 合伙

撵出去 niæ⁵⁵⁻²¹tɕʰy⁰tɕʰy³¹

十九、商业交通

（一）经商行业

招牌 tʂau²⁴⁻³¹pʰai⁰

摆摊儿 pai⁵⁵tʰər²⁴

单干 tæ²⁴kæ³¹

做买卖 tsəu³¹mai⁵⁵⁻²¹mai⁰

饭馆儿 fæ³¹kuɐr⁵⁵

下馆子 ɕia³¹kuæ⁵⁵⁻²¹tsʅ⁰

跑堂儿的 pʰau⁵⁵tʰar⁵³⁻²⁴ti⁰ 饭店服务员

杂货铺儿 tsa⁵³⁻²⁴xuo⁰pʰur³¹

油盐店 iəu⁵³iæ⁵³tiæ³¹

粮店 liaŋ⁵³tiæ³¹

茶馆儿 tʂʰa⁵³kuɐr⁵⁵

理发店 li⁵⁵fa²⁴tiæ³¹

铰头发 tɕiau⁵⁵tʰəu⁵³⁻²⁴fa⁰ 理发

刮脸 kua²⁴⁻³¹liæ⁵⁵

　刮胡子 kua²⁴xu⁵³⁻²⁴tsʅ⁰

宰猪 tsai⁵⁵tɕy²⁴

油坊儿 iəu$^{53-24}$far^0

赁房 lin^{31}faŋ^{53} 租房

（二）经营交易

开张 k^{h}ai^{24}tʂaŋ^{24}

歇业 ɕiɛ^{24}iɛ^{31} 停业

关门儿 kuæ^{24}mər^{53}

要价儿 iau^{31}tɕiar^{31}

还价儿 xuæ^{53}tɕiar^{31}

便宜 p^{h}iæ$^{53-24}$y^0

　贱 tɕiæ^{31}

贵 kuei^{31}

包圆儿 pau^{24}yɐr^{53} 把货物或剩余的
　货物全部买下

工钱 kuŋ$^{24-31}$tɕ^{h}iæ^0

本儿 pər^{55}

亏本儿 k^{h}uei$^{24-31}$pər^{55}

　赔本儿 p^{h}ei^{53}pər^{55}

翻番儿 fæ^{24}fɐr^{24}

利息 li^{31}ɕi^{24}

该 kai^{24} 欠

开销 k^{h}ai^{24}ɕiau^{24}

（三）度量衡

钢蹦儿 kaŋ^{24}por^{53}

制钱 tʂʅ^{31}tɕ^{h}iɐr^{53} 铜钱

一分钱 i$^{24-55}$fən^{24}tɕ^{h}iæ^{53}

一毛钱 i$^{24-31}$mau$^{53-55}$tɕ^{h}iæ^{53}

一块钱 i$^{24-55}$k^{h}uai^{53}tɕ^{h}iæ^{53}

十块钱 ɕi^{53}k^{h}uai^{31}tɕ^{h}iæ^{53}

一百 i$^{24-55}$pai^{24}

算盘 suæ$^{31-53}$p^{h}æ^0

秤 tʂ^{h}əŋ^{31}

秤盘 tʂ^{h}əŋ^{31}p^{h}æ^{53}

秤杆儿 tʂ^{h}əŋ^{31}kɐr^{55}

秤钩儿 tʂ^{h}əŋ^{31}kəur^{24}

秤砣 tʂ^{h}əŋ^{31}t^{h}uo^{53}

（四）交通

铁道 t^{h}iɛ^{24}tau^{31}

火车 xuo^{55}tɕ^{h}iɛ^{24}

火车站 xuo^{55}tɕ^{h}iɛ^{24}tʂæ^{31}

土道儿 t^{h}u^{55}taur^{31}

硬面路 iŋ^{31}miæ^{31}lu^{31} 与"土道儿"相
　对，泛指用水泥、石板等铺就的路面

汽车 tɕ^{h}i^{31}tɕ^{h}iɛ^{24}

货车 xuo^{31}tɕ^{h}iɛ^{24}

公交 kuŋ^{24}tɕiau^{24}

摩托 mo^{53}t^{h}uo^{53}

三轮儿 sæ^{24}luər^{53}

车子 tɕ^{h}iɛ$^{24-31}$tsʅ^0 自行车

船 tʂ^{h}uæ^{53}

摆渡 pai^{55}tu^{31}

误住喠 u$^{31-53}$tɕy^{0}liæ^0 车陷在泥或沟
　里，无法移动

二十、文化教育

（一）学校

学里 ɕiau⁵³⁻²⁴li⁰

上学 ʂaŋ³¹ɕiau⁵³

散学儿 san³¹ɕiaur⁵³ 放学

育红班儿 y³¹xuŋ⁵³pɚr²⁴ 对小学前儿童的一种提前教育,学制一般为一年。文革时期说法,延续到20世纪末

半年级 pæ³¹niæ⁵³tɕi⁰ 对小学前儿童的一种提前教育,学制一般为一年

幼儿园 iəu³¹lɤ⁰yæ⁵³

小学儿 ɕiau⁵⁵ɕiaur⁵³

中学儿 tʂʰuŋ²⁴ɕiaur⁵³

大学 ta³¹ɕiau⁵³

学费 ɕiau⁵³fei³¹

放假 faŋ³¹tɕia³¹

麦假 mai³¹tɕia³¹ 农村学校在麦收时放的约两周的假

秋假 tɕʰiəu²⁴tɕia³¹ 农村学校在秋收时放的约四周的假

伏假 fu⁵³tɕia³¹ 暑假,农村学校与城市学校接轨后,不再放麦假和秋假

寒假 xæ⁵³tɕia³¹

请假 tɕʰiŋ⁵⁵tɕia³¹

（二）教室文具

班里 pæ²⁴⁻³¹li⁰

上课 ʂaŋ³¹kʰɤ³¹

下课 ɕia³¹kʰɤ³¹

讲台 tɕiaŋ⁵⁵tʰai⁵³

黑板 xei²⁴⁻³¹pæ⁵⁵

粉笔 fən⁵⁵pei²⁴

板擦儿 pæ⁵⁵tsʰar²⁴

本儿 pər⁵⁵

缉本儿 tɕʰi²⁴⁻³¹pər⁵⁵ 用针线订本子

书 ɕy²⁴

铅笔 tɕʰiæ²⁴pei²⁴

橡皮 ɕiaŋ³¹pʰi⁵³

转笔刀儿 tʂuæ³¹pei²⁴taur²⁴ 卷笔刀

圆规 yæ⁵³kuei²⁴

三角板儿 sæ²⁴⁻³¹tɕiau⁰pær⁵⁵

作文儿本儿 tsuo²⁴⁻³¹uər⁵³pər⁵⁵

钢笔 kaŋ²⁴pei²⁴

毛笔 mau⁵³pei²⁴

笔帽儿 pei²⁴maur³¹

墨汁儿 mei³¹tʂər²⁴

墨水儿 mei³¹ʂuər⁵⁵

书包 ɕy²⁴pau²⁴

算草儿 suæ³¹tsʰaur⁵⁵ 演算

（三）读书识字

认字儿 in³¹tsər³¹ 识字

念书 niæ³¹ɕy²⁴

考场 kʰau⁵⁵tʂʰaŋ⁵⁵

考试 kʰau⁵⁵ʂʐ³¹

卷子 tɕyæ$^{55-53}$tsʅ^{0}

一百分儿 i$^{24-55}$pai^{24}fər^{24}

零分儿 liŋ$^{53-24}$fər^{0}

连笔字儿 liæ$^{53-24}$pei^{0}tsər^{31}

誊 tʰəŋ^{53}

宝盖儿（宀）pau^{55}kɐr^{31}

秃宝盖儿（冖）tʰu$^{24-31}$pau^{55}kɐr^{31}

犬由＝儿（犭）tɕʰyæ^{53}iəur^{53}

竖心儿（忄）ɕy^{31}ɕiər^{24}

单耳刀儿（卩）tæ$^{24-31}$lʐ^{55}taur^{24}

双耳刀儿（阝）ʂuaŋ$^{24-31}$lʐ^{55}taur^{24}

反文儿（攵）fæ^{55}uar^{53}

国字框儿（囗）kuo^{55}tsʅ^{0}kʰuar^{31}

走之儿（辶）tsəu^{55}tʂər^{24}

绞丝儿（纟）tɕiau^{55}sər^{24}

　李＝丝儿 luæ^{53}sər^{24}

提手儿（扌）tʰi^{53}ʂəur^{55}

草字头儿（艹）tsʰau^{55}tsʅ^{0}tʰəur^{53}

二十一、文体活动

藏迷儿 tsʰaŋ^{53}miər^{24} 捉迷藏

眯着 mi$^{24-31}$tʂau^{0} 捉迷藏时负责找人
的一方闭着眼睛等着对方藏好

拧哨儿 niŋ^{55}ʂaur^{31} 把春天柳树的嫩
树枝做成中空的哨子

拔河 pa^{53}xɤ^{53}

踢毽儿 tʰi^{24}tɕiər^{31}

跳皮筋儿 tʰiau^{31}pʰi^{53}tɕiər^{24}

抓子儿 tʂua$^{24-31}$tsər^{55} 抓石头子儿

弹留＝儿留＝儿 tʰæ^{53}liəur$^{53-24}$liəur^{0}
玩玻璃球

打水漂儿 ta^{55}ʂuei^{55}pʰiaur^{24}

猜拳 tsʰai^{24}tɕʰyæ^{53}

　罚拳 fa^{53}tɕʰyæ^{53}

猜闷儿 tsʰai^{24}mər^{31} 猜谜语

下棋 ɕia^{31}tɕʰi^{53}

象棋 ɕiaŋ^{31}tɕʰi^{53}

老将 lau^{55}tɕiaŋ^{31}

支士 tʂʅ^{24}ʂʅ^{31}

飞象 fei^{24}ɕiaŋ^{31}

拱卒儿 kuŋ^{55}tsur^{53}

将舔唓 tɕiaŋ^{31}tʰiæ$^{55-21}$liæ^{0} "将"吃
了对方的棋子

将 tɕiaŋ^{24} 攻击对方的"将"或"帅"

硌着象眼 kɤ$^{31-53}$tʂau^{0}ɕiaŋ^{31}iæ^{55}
象走田时，"田"字中心位置上有棋子

别着马腿儿 piɛ$^{31-53}$tʂau^{0}ma^{55}tʰər^{55}
马走日时，马的前方紧挨着一个棋子

扭秧歌儿 niəu^{55}iaŋ$^{24-31}$kɤr^{0}

木偶儿戏 mu^{31}ŋəur^{55}ɕi^{31}

戏台子 ɕi^{31}tʰai$^{53-24}$tsʅ^{0}

唱大戏 tʂʰaŋ^{31}ta^{31}ɕi^{31}

拿大顶 na^{53}ta^{31}tiŋ^{55}

变戏法儿 piæ^{31}ɕi^{31}far^{24}

放花 faŋ^{31}ˈxua^{24} 放烟火

炮仗 p^{h}au$^{31-53}$tʂaŋ^{0}

放炮仗 faŋ^{31}p^{h}au$^{31-53}$tʂaŋ^{0}

二其⁼脚 lɤ^{31}tɕ^{h}i^{53}tɕiau^{24} 二踢脚

老鼠尾巴儿 lau$^{55-21}$ɕy·i$^{55-21}$par^{0}

一种没有声音，只有火光的小烟花

顶牛儿 tiŋ^{55}niəur^{53} 推牌九

老婆儿牌 lau^{55}p^{h}or^{53}p^{h}ai^{53} 一种硬

纸片做的牌，玩法与麻将相似

扔色子 ləŋ^{24}ɕai$^{55-31}$tsɿ^{0} 掷色子

干狡赖 kæ^{31}tɕiau^{24}lai^{31} 耍赖

打奓奓 ta^{55}ka$^{53-24}$ka^{0} 抽陀螺

捆牌 kuai^{24}p^{h}ai^{53} 一种游戏，将叠成

正方形的纸牌用力拍向地面，使旁

边的纸牌翻起

盘脚篮 p^{h}æ^{53}tɕiau^{24}læ^{53} 边说儿歌

边顺序拍打脚的游戏

捻捻转儿 niæ$^{55-21}$niæ^{0}tʂuɐr^{31} 儿童

玩具，用手捻中轴可使其旋转

凫水 fu^{31}ʂuei^{55} 游泳

狗刨儿 kəu^{55}p^{h}aur^{53}

扎猛子 tʂa$^{24-31}$məŋ$^{55-21}$tsɿ^{0} 潜水

二十二、动作

晃荡脑袋 xaŋ$^{31-53}$taŋ^{0}nau$^{55-21}$tai^{0}

头左右摇摆

晃悠脑袋 xaŋ$^{31-53}$iəu^{0}nau$^{55-21}$tai^{0}

不⁼棱脑袋 pu^{31}ləŋ^{0}nau$^{55-21}$tai^{0} 头

快速转动

仰头儿 niaŋ^{55}t^{h}əur^{53} 抬头

张嘴 tʂaŋ$^{24-31}$tsuei^{55}

合住嘴 xuo$^{53-24}$tɕy^{0}tsuei^{55} 闭嘴

合上嘴 xuo$^{53-24}$xaŋ^{0}tsuei^{55}

歪喽着嘴 uai$^{24-31}$ləu^{0}tʂau^{0}tsuei^{55}

噘嘴 tɕyɛ$^{24-31}$tsuei^{55}

咧嘴 liɛ^{55}tsuei^{55}

噙 tɕ^{h}yn^{53}

舔 t^{h}iæ^{55}

嘬 tsuo^{24} 吸吮

喖 kuo^{55} 专指婴幼儿吸吮乳头或奶嘴

搬腾 pæ$^{24-31}$t^{h}əŋ^{0} 不在饭点儿吃：他

散学儿回来咾～咾俩干粮

闻 un^{53}

瞧 tɕ^{h}iau^{53} 闻起来像是：～个茴香味儿

瞪乎儿着眼 təŋ$^{31-53}$xur^{0}tʂau^{0}iæ^{55}

合眼 xuo^{53}iæ^{55} ①闭上眼②瞑目

圪挤眼 kɤ$^{24-31}$tɕi^{0}iæ^{55} 高频率地眨眼

挤呱眼 tɕi$^{55-21}$kua^{0}iæ^{55}

眨嘛眼 tʂa$^{55-21}$ma^{0}iæ^{55} 眨眼

斜棱眼 ɕiɛ$^{53-24}$ləŋ^{0}iæ^{55} 眼往旁边看

眯缝着眼 mi$^{24-31}$fəŋ^{0}tʂau^{0}iæ^{55}

看 k^{h}æ^{31}

瞅 tʂ^{h}əu^{55}

瞥 p^{h}iɛ^{55}

盯 tiŋ^{24}

白棱 pai$^{53-24}$ləŋ^{0}

踅么 ɕyɛ$^{53-24}$mo^{0} 观察，寻找

瞎踅么 ɕia^{24}ɕyɛ$^{53-24}$mo^{0} ①四处乱看②四处乱找

叭嚓 pa^{53}tʂ^{h}a^{0} 偷偷摸摸地看

□ tɕ^{h}iəu^{24} ～着：藏起来等着

哭 k^{h}u^{24}

流眼泪 liəu^{53}iæ^{55}lei^{31}

掉眼泪 tiau^{31}iæ^{55}lei^{31}

抽抽哒哒 tʂ^{h}əu$^{24-31}$tʂ^{h}əu^{0}ta^{24}ta^{24} 抽泣

号 xau^{53} 号啕大哭

支煞着耳朵听 tʂʅ$^{31-53}$ʂa^{0}tʂau^{0}ɭɤ$^{55-21}$tau^{0}t^{h}iŋ^{24}

舒手 ɕy$^{24-31}$ʂəu^{55} 伸手

撒手 sa$^{24-31}$ʂəu^{55} 放手

掴 kuai^{24} 用力拍：～咾他一巴掌

扤 k^{h}uai^{55} ①抓：～痒痒②用手挽：～篮子

搲 uai^{55} 用勺子或铲子舀黏软的物质：他往碗里～咾一勺子饭

揣着手 tʂ^{h}uai$^{24-31}$tʂau^{0}ʂəu^{55} 双手互插到袖筒里

挖 ua^{24} ①掘：～坑②抓：～破皮嗹

搲 ua^{55} 用勺状物舀起粉状或泥状物：～糁子｜～泥

护住 xu$^{31-53}$tɕy^{0} 盖住

扽 tən^{31} ①拉②猛拉，使伸直或平整：把衣服～平

抻 tʂ^{h}ən^{24}

搊 tʂ^{h}əu^{24} ①束紧：～腰带②扶

掫 tʂəu^{24} ①动词，倒②从一侧或一端托起重物

捅 t^{h}uŋ^{55} 戳，扎

t^{h}uŋ^{24} 碰触：就～咾他一下儿，又没打他

剁 tuo^{31} ①用刀向下砍②切：～干粮

不⁼啦 pu$^{24-31}$la^{0} 拨

扒啦 pa$^{24-31}$la^{0} 扒

搰啦 xu$^{53-24}$la^{0} 抚摸

抠嚓 k^{h}əu$^{24-31}$tʂ^{h}a^{0} 抠

瞎鼓捣 ɕia$^{24-31}$ku$^{55-21}$tau^{0}

作鼓⁼ tsuo$^{24-21}$ku^{0} 鼓捣

挣歪 tʂəŋ$^{31-53}$uai^{0} 挣扎

搡 saŋ^{55}

拽 tʂuai^{31}

摞 luo^{53}

撂 liau^{31}

撂下 liau$^{31-53}$xaŋ^{0} 放下

着 tʂau^{24} 搁，放：～盐

摁 ŋən^{31}

剋 k^{h}ei^{24} ①用指甲挖②用尖锐的器具或指甲小幅度动作地修理物品，也形容一点一点地费力工作：～嚓

掐 tɕ^{h}ia^{24}

捏 niɛ³¹ ①用拇指和其他手指夹住②
用手指把软的东西做成一定的形
状：～泥人儿

niɛ⁵⁵ ①虚构：～造②把握：拿～

捻 niæ⁵⁵

扬 iaŋ⁵³ ～土

扔 ləŋ²⁴ 又音 iŋ⁵⁵

提 ti⁵³

提喽 ti⁵³⁻²⁴ləu⁰

拾 ɕi⁵³

搁 kau²⁴ ①放②禁受：不～吃，读 kɤ⁵³

洸荡 kuaŋ³¹⁻⁵³taŋ⁰ 摇晃盛液体的容器

晃荡 xaŋ³¹⁻⁵³taŋ⁰ 摇晃

晃悠 xaŋ³¹⁻⁵³iəu⁰

窝 uo²⁴ ～铁丝

拉 la⁵³ 割：～口子

塞 suei²⁴ ～满｜～进去

楔 ɕiɛ²⁴ ①把楔形物、钉子插入或捶打
到物体里面②揍：他不听话儿，着他
爹～咾一顿

幠 xu²⁴ 盖：快下雨咾，把麦子～上块儿
塑料布儿

挽 uæ⁵⁵ 卷：～裤腿

攉腾 xuo²⁴⁻³¹tʰəŋ⁰ 搅和

委＝uei⁵⁵ 身体在地上或床上蹭：他把床
单儿～得纵纵囊囊的

扇 ʂæ²⁴ ①用扇子等摇动生风②用手
掌打

忽扇 xu²⁴⁻³¹ʂæ⁰ 扇动翅膀或片状物：
你拿扇子～～，火就旺嗹

掺 tʂʰæ²⁴ ～水

掺和 tʂʰæ²⁴⁻³¹xuo⁰ ①兑②参与

拾掇 ɕi⁵³⁻²⁴tuo⁰ ①收拾②修理

米＝咾 mi⁵⁵⁻²¹lau⁰ 涂掉

胳吱 kɤ²⁴⁻⁵³tʂʅ⁰ 逗弄小孩儿或打闹
时用手抓对方，使其发痒

扎裹 tʂa²⁴⁻³¹kuo⁰ 动词，打扮

剋索 kʰei²⁴⁻³¹suo⁰ ①研究、制作精细
器物②小气

挑 tʰiau²⁴ ①担②拣

除 tɕʰy⁵³ 用铁锹抄起地上的东西

把脚 pa⁵⁵⁻²¹tɕiau⁰ 把着小孩子两腿，
让其大小便

掂打腿 tiæ²⁴⁻³¹ta⁰tʰei⁵⁵ 抖喽腿

晃悠腿 xaŋ³¹⁻⁵³iəu⁰tʰei⁵⁵

啦叭着腿 la⁵³pa⁰tʂau⁰tʰei⁵⁵ 撇着腿

□ piæ⁵⁵ 踩

蹅 tʂʰa⁵⁵ 踩水、泥等

踩哒 tuo³¹⁻⁵³ta⁰ 踩脚

蹦跶 pəŋ⁵³ta⁰ 跳

骑脖子拉屎儿 tɕʰi⁵³po⁵³⁻²⁴tsʅ⁰
la²⁴⁻³¹ʂɚ⁵⁵ 让孩子骑坐在肩膀上

□□着脚儿 nəŋ⁵³⁻²⁴nəŋ⁰tʂau⁰
tɕiaur²⁴ 踮脚

奔＝pən²⁴ 踢

踢 tʰi²⁴

攮 $niæ^{55}$ ①驱赶②追赶
猫腰儿 $mau^{53}iaur^{24}$ 弯腰
抃腰 $tɕ^hia^{31}iau^{24}$ 以手卡腰部
打伸坦 $ta^{55}ʂən^{24-31}t^hæ^0$ 伸懒腰
刹腰 $ʂa^{24}iau^{24}$ 系腰带
扭哒 $niəu^{55-21}ta^0$ 扭
擤鼻子 $ɕin^{55}pi^{53-24}tsɿ^0$ 擤鼻涕
打嚏喷 $ta^{55}t^hi^{31-53}fən^0$ 打喷嚏
跍几= $ku^{24-55}tɕi^0$ 蹲
躺 $t^haŋ^{55}$
趴 p^ha^{24}
坐 $tsuo^{31}$
跪 $kuei^{31}$
起来 $tɕi^{55-21}lai^0$ ①坐起来②爬起来③站起来④让开,表祈使⑤起床
立着 $li^{31-53}tʂau^0$ 站着
张=过去 $tʂaŋ^{24-31}kuo^0tɕ^hy^{31}$ 坐在某物或某处,向后摔倒
仰过去 $niaŋ^{55-21}kuo^0tɕ^hy^{31}$
栽 $tsai^{24}$ 栽倒
栽跟头 $tsai^{24}kən^{24-31}t^həu^0$
撅屁股 $tɕyɛ^{24}p^hi^{31-53}xu^0$
侧棱 $tʂai^{55-21}ləŋ^0$ 歪斜
侧歪 $tʂai^{55-21}uai^0$
仰八叉 $niaŋ^{55-21}pa^0tʂ^ha^{24}$
找着 $tʂau^{55-21}tʂau^0$ 找到
拉呱儿 $la^{24}kuar^{53}$ 闲聊
唠闲篇儿 $lau^{31}ɕiæ^{53}p^hiɐr^{24}$

言声儿 $niæ^{55}ʂɤr^{24}$ 说话。"言"字声母异常
嘟念 $tu^{31-53}niæ^0$ 发牢骚
接茬儿 $tɕiɛ^{24}tʂ^har^{53}$ 接话
答腔儿 $ta^{24}tɕ^hiar^{24}$
不言声儿 $pu^{24-31}niæ^{55}ʂɤr^{24}$ 不做声
打哈儿哈儿 $ta^{55}xar^{24-31}xar^0$ 嬉皮笑脸地敷衍
吭吭哧哧 $k^həŋ^{24-31}k^həŋ^0tʂ^hɿ^{24}tʂ^hɿ^{24}$ 磕磕巴巴,说不出话来
爱搭不理儿 $ŋai^{31}ta^{24}pu^{24-31}liɐr^{55}$
闹哄 $nau^{31-53}xuŋ^0$
圪嚷 $kɤ^{24-31}iaŋ^0$ 吵嚷,吵闹
糊弄 $xu^{31-53}luŋ^0$ ①骗②敷衍
说给 $ɕyɛ^{24-31}tɕi^0$ 告诉:～他
学舌 $ɕiau^{53}ɕiɛ^{53}$ 背后告人状
对……学 $tei^{31}……ɕiau^{53}$ 对……说:把这事～他～
找茬儿 $tʂau^{55}tʂ^har^{53}$
抬杠 $t^hai^{53}kaŋ^{31}$
犟嘴 $tɕiaŋ^{31}tsuei^{55}$
喊打 $xæ^{55-21}ta^0$ 训斥
呲打 $ts^hɿ^{24-31}ta^0$
挨呲打 $ŋai^{53}ts^hɿ^{24-31}ta^0$
发=哒 $fa^{24-31}ta^0$ 责备,侧重指说话人情绪的发泄
磨叨嘴子 $mo^{31-53}tau^0tsuei^{55-21}tsɿ^0$
搁气 $kɤ^{24}tɕ^hi^{31}$ 吵架

干架 kæ³¹tɕia³¹ ①言语争吵②动手
　干仗 kæ³¹tʂaŋ³¹
打脖搁儿 ta⁵⁵po⁵³kuɐ²⁴ 打耳光
骂 ma³¹
骂街 ma³¹tɕiɛ²⁴
　骂大街 ma³¹ta³¹tɕiɛ²⁴
仗杆子 tʂaŋ³¹kæ⁵⁵⁻²¹tsɿ⁰ 撑腰
胡说八道 xu⁵³ɕyɛ²⁴pa²⁴tau³¹
　胡说 xu⁵³⁻²⁴ɕyɛ⁰
　瞎咧咧 ɕia²⁴liɛ³¹liɛ⁰
　胡咧咧 xu⁵³liɛ³¹liɛ⁰
说闲话 ɕyɛ²⁴ɕiɛ⁵³⁻²⁴xua⁰
谝 pʰiæ⁵⁵ 夸耀
吆喝 iau²⁴⁻³¹xuo⁰ 叫卖
打拢磕 ta⁵⁵tən³¹⁻⁵³kʰɤ⁰ 说话不畅
　快,结巴
圣 ʂəŋ³¹ 溺爱小孩儿
喜 ɕi⁵⁵ 疼爱
领 liŋ⁵⁵ 带:～着她看看牙的
拉倒 la²⁴⁻³¹tau⁵⁵ 算了
轰出去 xuŋ²⁴⁻³¹tɕʰy⁰tɕʰy³¹
顾甬 ku³¹⁻⁵³yŋ⁰ 轻微地动
顾秋 ku³¹⁻⁵³tɕʰiəu⁰ 动作幅度较大
　地动
秋秋着 tɕʰiəu²⁴⁻³¹tɕʰiəu⁰tʂau⁰
　蜷缩着
　蜷悠着 tɕʰyæ⁵³⁻²⁴iəu⁰tʂau⁰
　抽抽着 tʂʰəu²⁴⁻³¹tʂʰəu⁰tʂau⁰ 人因冷

　或害怕等原因缩着
弄没嘹 nəŋ³¹mei⁵³⁻²⁴liæ⁰ 丢了
找见嘹 tʂau⁵⁵⁻²¹tɕiæ⁰liæ⁰ 找到了
垛起来 tuo³¹⁻⁵³tɕʰi⁰lai⁰ 把散落的东
　西堆积起来
留下 tiəu⁵³⁻²⁴xaŋ⁰ 剩下
翻过闷儿来嘹 fæ²⁴⁻³¹kuo⁰mər³¹
　lai⁵³⁻²⁴liæ⁰ 明白过来了
知道 tɕi²⁴⁻²¹tau⁰
会嘹 xuei³¹⁻⁵³liæ⁰
认得 in³¹⁻⁵³ti⁰ ①认识:新来的老师是
　俺村里的,小明早就～她②以为:小
　红没上班的,她～今儿个是礼拜天哩
害怕 xai³¹pʰa³¹
吓着嘹 ɕia³¹⁻⁵³tʂau⁰liæ⁰
忙活 maŋ⁵³⁻²⁴xuo⁰
算计 suæ³¹⁻⁵³tɕi⁰ 盘算
琢磨 tsuo⁵³⁻²⁴mo⁰ ①估量②戏弄人:
　他就爱～人,同学们都不愿意搭理他
寻思 ɕin⁵³⁻²⁴sɿ⁰
掂量 tiæ²⁴⁻³¹liaŋ⁰ ①用手掂重量②盘
　算事情轻重利弊
估嘛 ku⁵⁵⁻²¹ma⁰ 估摸
想法儿 ɕiaŋ⁵⁵far²⁴ 想办法
打着 ta⁵⁵⁻²¹tʂau⁰ 打算
信 ɕin³¹ 相信
发费 fa²⁴fei³¹ 小孩淘气,乱动乱摸,
　搞破坏

摽 piau^{31} ①捆绑物体使其连接：桌子腿儿裂嗻，用铁丝～住般②亲近，依附：你老～着我干么儿咹，忙你自个儿的事的

讹 ŋɤ^{53}

着急 tʂau^{53}tɕi^{53}

急眼 tɕi^{53}iæ^{55} 比"着急"程度高

操心 tsʰau^{24}ɕin^{24}

解$^=$记 tɕiɛ$^{55-21}$tɕi^{0} 惦记

不解$^=$记 pu$^{24-31}$tɕiɛ$^{55-21}$tɕi^{0} 放心

记着 tɕi$^{31-53}$tʂau^{0}

忘嗻 uaŋ$^{31-53}$liæ^{0}

预备 y$^{31-53}$pei^{0} 准备：道儿上用的东西，都～好嗻

腻歪 ni$^{31-53}$uai^{0} ①动词，厌烦，比"厌恶"程度轻②形容词，邋遢

戒$^=$在 tɕiɛ$^{31-53}$tsai^{0} 爱惜

眼气 iæ^{55}tɕʰi^{31} 眼红，羡慕

惹气 iɛ^{55}tɕʰi^{31} 闹别扭

上火嗻 ʂaŋ^{31}xuo$^{55-21}$liæ^{0} ①生理意义的上火②生气了

怨 yæ^{31} ①动词，怪：这事儿没办成都他②动词，怨恨

埋怨 mæ$^{53-24}$yæ^{0} 报怨。"埋"字声母异常

冤枉 ①动词：你别～人②名词，冤屈③形容词，上当：花～钱

得 tɕi^{24} 得意，高兴

向着 ɕiaŋ$^{31-53}$tʂau^{0} 偏袒

不落忍 pu^{24}lau^{31}in^{55} 过意不去

偏心眼儿 pʰiæ^{24}ɕin$^{24-31}$iɐr^{55}

含糊 xaŋ$^{53-24}$xu^{0} 犹豫：他寻思着这事儿对小红说般，一～，人家走远嗻

惯着 kuæ$^{31-53}$tʂau^{0} 娇惯

凑合 tsʰəu$^{31-53}$xuo^{0}

置气 tɕi^{31}tɕʰi^{31} 呕气

作瘪子 tsuo^{31}piɛ$^{55-21}$tsʐ^{0} 遇到困难，为难，难堪

倒血霉 tau^{55}ɕiɛ^{24}mei^{53} 倒霉到极点

弯弯绕儿 uæ$^{24-31}$uæ^{0}iaur^{31} 复杂的心思

气得夫$^=$儿夫$^=$儿的 tɕʰi$^{31-53}$ti^{0}fur^{24}fur$^{24-31}$ti^{0} 气得喘粗气

添乱 tʰiæ^{24}luæ^{31} 增加麻烦：他今儿个可忙哩，你别去～的

上杠儿 ʂaŋ^{31}kar^{31} 吵架或打架时，为某一方出头助攻

打滴溜 ta^{55}ti$^{24-31}$liəu^{0} 荡秋千

出溜 tɕʰy$^{24-31}$liɐu^{0} 滑：从滑梯～下来

做 tsəu^{31} 晋语，生：你不打就不是你爹～的

打腔呱儿 ta^{55}tiŋ^{31}kuar^{53} 打屁股

打扽儿 ta^{55}tər^{31} 动作中间停一下

糟蹋 tsau$^{24-31}$tsʰa^{0}

祸害 xuo$^{31-53}$xai^{0}

赡受 tɕʰiŋ$^{53-24}$ʂəu^{0} 继承

曬干 tɕʰi²⁴kæ²⁴ 用身体或沙土等使织
　物干燥
拔干 pa⁵³kæ²⁴ 吸收水分使干
呲喽 tsʰʅ²⁴⁻³¹ləu⁰ 让风微吹使变干
拉⁼拉⁼la²⁴la⁰ 洒,多指饭、菜:看他吃
　饭跟个小孩儿似的,～一身
得济 tei²⁴tɕi³¹ 得到晚辈的好处
耽搁 taŋ²⁴⁻²¹kɤ⁰ 耽误

弄住 nəŋ³¹⁻⁵³tɕy⁰ 镇住:他不大听话
　儿,你～他咋般
弄不住 nəŋ³¹⁻⁵³puº tɕy³¹ 对付不了:
　这干活儿的忒厉害,～他
弄咾 nəŋ³¹⁻⁵³lau⁰ 管得了,照顾得了:
　她自个儿～俩孩子咾昂
弄不了 nəŋ³¹⁻⁵³puº liau⁵⁵ 管不了,照
　顾不了:她自个儿可～俩孩子

二十三、位置

上头 ʂaŋ³¹⁻⁵³tʰəu⁰ 上边儿高处
下头 ɕia³¹⁻⁵³tʰəu⁰ 下边儿
当间儿 taŋ²⁴tɕier⁵³
　当木⁼间儿 taŋ²⁴⁻³¹muº tɕier⁵³
半截遥⁼儿里 pæ³¹tɕiɛ⁵³iaur⁵³⁻²⁴li⁰
　半路上
久⁼遭儿 tɕiəu⁵⁵tsaur²⁴ 周围
里头 li⁵⁵⁻²¹tʰəu⁰
　里边儿 li⁵⁵⁻²¹per⁰
外头 uai³¹⁻⁵³tʰəu⁰
　外边儿 uai³¹⁻⁵³per⁰
头里 tʰəu⁵³⁻²⁴li⁰ 前面:房～
后头 xəu³¹⁻⁵³tʰəu⁰ 后边儿:门～
底下 ti⁵⁵⁻²¹xaŋ⁰
边儿上 pier²⁴⁻³¹xaŋ⁰
浮⁼头儿起 fu⁵³tʰəur⁵³tɕʰi⁵⁵ 表面
紧后头 tɕin⁵⁵xəu³¹⁻⁵³tʰəu⁰ 最后面
紧底下 tɕin⁵⁵ti⁵⁵⁻²¹xaŋ⁰ 最下面

旁半个儿 pʰaŋ⁵³pæ³¹kɤr³¹ 旁边
近处儿 tɕin³¹⁻⁵³tɕʰyər⁰ 附近
旮旯儿 kɤ²⁴⁻³¹lar⁰
哪儿下儿 nar⁵⁵⁻²¹xar⁰ 哪里
　么儿地方儿 mer⁵³ti³¹⁻⁵³far⁰
里环儿 li⁵⁵xuɐr⁵³ 车的左侧
外环儿 uai³¹xuɐr⁵³ 车的右侧
道儿上 taur³¹⁻⁵³xaŋ⁰
道儿沿儿上 taur³¹⁻⁵³iɐr⁵³⁻²⁴xaŋ⁰
　路边
道东里 tau³¹tuŋ²⁴⁻³¹li⁰ 路东
村儿里 tsʰuɐr²⁴⁻³¹li⁰
当街 taŋ²⁴tɕiɛ²⁴ 街上
朝东走 tʂʰau⁵³tuŋ²⁴⁻³¹tsəu⁵⁵
往里走 uaŋ³¹li⁵⁵tsəu⁵⁵
往回走 uaŋ³¹xuei⁵³tsəu⁵⁵
车上 tɕʰiɛ²⁴⁻³¹xaŋ⁰
车头里 tɕʰiɛ²⁴tʰəu⁵³⁻²⁴li⁰

赶明儿 kæ⁵⁵miɛr⁵³

傍黑子 paŋ²⁴xei²⁴⁻³¹tsʅ⁰

老长年上 lau⁵⁵tʂʰaŋ⁵³niæ⁵³⁻²⁴xaŋ⁰

多年以前

打这咱起 ta⁵⁵tɕiɛ³¹tsæ⁰tɕʰi⁵⁵ 从现

在开始

二十四、代词等

我 uo⁵⁵ 第一人称代词单数,较为正式

俺 ŋæ⁵⁵ ①第一人称代词单数,较为随意、口语化 ②第一人称代词复数,排除式 ③用于一般性名词、亲属称谓、集体和社会单位前,表领属:～车子 |～姐姐|～村儿

你 ni⁵⁵ ①第二人称代词单数 ②用于一般性名词前,表领属:～胳膊

恁 ŋən⁵⁵ ①第二人称代词单数 ②第二人称代词复数 ③用于亲属称谓、集体和社会单位前,表领属:～爸爸 |～家

他 tʰa⁵⁵ ①第三人称代词单数 ②用于一般性名词、亲属称谓、集体和社会单位前,表领属:～椅子|～兄弟|～单位

咱 tsæ⁵⁵ ①第一人称代词复数,包括式 ②用于一般性名词、亲属称谓、集体和社会单位前,表领属:～篮子|～闺妮|～屋里

人家 iŋ⁵³⁻²⁴kɤ⁰ ①旁称代词 ②指自己,含撒娇意味

别人 piɛ⁵³⁻²⁴in⁰ 旁称代词,包括单复数

旁人 pʰaŋ⁵³⁻²⁴in⁰

自个儿 tsʅ³¹kɤr⁵⁵ 自己

咱自个儿 tsæ⁵⁵tsʅ³¹kɤr⁵⁵ 反身代词

大伙儿 ta³¹⁻⁵³xuor⁵⁵ 总称代词

大家伙儿 ta³¹tɕia²⁴⁻³¹xuor⁵⁵

有的 iəu⁵⁵⁻²¹ti⁰ 无定代词

有的人 iəu⁵⁵⁻²¹ti⁰in⁵³ 无定代词

谁 xei⁵³ 疑问代词,单数

谁们 xei⁵³⁻²⁴mən⁰ 疑问代词,复数

什么 xəu⁵³mo⁰

么儿 mɛr⁵³

行子 xaŋ⁵³⁻²⁴tsʅ⁰ 指人或东西,带有嫌弃意味

玩意儿 uæ⁵³⁻²⁴iər⁰

哪儿下儿 nar⁵⁵⁻²¹xar⁰ 哪里

么儿地方儿 mɛr⁵³ti³¹⁻⁵³far⁰

多咱 tuo²⁴tsæ⁰ 什么时候

多会儿 tuo²⁴xuər⁰

干么儿 kæ³¹mɛr⁵³ 询问原因

做么儿 tsəu³¹mɛr⁵³

庸＝以￣么儿 yŋ⁵⁵⁻²¹i⁰mɛr⁵³

作么 tsəu³¹⁻²⁴mo⁰ 怎么样,询问方式

作么着 tsəu³¹⁻²⁴mo⁰tʂau²⁴

么儿样儿 mɐr^{53}iar^{31} 询问性状

什么样儿 xəu^{53}mo^{0}iɐr^{31}

这 tɕiɛ^{31} 指示代词，近指

乜 niɛ^{31} 指示代词，中指

那 na^{31} 指示代词，远指

这么着 tɕiɛ^{31}mo^{0}tʂau^{24} 这样，表状态、方式

乜么着 nɕiɛ^{31}mo^{0}tʂau^{24} 那样，中指，表状态、方式

那么着 na^{31}mo^{0}tʂau^{24} 那样，远指，表状态、方式

这儿下儿 tɕiar^{31}xar^{0}

这里 tɕiɛ$^{31-53}$li^{0}

乜儿下儿 niar^{31}xar^{0}

那里 na$^{31-53}$li^{0}

这咱 tɕiɛ^{31}tsæ^{0} 这时候

乜咱 niɛ^{31}tsæ^{0} 那时候，中指

那咱 na^{31}tsæ^{0} 那时候，远指

么着 mo^{31}tʂau^{24} ①相当于"这么着、乜么着、那么着"，有时读mo^{24}tʂau^{24}：拾掇得差不离儿嚏，就～吧②连词，相当于"那么"，读mo^{21}tʂau^{0}

咱俩 tsæ^{55}lia^{55}

二十五、形容词

不赖 pu^{24}lai^{31} ①东西物品不错②人品好

对付 tei$^{31-53}$fu^{0} 合得来

差不离儿 tʂʰa$^{31-53}$pu^{0}liər^{53}

差不大离儿 tʂʰa$^{31-53}$pu^{0}ta^{31}liər^{53}

不作么样 pu$^{24-31}$tsəu$^{31-24}$mo^{0}iaŋ^{31}

百砸儿不砸儿 pai^{24}tsɐr^{53}pu^{24}tsɐr^{53} 没什么反应，没引起什么后果

不管事儿 pu$^{24-31}$kuæ^{55}sɐr^{31} 不管用

不吃紧儿 pu^{24}tɕʰi$^{24-31}$tɕiər^{55} 不要紧

不碍事儿 pu^{24}ŋai^{31}sɐr^{31}

碍事儿 ŋai^{31}sɐr^{31} ①有妨碍②要紧，多指伤病：他看病的嚏般，～般

碍事儿不⁼啦⁼脚 ŋai^{31}sɐr^{31}pu^{31}la^{0}tɕiau^{24}

孬 nau^{24} 心眼坏儿

二五眼 lʮ^{31}u^{55}iæ^{55} ①物品质量差②工作质量差

玄 ɕyæ^{53} ①人或庄稼长得差②物品质量差③腼腆，胆子小

次 tsʰʅ^{31} 质量差

赖 lai^{31} ①物品质量差②人或庄稼长得不精神③讹④责怪：～上他嚏⑤这事儿都～他

够呛 kou^{31}tɕʰiaŋ^{31}

凑合 tsʰəu$^{31-53}$xuo^{0}

对合 tei$^{31-53}$xuo^{0}

对付 tei$^{31-53}$fu^0

俊巴儿 tsun$^{31-53}$par^0 人长得好看

□ ʂun^{53} 相貌品德残缺,不被人待见,贬义:~人 | 摆~

忽闪 xu^{31}ʂæ^0 闪的样子:这闺妮这大眼,~~的

磕磣 k^{h}ɤ$^{24-31}$tʂ^{h}ən^0 ①衣服脏②人长得难看

磣 tʂ^{h}ən^{55} 脏

勤谨 tɕ^{h}in^{53}tɕin^0 勤快

挡呛 taŋ^{55}tɕ^{h}iaŋ^{31} 管用

要紧 iau^{31}tɕin^{55} ①紧急:有么儿~事儿,非得大晌午的走②伤、病严重:他乜病~般

热闹 iɛ$^{31-53}$nau^0

壮实 tʂuaŋ$^{31-53}$ɕi^0

坐$^=$邦 tsuo$^{31-53}$paŋ^0 结实

挺可 t^{h}iŋ$^{55-21}$k^{h}ɤ^0 坚挺

株$^=$灵$^=$tʂu$^{24-31}$liŋ^0 植物的茎苗壮

利亮 li$^{31-53}$liaŋ^0 ①干净整齐:屋里拾掇得挺~②形容人做事利索:这是个~人儿

齁得慌 xəur$^{24-31}$ti^{0}xuaŋ^{24} 太甜或太咸的食物使喉咙不舒服

邪 ɕiɛ^{53} ①脾气大,厉害:看他乜个~劲儿,俺可不敢惹②劲头儿足:他干活~得哩

邪乎儿 ɕiɛ$^{53-24}$xur^0 干劲儿大,起劲:

大热的天,他干活干的还挺~

厉害 li$^{31-53}$xai^0 ①严厉②了不起③严重,多指伤病:他乜病越来越~哩

过 母$^=$儿 kuo^{31}mur^{55} 走、跑等超过限度:他不认道儿,走的~哩

糨 tɕiaŋ^{31} 稠,与"稀"相对

稀 ɕi^{24} ①水分多,与"糨"相对②密度低,与"密"相对

稀稀拉拉 ɕi$^{24-31}$ɕi^{0}la^{24}la^{24} 密度低

薄 pau^{53} ①与"厚"相对②水分多,与"糨"相对

密 mei^{31} 密度高

密实 mei$^{31-53}$ɕi^0

硬 iŋ^{31}

软 yæ^{55}

软和 yæ$^{55-21}$xuo^0

宽 k^{h}uæ^{24}

高 kau^{24}

轻 tɕ^{h}iŋ^{24}

轻巧 tɕ^{h}iŋ$^{24-31}$tɕ^{h}iau^0

沉 tʂ^{h}ən^{53}

深 ʂən^{24}

大 ta^{31}

小 ɕiau^{55}

粗 ts^{h}u^{24}

预 xæ^{24}

细 ɕi^{31}

短 tuæ^{55}

尖 tɕiæ²⁴

圆咕轮墩 yæ⁵³⁻²⁴ku⁰lun⁰tun²⁴

黑咕隆咚 xei²⁴⁻³¹ku⁰luŋ⁵⁵tuŋ²⁴

远 yæ⁵⁵

干净 kæ²⁴⁻²¹tɕiŋ⁰

咸 ɕiæ⁵³

　咸儿吧唧 ɕiæ⁵³⁻²⁴lɤ⁰pa⁵⁵tɕi²⁴

口重 kʰəu⁵⁵tʂuŋ³¹ 指人爱吃咸一点的味道

甜 tʰiæ⁵³ ①与"苦"相对②淡,与"咸"相对

口轻 kʰəu⁵⁵tɕʰiŋ²⁴ 指人爱吃淡一点的味道

香 ɕiaŋ²⁴

臭 tʂʰəu³¹

酸 suæ²⁴ ①味道酸②液态食物变质

苦 kʰu⁵⁵

辣 la³¹

肥 fei⁵³ 用于动物

胖 pʰaŋ³¹ 用于人

瘦 ʂəu³¹ ①人或动物瘦②肉的脂肪含量低

干巴 kæ²⁴⁻³¹pa⁰ ①瘦②水分含量少

　干巴拉喳 kæ²⁴⁻³¹pa⁰la²⁴tʂʰa²⁴

得劲儿 tei²⁴tɕiər⁰ 舒服

舒坦 ɕy²⁴⁻³¹tʰæ⁰ ①舒服②衣物、被褥床铺平整

难受 næ⁵³ʂəu³¹ ①心里不痛快②身体不舒服

麻烦 ma⁵³⁻²⁴fæ⁰ ①形容词,心里烦躁:外头圪圪嚷嚷的,闹腾得怪～②形容词,繁琐③动词,打扰

害臊 xai³¹sau³¹

安稳 ŋæ²⁴⁻³¹un⁰ 性格文静

稳当 un⁵⁵⁻²¹taŋ⁰ ①形容人办事牢靠②物体放置稳固

顶事儿 tiŋ⁵⁵ʂər³¹ 顶用,能解决问题:饿得慌咾吃个苹果也～

颠哒 tiæ²⁴⁻³¹ta⁰ ①指路不平,颠簸②形容人不稳重

掉 tiau³¹ 小孩顽皮

淘力 tʰau⁵³li³¹ 孩子淘气,看孩子费力

没材料 mu⁵³tsʰai⁵³⁻²⁴liau⁰ 人没才干

窝囊废 uo²⁴⁻³¹naŋ⁰fei³¹

意意思思 i³¹⁻⁵³i⁰sɿ²⁴sɿ²⁴ 拿不准

缺 tɕʰyɛ²⁴ 缺德

精 tɕiŋ²⁴ 精明

灵 liŋ⁵³ 机灵

俏 tɕʰiau³¹ 伶俐

巧实 tɕʰiau⁵⁵⁻²¹ɕi⁰ 手巧

愣 ləŋ³¹ 鲁莽

怂 suŋ⁵³ 窝囊

死心眼儿 sɿ⁵⁵ɕin²⁴⁻³¹iər⁵⁵

抠索 kʰəu²⁴⁻³¹suo⁰ 小气

细 ɕi³¹ 节俭

财迷舸儿 tsʰai⁵³mi⁵³xəur²⁴ 吝啬鬼

小性儿 ɕiau⁵⁵ɕiɛr³¹ 容易恼

贫气 pʰin⁵³⁻²⁴tɕʰi˙⁰ 嘴贫

阔气 kʰuo³¹⁻⁵³tɕʰi˙⁰

小村儿里的 ɕiau⁵⁵tsʰuər²⁴⁻³¹li⁰ti⁰
　小家子气

不行 pu²⁴ɕiŋ⁵³ 品德不好：这人～, 交
　不得

勺⁼ ʂau⁵³ 缺心眼儿
　勺⁼儿咣荡 ʂau⁵³⁻²⁴ʅɤ⁰kuaŋ³¹⁻⁵³
　taŋ²⁴

少找 ʂau⁵⁵tʂau⁵⁵ 形容某人行为举止
　与别人不同, 贬义

踢喽喥嘟 tʰi²⁴⁻³¹ləu⁰tʰaŋ²⁴laŋ²⁴ 不
　整齐、邋遢

吊儿浪当 tiau³¹⁻⁵³ʅɤ⁰laŋ²⁴taŋ²⁴

没眼色 mei⁵³iæ⁵⁵ʂai⁰ 形容人不会察
　言观色

糊涂 xu⁵³⁻²⁴tu⁰
　稀仰马哈 ɕi²⁴⁻⁵³niaŋ⁰ma²⁴xa²⁴

囫囵 xu⁵³⁻²⁴lin⁰

冻得慌 tuŋ³¹⁻⁵³ti⁰xuaŋ²⁴

憋得慌 piɛ²⁴⁻³¹ti⁰xuaŋ²⁴

傻不愣登 ʂa⁵⁵⁻²¹pu⁰ləŋ²⁴təŋ²⁴

破七烂八 pʰo³¹tɕʰi²⁴læ³¹pa²⁴

花里胡哨儿 xua²⁴⁻³¹li⁰xu²⁴ʂaur³¹

滴滴拉拉 li³¹li⁰la²⁴la²⁴ 汁液不停滴
　落的样子
　滴喽嗒啦 ti²⁴⁻³¹ləu⁰ta²⁴la²⁴

疙里疙瘩 kɤ²⁴⁻³¹li⁰kɤ²⁴ta²⁴ 粗糙, 不
　平滑的样子

肉咕嘟的 iəu³¹ku²⁴tu⁵³ti⁰ 食物不脆

符实⁼儿 fu²⁴ɕiər⁵³ 衣物等合适

凉快儿 liaŋ⁵³⁻²⁴kʰuər⁰

背静 pei³¹⁻⁵³tɕiŋ⁰ 僻静

活动 xuo⁵³⁻²⁴tuŋ⁰ 不稳固

地道 ti³¹⁻⁵³tau⁰ ①正宗的②（人、活儿
　等）实在

齐洁 tɕʰi⁵³⁻²⁴tɕiɛ⁰ 整齐

纵囊 tsuŋ³¹⁻⁵³naŋ⁰ 起皱

奋⁼囊 fən³¹⁻⁵³naŋ⁰ 馒头或手的表皮
　被水浸泡后, 表皮起皱
　奋⁼囊圪叽 fən³¹⁻⁵³naŋ⁰kɤ²⁴tɕi²⁴

浮皮潦草 fu⁵³pʰi⁵³liau⁵³tsʰau⁵⁵ 马
　马虎虎

暴腾 pau³¹⁻⁵³tʰəŋ⁰ 尘土飞扬
　暴土扬场 pau³¹tʰu⁵⁵iaŋ⁵³tʂʰaŋ⁵³

舒心 ɕy²⁴ɕin²⁴

不是个儿 pu²⁴ʂʅ³¹kɤr³¹ 不是对手

宽 kʰuæ²⁴

窄 tʂai²⁴
　窄巴 tʂai²⁴⁻³¹pa⁰
　窄嚓 tʂai²⁴⁻³¹tʂʰa⁰

高 kau²⁴

矬 tsʰuo⁵³ ①指人个子矮②泛指其他
　物体, 与“高”相对

正 tʂəŋ³¹

歪 uai²⁴

斜悠 ɕiɛ⁵³⁻²⁴iəu⁰ 斜

梆硬 paŋ²⁴iŋ³¹

磨丢 mo³¹⁻⁵³tiəu⁰ 慢

牙磣 ia⁵³tʂʰən⁰ 食物中夹杂着灰土，
　　嚼起来牙齿不舒服

臊气 sau²⁴⁻³¹tɕʰi⁰

腥气 ɕiŋ²⁴⁻³¹tɕʰi⁰

肉头 iəu³¹⁻⁵³tʰəu⁰ 形容像肉的口感

居¬溜 tɕy²⁴⁻³¹liəu⁰ 光滑

七仰枯抽 tɕʰi²⁴⁻³¹niaŋ⁰kʰu⁵⁵tʂʰəu²⁴
　　一古脑儿

零儿八碎儿 liŋ⁵³⁻²⁴lɤ⁰pa⁵⁵suər³¹

二十六、副词、介词等

老哩 lau⁵⁵⁻²¹li⁰ 差得远哩，还得～使
　　劲儿

老 lau⁵⁵ 经常：～上公园去

生 ʂəŋ²⁴ 怨不得孩子不跟他亲哩，～呲
　　打孩子

光 kuaŋ²⁴ 他～喝水嗹，还没吃饭哩

就 tʂəu³¹ ①正是如此：～这么回事儿
　　②犹言"无论如何也"，常与"不"连
　　用：说咾半天，他～不听，我也没法
　　儿嗹

就是 tʂəu³¹ʂʅ³¹ 他试咾好几回嗹，～
　　修不好

可 kʰɤ⁵⁵ 这小闺妮儿～俊巴哩

又咱 iəu⁵³tsæ²⁴ 犹言"这么早就"：天
　　还黑着哩，他～起来嗹

挺 tʰiŋ⁵⁵ 他学习～厉害

且 tɕʰiɛ²⁴ 他早的到哩，咱～得等哩

怪 kuai³¹ 老坐着，坐得～不得劲儿

净 tɕiŋ³¹ 他～瞎说

稀 ɕi²⁴ ～烂

精 tɕiŋ²⁴ ～湿

焦 tɕiau²⁴ ～黄

湛 tʂæ³¹ ～绿

溜儿 liəur²⁴ ～细|～薄

滴溜儿 ti³¹liəur²⁴ ～圆

黢 tɕʰy³¹ ～黑

　黢嘛儿 tɕʰy³¹mar²⁴ ～黑

刷 ʂua³¹ ～儿白

透 tʰəu³¹ ～亮

忒 tʰei²⁴ ～苦

不作么 pu²⁴tsəu³¹⁻²⁴mo⁰ 饭～好吃

么 mo³¹ 他～大嗹，会自个儿做饭嗹

不么 pu²⁴mo³¹ 他人老实，～会说话儿

么行子 mo³¹xaŋ²⁴tsʅ⁰ ～用功，也不
　　见分儿提高

多 tuo²⁴⁻⁵⁵ 花～好看俺

最 tsuei³¹ 最高级的相对程度副词：
　　～高

更 kəŋ³¹ ～好

越 yɛ³¹ ～忙事儿～多

紧 tɕin⁵⁵ ～忙活

还 xæ⁵³ ～早

顶 tiŋ⁵⁵ ～不听说

顶数 tiŋ⁵⁵ʂu⁵⁵ ～他岁数大

杠＝着 kaŋ³¹⁻⁵³tʂau⁰ ①犹言"真的是太":～好看嚛②轮到,应该:～你出牌嚛

过于 kuo³¹y⁰ ～听话儿也不好

真 tʂən²⁴ ～不懂事儿

倍儿 pər³¹ ～懂事儿

什么样儿的 xəu⁵³mo⁰iar³¹⁻⁵³ti⁰ 随随便便的:～就能考上大学咻昂,不可能

了不哩 liau⁵⁵⁻²¹pu⁰li⁰ 略微:～看看就会嚛

白 pai⁵³ ～跑一趟

兴 ɕiŋ²⁴ 可能:她～来不了嚛

准兴 tʂun⁵⁵ɕiŋ²⁴ 很有可能:这个包儿～是她的

保准 pau⁵⁵tʂun⁵⁵ 一定:～回来

没自＝儿 mu⁵³tsər⁰ 没准儿:～不是小虎儿昂,叫他也不搭理人

好赖 xau⁵⁵lai³¹ 来都来嚛,～看看再说

反正 fæ⁵⁵⁻²¹ʂəŋ⁰ ～也听不懂,要不别去嚛

横是 xəŋ³¹ʂʅ³¹ 倒是:你～得说呐

敢着 kæ⁵⁵⁻²¹tʂau⁰ 原来,表示出乎意料:～是么回事昂

合着 xɤ⁵³⁻²⁴tʂau⁰

敢自 kæ⁵⁵⁻²¹tsʅ⁰ 相当于普通话"可不呗",一般独立成句,表示赞同:——小明可真是能干。——～。人家自个儿就把房盖起来嚛

觕儿 xəu²⁴ 儿～甜|～咸|臭|肚子～疼

统共 tuŋ⁵⁵kuŋ³¹ 一共:～也没几呀人,不用做么些个饭

满打满算 mæ⁵⁵ta⁵⁵mæ⁵⁵suæ³¹ ～就两天功夫,来得及般

一差＝儿 i²⁴⁻⁵⁵tʂʰar³¹ 全部一样:上衡水～的硬面路

天天儿 tʰiæ²⁴⁻³¹tʰiɐr⁵⁵ ～上班

见天 tɕiæ³¹tʰiæ²⁴

见天见 tɕiæ³¹tʰiæ²⁴tɕiæ³¹ ～上地里去

成天个 tʂʰəŋ⁵³tʰiæ²⁴⁻³¹kɤ⁰ ～住咻厂里

整天个 tʂəŋ⁵⁵tʰiæ²⁴⁻³¹kɤ⁰ 他～不着家

成年个 tʂʰəŋ⁵³niæ⁵³⁻²⁴kɤ⁰ 着孩子～住校

见年 tɕiæ³¹niæ⁵³ 每年:～来拜年

就着 tɕiəu³¹⁻⁵³tʂau⁰ ①顺便:小红赶集的,～买咻个袄②混合着:～菜吃

干粮

就手儿 tɕiəu³¹ʂəur⁵⁵顺手:~把垃
　圾倒嗏

就闷˭儿 tɕiəu³¹mər³¹

捎带脚儿 ʂau²⁴tai³¹tɕiaur²⁴顺便:
　~看看他的

专门儿 tʂuæ²⁴mər⁵³ ~看看他的

当霎儿里 taŋ³¹ʂar⁵³⁻²⁴li⁰一时半会
　儿:别等嗏,他~来不了

一供˭劲 i²⁴⁻⁵⁵kuŋ²⁴tɕin³¹一个劲儿,
　一直:不让他吃糖,他就~跟我要

一闷气儿 i²⁴⁻⁵⁵mən²⁴tɕʰiər³¹一口
　气,一下子

瞎 ɕia²⁴ ~闹腾

乱 luæ³¹ ~写一气

胡 xu⁵³ ~闹

猛 məŋ⁵⁵ ~回头

一家伙 i²⁴⁻³¹tɕia⁵⁵⁻²¹xuo⁰ ~把他推
　咾地上嗏

慢儿慢儿 mər³¹mər³¹⁻⁵⁵ ~走

好生着 xau⁵⁵⁻²¹ʂən⁰tʂau⁰ ~写

安安生生 ŋæ²⁴⁻³¹ŋæ ʂən²⁴ʂən²⁴ ~地
　坐着

早晚 tsau⁵⁵uæ⁵⁵ ~得回来

大概齐 ta³¹kai³¹tɕʰi⁵³ ~有二百斤

到底 tau³¹ti⁵⁵ ~怎么回事

亏咾 kʰuei²⁴⁻³¹lau⁰幸亏,多亏:~他
　嗏,要不回不来嗏

根本 kən²⁴⁻³¹pən⁵⁵ ~不行

从另 tsʰuŋ⁵³liŋ³¹另外:写得不好,
　~写

但凡 tæ³¹fæ⁵³ ~用点功,不至于考得
　么烂

倒是 tau³¹ʂʅ³¹ ~亲娘,管孩子管得就
　是好

备不住 pei³¹⁻⁵³puˀtɕy³¹ ~是他干的

挡不住 taŋ⁵⁵⁻⁵³puˀtɕy³¹ ~是他
　干的

打总˭着 ta⁵⁵tsuŋ²¹tʂau⁰更何况:梯
　子本来就禁不得,~你又上来

特意儿 tei⁵⁵⁻²¹iər⁰故意:~写错

特为 tei⁵⁵⁻²¹uei⁰ ~不说

甭 piŋ⁵³不要:~管他

甭个 piŋ⁵³kɤ⁰ ~听他的

刚才 kaŋ²⁴tsʰai⁵³ ~没听清

刚 kaŋ²⁴他~来

四限˭里 sʅ³¹ɕiæ³¹⁻⁵³li⁰到处

绕˭西˭里 iau³¹⁻⁵³ɕi⁰li⁰

遥˭达˭里 iau³¹⁻⁵³tʰa⁰li⁰

赶趟 kæ⁵⁵tʰaŋ³¹来得及,赶得上

给我 kei⁵⁵⁻²¹uo⁰祈使句加重语气:
　你~吃了这碗饭|你~走

有点儿 iəu⁵⁵tiɐr⁵⁵这车~慢

正好儿 tʂəŋ³¹xaur⁵⁵ ~赶上吃饭

敢别再 kæ⁵⁵piɛ⁵³tai³¹天阴下来嗏,
　~下起雨来咾

怨不得 yæ$^{31-53}$pu^{0}ti^0 怪不得:他俩
　吵架哪,~不说话儿哩

越紧着 ye^{31}tɕin$^{55-21}$tʂau^0 越是:~忙
　哩,你还来添乱

赶等着 kæ^{55}təŋ$^{55-21}$tʂau^0 等到:我
　作不了主,~他回来再说

麻儿=法=儿 mar^{53}far^{24} 哪怕:这事
　儿我一点都不知道,~他跟我说一
　声儿哩

差点儿 tʂʰa^{31}tier^{55} ~着雨给淋咾

非……不行 fei^{55}…pu^{24}ɕin^{53} 这
　孩子~着他哄~

　非得……不行 fei^{55}tei^{55}…pu^{24}
　ɕin^{53} 这活儿~他干~

随着 suei$^{53-24}$tʂau^0 立即:他说了句话
　儿~就走嘞

当面儿 taŋ^{24}mier^{31} 有话~说

背地儿里 pei^{31}tier$^{31-53}$li^0 不要~说

一块儿 i$^{24-55}$kʰuer^{31} 咱~去

旋 suæ^{31} ~吃~拿

一门儿心思 i$^{24-55}$mər^{53}ɕin^{24}sɿ^0

挨牌儿 ŋai^{24}pʰer^{53} 挨个儿:把这些
　个数学题~着他说说

　挨牌儿挨 ŋai^{24}pʰer^{53}ŋai^{24}

末了儿 mie^{31}liaur^{55} 他~走咾般,你
　得问清楚了

赶末了儿 kæ^{55}mie^{31}liaur^{55}

且儿且儿 tɕʰier^{24}tɕʰier^{24} 整整,表

示时间长:~等咾一天

别 piɛ^{53} ~喝呛咾

先 ɕiæ^{24} 你~走,我随后就来

早先 tsau^{55}ɕiæ^{24} 这里~是个大坑,
　后来填上土盖上房咥

早点儿 tsau^{55}tier^{55}

紧着 tɕin$^{55-21}$tʂau^0 优先做某事:先~
　把作业与咾|~他的活干

打小儿 ta^{55}ɕiaur^{55} 从小儿:他~就懂
　事儿

管不 kuæ^{55}pu^{24} 着你上医院看看的
　你不听,~厉害咥般

当不当的 taŋ$^{24-31}$pu^{0}taŋ$^{24-53}$ti^0 勉
　强当作:今儿个也没好生着预备,~
　就算给你过生日咥

开 kʰai^{24} 把窗户开~

赶 kæ^{55} ~等着|~到咾

跟 kən^{31} ①介词,向:~他打听打听②
　连词,和:你~小明去看病的吧

对 tei^{31} ~他说

和 xuo^{31} ①连词,与:这个~那个一样
　②介词,向:他~班长借钱

比 pi^{55} ①动词:恁俩~~②介词的文
　读,白读 pʰi^{55}

望 uaŋ^{31} 往、向:~东走|老王钱多,
　不~外拿

着 tʂau^{31} ①介词,被:小明~他打咥②
　表使动,让:~他家去

让 iaŋ³¹ ①介词,被②表使动:～他出去

把 pa⁵⁵ ～门关上

上……去 ʂaŋ³¹……tɕʰy³¹ 到……
去:～地里～

咾 lau⁰ 到,在:放～桌子上|拿～学校去

挨 ŋai⁵³ ～打|～捧

从 tsʰuŋ⁵³ ①介引时间:～夜了个②
介引方位:他这咱～北京上班哩|
书～桌子上哩

打 ta⁵⁵ ～前年

照着 tʂau³¹⁻⁵³tʂau⁰ ～抄

冲着 tʂʰuŋ³¹⁻⁵³tʂau⁰ ～他喊

沿着 iæ⁵³⁻²⁴tʂau⁰ ～河沟子走

按着 ŋæ³¹⁻⁵³tʂau⁰ ～书抄

依着 i²⁴⁻³¹tʂau⁰ ～他,么儿也弄不成

顺着 ʂuŋ³¹⁻⁵³tʂau⁰ ～这条道儿

望着 uaŋ³¹⁻⁵³tʂau⁰ ～他差远嗹

刨咾 pʰau⁵³⁻²⁴lau⁰ 除了:～他,没人
能干这活儿

错咾 tsʰuo³¹⁻⁵³lau⁰ 也就是:没人能
干这活儿,～他般

捧上 niæ⁵⁵⁻²¹xaŋ⁰ 小妮儿乜个儿长
得真快,快～她哥嗹

使 ʂʅ⁵⁵ 用:～刀切

拿 na⁵³ ～锤子砸

用 yŋ³¹ ～手电照

替 tʰi³¹ ～大伙儿办事

给 kei⁵⁵ ①用于把字句或被动句的

动词前面:茶杯着他～捧了|他把
门～关上了②为,替:他～小明系上
鞋带嗹

赶着……叫 kæ⁵⁵⁻²¹tʂau⁰……
tɕiau³¹:有的地方儿～大伯～大爷

拿……当 na⁵³……taŋ²⁴ 有的地方
儿～麦秸～柴禾烧

随 suei⁵³ ①随着某人的意愿:～他作
么着吧②承袭父辈或祖辈的性格或
相貌:他这脾气、长相儿,都可～他
爸爸哩

庸⁼以 yŋ⁵⁵⁻²¹;i⁰ 介词,介引原因:～么
儿不吃饭哝

仗着 tʂaŋ³¹⁻⁵³tʂau⁰ 她～娘家人,开
咾个小卖铺

上 ʂaŋ³¹ ～哪儿下儿去

到 tau³¹ ～哪天弄完

头 tʰəu⁵³ 在……之前:～吃饭洗手

在 tai³¹ ～哪儿下儿下车

捋着 ly⁵⁵⁻²¹tʂau⁰ ～河沟子走

朝 tʂʰau⁵³ ～后头看

圪吱 kɤ²⁴tʂʅ²⁴ 拟声词:他～～地嚼胡
萝卜

圪崩 kɤ²⁴pəŋ²⁴ 拟声词:～一声儿,绳
子折嗹

圪噔 kɤ²⁴təŋ²⁴ 拟声词:一听～～的走
道声儿,就知道她来嗹

二十七、量词

（一）名量词

把 pa⁵⁵ 一～挂面|一～土

帮 paŋ²⁴ 一～人

包 pau²⁴ 一～茶叶

本儿 pər⁵⁵ 一～书

层 tsʰəŋ⁵³ 一～灰|一～楼|一～皮

场 tʂaŋ⁵⁵ 一～电影|一～雨|一～大病

池子 tɕʰi⁵³ 一～水|一～鱼

出 tɕʰy²⁴ 一～戏

床 tʂʰuaŋ⁵³ 一～被子

撮 tsuo⁵⁵ 带有贬义:一～毛

叠儿 tiɛr⁵³ 一～纸|一～钱

对 tei³¹ 一～电池|一～镯子|一～手套

顿 tun³¹ 一～饭

份儿 fər³¹ 一～报纸

封 fəŋ²⁴ 一～信

根 kən²⁴ 一～甘蔗|一～儿洋火

盒儿 xɤr⁵³ 一～火儿|一～烟

户 xu³¹ 一～人家

伙 xuo⁵⁵ 一～人儿

剂 tɕi³¹ 一～药

间 tɕiæ²⁴ 一～屋

件儿 tɕier³¹ 一～家俱|一～衣裳

节 tɕiɛ²⁴ 一～电池|一～课

截儿 tɕiɛr⁵³ 一～管子|一～铁丝

句 tɕy³¹ 一～话儿

卷儿 tɕyer⁵⁵ 一～电线|一～铁丝

杆 kæ⁵⁵ 一～秤|一～枪

股 ku⁵⁵ 一～劲儿|一～味儿

颗 kʰɤ²⁴ 一～地雷|一～炸弹|一～子弹

口 kʰəu⁵⁵ 一～饭|一～猪|一～牙

块 kʰuai³¹ 一～表|一～冰|一～饼干
　　一～手巾|一～砖

辆 liaŋ³¹ 一～车

绺儿 liəur⁵⁵ 一～胡子|一～头发

路 lu³¹ 一～人|一～货

摞 luo⁵³ 一～砖

门 mən⁵³ 一～手艺

泡 pʰau²⁴ 一～尿

片 pʰiæ³¹ 一～好心

片儿 pʰier³¹ 一～药|一～树林

扇 ʂæ³¹ 一～窗户|一～门

双 ʂuaŋ²⁴ 一～筷子|一～手套儿

沓儿 tar⁵³ 一～纸|一～钱

滩 tʰæ²⁴ 一～泥|一～水

堂 tʰaŋ⁵³ 一～课

套 tʰau³¹ 一～家当|一～衣裳

帖 tʰiɛ²⁴ 一～膏药

头 tʰəu⁵³ 一～蒜

团 tʰuæ⁵³ 一～线

样儿 iar³¹ 一～东西

张 tʂaŋ²⁴ 一～地图|一～相片儿|

一～纸｜一～饼｜一～画儿

阵 tʂən³¹ 一～风｜一～雨

拨儿 por²⁴ 相当于普通话的"批"，用于人：一～人

茬儿 tʂʰar⁵³ ①表示农作物种植或生长的次数：一～韭菜 ②表示某个年龄段的一批人：她们乜～没赶上上大学

出儿 tɕʰyər²⁴ 时间量词，相当于"会儿"：玩一～～

处 tʂʰy³¹ 指宅基地或房子：一～宅子

刀 tau²⁴ 指上坟用来烧的纸：一～纸

道 tau³¹ ①指题：一～题 ②表示条状痕迹或物体、地势：划咾一～印儿｜一～沟｜一～墙

滴嗒儿 ti²⁴⁻³¹tar⁰ 一～汗｜一～水

嘟噜儿 tu²⁴⁻³¹lur⁰ 表示串状物体：一～炮仗｜一～葡萄

堆 tsuei²⁴ ①指堆积在一起的物品：一～棒粒儿 ②指聚集在一起的人：一～人

筏子 fa⁵³⁻²⁴tsɿ⁰ ①指某个时间段：这一～感冒的忒多哩 ②指人，相当于普通话的"批"：他们乜一～，能上大学的也没几呀

个 kɤ³¹ 指物品、人体器官、设施、动物、山川地理，范围比普通话大：一～鼻

子｜一～表｜一～蝇子｜一～车站｜一～床｜一～窗户｜一～狗｜一～头户｜一～河

骨娄儿 ku²⁴ləur⁰ 一段：乜～又不远，走着去就行哩｜小红刚上棒子地里打咾几～甜棒

骨录儿 ku²⁴lur⁰ 截：他找咾一～蜡，点上哩

骨节儿 ku³¹tɕiɛr⁰

挂 kua³¹ 一～炮仗

棵 kɤ²⁴ 指细长的圆柱状物体，范围要比普通话大：一～烟｜一～葱｜一～树

溜儿 liəur³¹ 表示排成一行的人或物：这一～小孩儿排得真齐截｜乜一～树打咾药哩

垄儿 luor⁵⁵ 一～花生

畦 tɕʰi⁵³ 一～豆角儿

捏儿 niɛr³¹ 指用拇指、食指和中指拿起的数量：一～茶叶

盘 pʰæ⁵³ 一～磨

盘儿 pʰɐr⁵³ 一～棋

掐 tɕʰia²⁴ 相当于"把"：一～韭菜

身 ʂən²⁴ 一～衣裳

抬 tʰai⁵³ 一～轿

洼儿 uar²⁴ 一～水儿

眼 iæ⁵⁵ 一～井

柞 tʂa⁵⁵ 长度单位：一～长

　哈咕 xa⁵⁵⁻²¹ku⁰：一～长

只 tɕi²⁴ 指本来成双的物品中的一个，不用作动物的量词：一～脚｜一～手套｜一～水桶｜一～鞋

箸子 tɕy³¹⁻⁵³tsʅ⁰ 指食物，相当于"筷子"：一～面条

蒲棱 pʰu⁵³⁻²⁴ləŋ⁰ 一般用来指长得茂盛、凌乱、较高的草本植物，相当于"蓬"：一～草

穗 suei³¹ 指结穗的农作物果实：一～棒子

档子 taŋ³¹⁻⁵³tsʅ⁰ 一～事儿

子儿 tsər⁵⁵ 一～挂面

行 xaŋ⁵³ 一～字｜一～树

篇儿 pʰiɐr²⁴ 一～作文

页儿 iɛr²⁴ 一～书

门儿 mər⁵³ 一～亲事儿

瓮 uŋ³¹ 一～水

碗 uæ⁵⁵ 一～饭

捆儿 kʰuər⁵⁵ 一～麦秸

挑 tʰiau²⁴ 一～水

窝儿 uor²⁴ 一～蜂｜一～小猫儿

（二）动量词

气儿 tɕʰiɐr³¹ 说咾一～｜闹腾咾一～

和 xuo³¹ 洗东西换水的次数：这衣裳才穿了半天，涮一～就行了

锅 kuo²⁴ ①一局扑克：打咾一过响午扑克，就输了一～②几个人一伙：他几呀是一～的

水 ʂuei⁵⁵ 灌溉：该浇二～嘹

过儿 kuor³¹ 这些个桌子数咾好几～嘹，还没数清

趟 tʰaŋ³¹ ①你跑一～呗②作为名量词，用于表示成行的东西，与"溜"相当：种咾一～树

遭儿 tsaur²⁴ 他跑咾一～｜跑咾好几～才办成

二十八、附加成分

老 lau⁵⁵ 前缀：～鹰

第 ti³¹ 前缀：～二

圪 kɤ²⁴ 表音词头：～渣儿[kɤ³¹tʂar⁰]，指粥类、血液、鼻涕干后留下的痕迹：你也腿上破的地方儿结一～嘹，可别抠破咾｜～拉拜[kɤ³¹la⁰pai³¹]，膝盖：空调吹得～疼｜～蹬[kɤ⁵³təŋ⁰]，单腿跳：他俩～着跳格儿玩儿哩｜～挤[kɤ³¹tɕi⁰]，频繁地挤眼睛：别老～你也眼，成咾毛病可不行｜～洁[kɤ³¹tɕiɛ⁰]，整洁：他把这里拾掇得杠着～嘹｜～嚷[kɤ³¹iaŋ⁰]，形容人群发出的噪音大：集上～得慌，吵得脑袋疼｜～吱[kɤ²⁴tsʅ²⁴]：他～～地嚼胡萝卜｜～崩[kɤ²⁴pəŋ²⁴]：～一下子，绳子折嘹｜～噔[kɤ²⁴təŋ²⁴]：一听～的走道

声儿，就知道她来嗹

坷 $k^hɤ^{24}$ 表音词头：～叉 [$k^hɤ^{31}tʂ^ha^0$]，动词，指煮饭时水烧开后再小火慢慢熬一会儿：饭再～一会儿，就能吃嗹 | 坷垃 [$k^hɤ^{21}la^0$]，土块儿：把乜～砸砸，要不苗儿长不好 |（蛤蟆）坷叉儿 [$k^hɤ^{31}tʂ^har^0$]，名词，指蝌蚪

库$^=$ k^hu^{31} 表音词头：库$^=$叉$^=$[$k^hu^{31}tʂ^ha^0$]，动词，将粘在器具上的面团或泥巴刮下来：面都粘咾盆上嗹，你把乜盆儿～～

骨 ku^{24} 表音词头：骨节儿 [$ku^{31}tɕiɛr^0$]，量词，节：这一～棍子够用 | 骨录$^=$儿 [$ku^{53}lur^0$]，量词，截：他找咾一～蜡，点上嗹

忽 xu^{24} 表音词头：忽闪 [$xu^{31}ʂæ^0$]，形容词，闪的样子：这闺妮这大眼，～～的 | 忽扇 [$xu^{31}ʂæ^0$]，动词，扇：你拿扇子～～，火就旺嗹

头 $·t^həu^0$ 名词后缀：吃～儿 | 想～儿 | 买～儿 | 看～儿 | 活～儿 | 说～儿 | 写～儿 | 喝～儿 | 提～儿 | 堵～儿 | 商量～儿 | 解记～儿 | 闹腾～儿 | 提～儿 | 准～儿 | 甜～儿

巴 $·pa^0$ ①名词后缀，一般指生理有缺陷的人：哑～ | 结～②动词后缀，表示动作随意，大部分表动态动作的自主动词都能进入“V+巴”结构：洗～ | 剁～ | 团～ | 贴～ | 缝～ | 试～ | 搓～③形容词后缀，表示对形容词的性状不满意，有否定的意味：挤～ | 紧～ | 干～ | 蔫～ | 窄～ | 皱～ | 磕～：结巴

哒 $·ta^0$ ①动词后缀，动作具有轻率随意、漫不经心或不满的含义，词根一般是表动态动作的自主动词：戳～ | 唱～ | 练～ | 闯～ | 跑～ | 溜～：散步 | 搓～ | 抻～ | 闯～

嚓 $·tʂ^ha^0$ 动词后缀，动作具有轻率随意的意味，表不满，可用于大部分表自主动作的动态动词之后：洗～ | 挤～ | 搓～ | 铰～ | 撕～ | 抹～

拉 $·la^0$ ①动词后缀，动词具有粗率随意的意思：扒～ | 搰～：抚摸 | 划～ | 蒲$^=$～：用手拍打 | 踧～ | 奋～ | 滴～②形容词后缀，用于意义为质地不好的形容词后，起加深程度的作用：粗～ | 涩～ | 萧$^=$～ | 稀～

弄 $·luŋ^0$/ $·ləŋ^0$① 动词后缀：翻～ | 糊～ | 团～ | 摆～ | 和～ | 淘～

① 动词后缀“弄”有两种读音，一种读为 [luŋ]，一种读为 [ləŋ]。“糊弄、和弄”的前字“糊、和”的主要元音为后高圆唇 [u]，“弄”可能受前字韵母影响，只能读为 [luŋ]；“翻弄、团弄、摆弄、淘弄”的“弄”可读为 [luŋ]，也可读为 [ləŋ]。

腾 ·tʰəŋ^0/登 ·təŋ^0[1] 动词后缀:扑~| 捯~|闹~|踢~|折~|翻~

悠 ·iəu^0 动词后缀,使动词动作行为变舒缓:团~|转~|晃~|洸~|蜷~|胡~|头晕|颤~

索 ·suo^0 动词后缀,用于表示细碎动作的动词后,表示反复:抠~|摸~|掏~

和 ·xuo^0 动词后缀,使动词具有随意粗率的含义:搅~|就~|凑~|掺~

么 ·mo^0 动词后缀,有使动作缓慢的作用:踅~|琢~|捞~

嘛 ·ma^0 动词后缀,有使动作缓慢的作用:估~

伀 ·suŋ^0 动词后缀,使动词带有短时、反复、随意以及轻微的贬义色彩:爬~|逗~|掖~|填~

喽 ·ləu^0 动词后缀,有强调动作方式的作用:提~|吡~|把东西放在通风的地方吹干

实 ·ɕi^0 形容词后缀,有强调词根描摹状态的作用:结~|厚~|老~|巧~|严~|皮~

乎 ·xu^0 形容词后缀,有强调形容词状态的作用,绝大部分儿化不儿化两可:热~|粘~|湿~|暄~|乍~|悬~|邪~

和儿 ·xuor^0 形容词后缀,形容比较舒适的状态:暖~|温~|软~

棱 ·ləŋ^0/喽 ·ləu^0[2] 形容词后缀,与表歪斜的形容词词根组合:歪~|侧~|斜~

溜 ·liəu^{0}①形容词后缀,多用于表光滑、圆润的形容词后:圆~|居~:光滑|顺~|酸~|湿~②动词后缀:提~|出~

腾 ·tʰəŋ^0 形容词后缀,有强调形容词状态的作用:暄~|慢~|闹~|欢~|乱~

哄 ·xuŋ^0 形容词后缀,用来表示对形容词状态不满意、厌恶:乱~|闹~

囊 ·naŋ^0 形容词后缀,有物体表面皱不舒展的意味:纵~|窝~|松~|瘪咕

不叽儿 ·pu^{0}tɕiər^{24} 形容词后缀,用于表示味道的形容词后,表示程度轻,稍有味道:甜~|咸~

不啦叽 ·pu^{0}la^{0}tɕi^{24}/了吧叽 ·lɤ^{0}pa^{24}tɕi^{24} 形容词后缀,表示程度重,

---

① 动词后缀"腾"和"登"用法相同,可以通用;读音区别仅在于一个送气、一个不送气,因此把二者看作同一后缀的语音变体。它们使动词具有反复的含义。

② 后缀"棱"和"喽"语法功能和语法意义相同,一个是阴声韵,一个是阳声韵,语音相近。我们认为,二者是语音变体的关系。

含有厌烦或消极的色彩:碜～|黄～|酸～|咸～|软～|面～

不溜秋 ·pu⁰liəu²⁴tɕʰiəu²⁴/**不溜丢** ·pu⁰liəu²⁴tiəu²⁴形容词后缀，表示程度重，含有厌烦或消极的色彩:黑～|灰～|酸～

丝儿丝儿 sər²⁴sər²⁴形容词后缀，表示程度轻、喜爱之义:甜～|凉～

梆 ·paŋ⁰形容词后缀，用在表示结实、坚硬的形容词之后:硬～|粗～|座～

个 ·kɤ⁰副词后缀，①可与表示整体时间的词语连用，起增强语气的作用:成天～|整天～|成年～②与否定副词"甭[piŋ⁵³]"连用，构成否定词:甭～

么儿的 ·mɛr⁵³ti⁰用于名词类词语后，组合成临时性结构，具有举例功能,意为"之类、等等":天儿晴嚯,把被子～的拿出去晒晒|她赶集买咾点菠菜唵～

叨 ·tau⁰动词后缀:念～|说～|撺～

咕 ·ku⁰动词后缀:嘀～|扭～:身体扭来扭去

气 ·tɕʰi⁰①形容词后缀:贫～|阔～②类词缀:骚～|腥～

生 ·ʂəŋ⁰形容词后缀:脆～

嗖嗖 ·səu²⁴səu²⁴形容词后缀:麻～

拉 ·la³¹出现在词的中间位置，表示对形容对象的外貌、性格不满:多嘴～舌|干巴～碴|胡子～碴|没儿～性|没脸～皮|没囊～气|贫嘴～舌

里 ·li⁰出现在词的中间位置:吭～吭荡|稀～糊涂

二十九、数字等

一号儿 i²⁴xaur³¹
二号儿 ɭɤ³¹xaur³¹
三号儿 sæ²⁴xaur³¹
九号儿 tɕiəu⁵⁵xaur³¹
十号儿 ɕi⁵³xaur³¹
初一 tʂʰu²⁴i²⁴
初二 tʂʰu²⁴ɭɤ³¹
初三 tʂʰu²⁴sæ²⁴
初九 tʂʰu²⁴⁻³¹tɕiəu⁵⁵

初十 tʂʰu²⁴ɕi⁵³
老大 lau⁵⁵ta³¹
老二 lau⁵⁵ɭɤ³¹
老三 lau⁵⁵sæ²⁴
老九 lau⁵⁵tɕiəu⁵⁵
老十 lau⁵⁵ɕi⁵³
老末 lau⁵⁵miɛ²⁴
大哥 ta³¹kɤ²⁴
二哥 ɭɤ³¹kɤ²⁴

老小儿 lau^{55}ɕiaur^{55}

一个 i$^{24-55}$kɤ^{31}

俩 lia^{55}

仨 sa^{24}

一 i^{24}

二 lɤ^{31}

三 sæ^{24}

八 pa^{24}

九 tɕiəu^{55}

十 ɕi^{53}

十一 ɕi^{53}ʔi^{24}

十二 ɕi^{53}lɤ^{31}

十三 ɕi^{53}sæ^{24}

二十 lɤ^{31}ɕi^{53}

二十一 lɤ$^{31-53}$ɕi^{0}ʔi^{24}

二十二 lɤ$^{31-53}$ɕi^{0}lɤ^{31}

三十 sæ^{24}ɕi^{53}

四十 sๅ^{31}ɕi^{53}

八十 pa^{24}ɕi^{53}

九十 tɕiəu^{55}ɕi^{53}

一百 i$^{24-55}$pai^{24}

一百一 i$^{24-55}$pai^{24}ʔi^{24}

一百一十一 i$^{24-55}$pai^{24}ʔi^{31}ɕi^{0}ʔi^{24}

一百一十二 i$^{24-55}$pai^{24}ʔi^{31}ɕi^{0}lɤ^{31}

一百二 i$^{24-55}$pai^{24}lɤ^{31}

二百 lɤ$^{31-53}$pai^{0}

二百一 lɤ$^{31-53}$pai^{0}ʔi^{24}

二百二 lɤ$^{31-53}$pai^{0}lɤ^{31}

一千 i$^{24-55}$tɕʰiæ^{24}

一千二 i$^{24-55}$tɕʰiæ^{24}lɤ^{31}

三千五 sæ^{24}tɕʰiæ$^{24-31}$u^{55}

一万 i$^{24-55}$uæ^{31}

一万二 i$^{24-55}$uæ^{31}lɤ^{31}

三万五 sæ^{24}uæ^{31}u^{55}

零 liŋ^{53}

一百零一 i$^{24-55}$pai^{24}liŋ^{53}ʔi^{24}

一百零九 i$^{24-55}$pai^{24}liŋ^{53}tɕiəu^{55}

一千零二 i$^{24-55}$tɕʰiæ^{24}liŋ^{53}lɤ^{31}

一千零二啊 i$^{24-55}$tɕʰiæ^{24}liŋ^{53}lɤ$^{31-53}$
　　a^{0} 一千零二个

第一千零二啊 ti^{31}i$^{24-55}$tɕʰiæ^{24}liŋ
　　lɤ^{31}a^{0} 第一千零二个

一千零二十 i$^{24-55}$tɕʰiæ^{24}liŋ^{53}lɤ^{31}ɕi^{53}

一万零二 i$^{24-55}$uæ^{31}liŋ^{53}lɤ^{31}

一万零二十 i$^{24-55}$uæ^{31}liŋ^{53}lɤ^{31}ɕi^{53}

一万零二百 i$^{24-55}$uæ^{31}liŋ^{53}lɤ$^{31-53}$pai^{0}

二斤 lɤ$^{31-53}$tɕin^{0}

二斤半 lɤ$^{31-53}$tɕin^{0}pæ^{31}

二两 lɤ$^{31-53}$liaŋ^{0}

二钱儿 lɤ^{31}tɕʰiɐr^{53}

二分 lɤ$^{31-53}$fən^{0}

二厘儿 lɤ^{31}liər^{53}

两丈 liaŋ^{55}tʂaŋ^{31}

二尺 lɤ$^{31-53}$tɕʰi^{0}

两寸 liaŋ^{55}tsʰun^{31}

两丈二 liaŋ^{55}tʂaŋ^{31}lɤ^{31}

二尺二 $l\gamma^{31-53}t\varwidth{c}^h\gamma i^0 l\gamma^{31}$

二里 $l\gamma^{31-53}li^0$

两挑 $lia\eta^{55}t^hiau^{24}$

两斗 $lia\eta^{55}t\vartheta u^{55}$

两升 $lia\eta^{55}\varsigma\vartheta\eta^{24}$

两项 $lia\eta^{55}\varcic ia\eta^{31}$

二亩 $l\gamma^{31-53}mu^0$

几 $t\varci i^{55}$

几呀 $t\varci i^{55-21}ia^0$ 几个

好几呀 $xau^{55}t\varci i^{55-21}ia^0$ 好几个

十啦多个 $\varci i^{53-24}la^0 tuo^{24}k\gamma^{31}$

二十几呀 $l\gamma^{31-53}\varci i^0 t\varci i^{55-21}ia^0$

三十几呀 $s\ae^{24-31}\varci i^0 t\varci i^{55-21}ia^0$

四十几呀 $s\text{\textsubring{1}}^{31-53}\varci i^0 t\varci i^{55-21}ia^0$

五十几呀 $u^{55-21}\varci i^0 t\varci i^{55-21}ia^0$

九十几呀 $t\varci i\vartheta u^{55-21}\varci i^0 t\varci i^{55-21}ia^0$

几少 $t\varci i^{55-21}\varsigma au^0$ 几十个

几百 $t\varci i^{55}pai^{24}$

几千 $t\varci i^{55}t\varci^h i\ae^{24}$

几万 $t\varci i^{55}u\ae^{31}$

几十万 $t\varci i^{55-21}\varci i^0 u\ae^{31}$

么些个 $mo^{31}\varcic i\varepsilon^{24-21}k\gamma^0$ 好些个

好几十呀 $xau^{55}t\varci i^{55}\varci i^{53-24}ia^0$ 好几十个

十好几呀 $\varci i^{53}xau^{55}t\varci i^{55-21}ia^0$ 十好几个

好几百 $xau^{55}t\varci i^{55}pai^{24}$

好几千 $xau^{55}t\varci i^{55}t\varci^h i\ae^{24}$

好几万 $xau^{55}t\varci i^{55}u\ae^{31}$

一点儿 $i^{24-31}ti\vartheta r^{55}$

一丁点儿 $i^{24-31}ti\eta^{55}ti\vartheta r^{55}$

不大点儿 $pu^{24}ta^{31}ti\vartheta r^{55}$

二十多个 $l\gamma^{31-53}\varci i^2 tuo^{24}k\gamma^{31}$

三十多个 $s\ae^{24-31}\varci i^0 tuo^{24}k\gamma^{31}$

六十多个 $li\vartheta u^{31-53}\varci i^0 tuo^{24}k\gamma^{31}$

九十多个 $t\varci i\vartheta u^{55-21}\varci i^0 tuo^{24}k\gamma^{31}$

一百多 $i^{24-55}pai^{24}tuo^{24}$

两千多 $lia\eta^{55}t\varci^h i\ae^{24}tuo^{24}$

三万多 $s\ae^{24}u\ae^{31}tuo^{24}$

十啦个 $\varci i^{53-24}la^0 k\gamma^{31}$

一百来个 $i^{24-55}pai^{24}lai^{53}k\gamma^{31}$

百十来个 $pai^{24-31}\varci i^0 lai^{53}k\gamma^{31}$

一千来个 $i^{24-55}t\varci^h i\ae^{24}lai^{53}k\gamma^{31}$

五千来个 $u^{55}t\varci^h i\ae^{24}lai^{53}k\gamma^{31}$

两万五千来个 $lia\eta^{55}u\ae^{31}u^{55}t\varci^h i\ae^{24}lai^{53}k\gamma^{31}$

百八十个 $pai^{24}pa^{24}\varci i^{53}k\gamma^{31}$

一个俩的 $i^{24-55}k\gamma^{31}lia^{55-21}ti^0$

仨俺俩的 $sa^{24-31}i\ae^0 lia^{55-21}ti^0$

四五啊 $s\text{\textsubring{1}}^{31}u^{55-21}a^0$ 四五个

五六啊 $u^{55}li\vartheta u^{31-53}a^0$ 五六个

六七呀 $li\vartheta u^{31}t\varci^h i^{24-31}ia^0$ 六七个

七八个 $t\varci^h i^{24-31}pa^0 k\gamma^{31}$

八九个 $pa^{24-31}t\varci i\vartheta u^{55}k\gamma^{31}$

八九十个 $pa^{24-31}t\varci i\vartheta u^{55}\varci i^{53}k\gamma^{31}$

仨五啊 $sa^{24-31}u^{55-21}a^0$ 三五个

一二十个 i²⁴ʅɤ³¹ɕi⁵³kɤ³¹

二三十个 ʅɤ³¹⁻⁵³sæ⁰ɕi⁵³kɤ³¹

三五十个 sæ²⁴⁻³¹u⁵⁵ɕi⁵³kɤ³¹

二三百 ʅɤ³¹⁻⁵³sæ⁰pai²⁴

五六百 u⁵⁵liəu³¹pai²⁴

八九百 pa²⁴⁻³¹tɕiəu⁵⁵pai²⁴

一两千 i²⁴⁻³¹liaŋ⁵⁵tɕʰiæ²⁴

五六千 u⁵⁵liəu³¹tɕʰiæ²⁴

八九千 pa²⁴⁻³¹tɕiəu⁵⁵tɕʰiæ²⁴

一两万 i²⁴⁻³¹laiŋ⁵⁵uæ³¹

三四万 sæ²⁴sʅ³¹uæ³¹

三万五万 sæ²⁴uæ³¹u⁵⁵uæ³¹

十万八万 ɕi⁵³uæ³¹pa²⁴uæ³¹

百儿八十 pai²⁴ʅɤ³¹pa²⁴ɕi⁵³

千头二百 tɕʰiæ²⁴tʰəu⁵³ʅɤ³¹⁻⁵³pai⁰

万儿八千 uæ³¹ʅɤ³¹pa²⁴tɕʰiæ²⁴

半个 pæ³¹kɤ³¹

半拉 pæ³¹la²⁴

一半儿 i²⁴⁻⁵⁵pɐr³¹

两半儿 liaŋ⁵⁵pɐr³¹

一大半儿 i²⁴⁻⁵⁵ta³¹pɐr³¹

俩半 lia⁵⁵pæ³¹ 两个半

一星半点儿 i²⁴⁻⁵⁵ɕiŋ²⁴pæ³¹tiɐr⁵⁵

半斤 pæ³¹tɕin²⁴

一斤半 i²⁴⁻⁵⁵tɕin²⁴pæ³¹

一斤半斤 i²⁴⁻⁵⁵tɕin²⁴pæ³¹tɕin²⁴ 一斤或者半斤左右

二斤半 ʅɤ³¹⁻⁵³tɕin⁰pæ³¹

二亩半 ʅɤ³¹⁻⁵³mu⁰pæ³¹

二里半 ʅɤ³¹⁻⁵³li⁰pæ³¹

……来的 lai⁵³⁻²⁴ti⁰……上下

一百口儿 i²⁴⁻⁵⁵pai²⁴kar⁵³ 一百

成百上千 tʂʰəŋ⁵³pai²⁴ʂaŋ³¹tɕʰiæ²⁴

上百 ʂaŋ³¹pai²⁴

上千 ʂaŋ³¹tɕʰiæ²⁴

上万 ʂaŋ³¹uæ³¹

一二得二 i²⁴ʅɤ³¹tɤ⁵³ʅɤ³¹

二二得四 ʅɤ³¹ʅɤ³¹tɤ⁵³sʅ³¹

三四十二 sæ²⁴sʅ³¹ɕi⁵³ʅɤ³¹

五八四十 u⁵⁵pa²⁴sʅ³¹ɕi⁵³

三天两头儿 sæ²⁴tʰiæ²⁴liaŋ⁵⁵tʰəur⁵³

三年两年 sæ²⁴niæ⁵³liaŋ⁵⁵niæ⁵³

四邻八舍 sʅ³¹lin⁵³pa²⁴ɕiɛ³¹

颠三倒四 tiæ²⁴sæ²⁴tau⁵⁵sʅ³¹

烂七八糟 læ³¹tɕʰi²⁴pa²⁴tsau²⁴

甲 tɕia²⁴

乙 i²⁴

丙 piŋ⁵⁵

丁 tiŋ⁵⁵

戊 u³¹

己 tɕi⁵⁵

庚 kəŋ²⁴

辛 ɕin²⁴

壬 in⁵³

癸 kuei⁵⁵

子鼠 tsʅ⁵⁵ɕy⁵⁵

丑牛 tʂʰəu⁵⁵niəu⁵³

寅虎 in⁵³xu⁵⁵

卯兔儿 mau⁵⁵tʰur³¹

辰龙 tʂʰəŋ⁵³luŋ⁵³

巳蛇 sɿ³¹ɕiɛ⁵³

午马 u⁵⁵ma⁵⁵

未羊 uei³¹iaŋ⁵³

申猴儿 ʂən²⁴xəur⁵³

酉鸡 iəu⁵³tɕi²⁴

戌狗 ɕy³¹kəu⁵⁵

亥猪 xai³¹tɕy²⁴

三十、地名标音举例

河上头 xɤ⁵³⁻²⁴ʂaŋ⁰tʰəu⁵³ 张庄村东边滏阳河的大堤。"上、头" 不符合音变规律

沙土坑 ʂa²⁴⁻³¹tʰu⁵⁵tɕʰiŋ²⁴ 张庄村东边的大水塘，里面有很多沙土

张空 tʂaŋ²⁴kʰuŋ²⁴ 村名

李空 li⁵⁵kʰuŋ²⁴ 村名

白空 pai⁵³kʰuŋ²⁴ 村名

代空 tai³¹kʰuŋ²⁴ 村名

空城儿 kʰuŋ²⁴⁻³¹tʂʰar⁰ 张空、李空、白空、代空四村的合称。"城" 字不符合儿化音变规律

三岔口儿 sæ²⁴⁻³¹xaŋ⁰kəur²⁴ 村名，"岔" 声母、韵母异常；"口" 声母异常

两家店 liaŋ⁵⁵⁻²¹kɤ⁰tiæ³¹ 南两店、北两店村的合称

孙家庄儿 sun²⁴⁻³¹kɤ⁰tʂuar²⁴ 村名

金家庄儿 tɕin²⁴⁻³¹kɤ⁰tʂuar²⁴ 村名

耿家庄儿 kəŋ⁵⁵⁻²¹kɤ⁰tʂuar²⁴ 村名

康家庄儿 kʰaŋ²⁴⁻³¹kɤ⁰tʂuar²⁴ 村名

大麻森 ta³¹ma⁵³⁻²⁴ʂən⁰ 乡名。"森" 声母异常

四支渠 sɿ³¹tʂʅ²⁴tɕʰy⁵³ 渠的名称

北沼 pei²⁴⁻³¹tʂau⁰ 村名

南沼 næ⁵³⁻²⁴tʂau⁰ 村名

旧城 tɕiəu³¹tʂʰəŋ⁵³ 村名

英家庄儿 iŋ²⁴⁻³¹kɤ⁰tʂuar²⁴ 村名

韩家庄儿 xæ⁵³⁻²⁴kɤ⁰tʂuar²⁴ 村名

道口 tau³¹⁻⁵³kʰəu⁰ 村名

李村 li⁵⁵⁻²¹tsʰun⁰ 村名

小巨鹿儿 ɕiau⁵⁵tɕy³¹⁻⁵³ləur⁰ 村名，"鹿" 韵母央化后儿化

小辛集儿 ɕiau⁵⁵ɕin²⁴tɕiər⁵³ 村名

石家庄儿 ɕi⁵³⁻²⁴kɤ⁰tʂuar²⁴ 村名，做省会时不儿化

疙瘩头 kɤ²⁴⁻³¹ta⁰tʰəu⁵³ 村名

青杨树儿 tɕʰiŋ²⁴ʂuɤr³¹ 村名，"树" 字不符合儿化音变规律

何家庄儿 xɤ⁵³⁻²⁴kɤ⁰tʂuar²⁴ 村名

贡家台 kuŋ³¹⁻⁵³kɤ⁰tʰai⁵³ 村名

赵家圈 tʂau³¹⁻⁵³kɤ⁰tɕʰyæ²⁴ 村名

张家圈 tʂaŋ²⁴⁻³¹kɤ⁰tɕʰyæ²⁴ 村名

胡家堂儿 xu⁵³⁻²⁴kɤ⁰tʰar⁵³ 村名

西野头 ɕi²⁴⁻³¹iɛ⁵⁵⁻²¹tʰəu⁰ 村名

郎子桥 laŋ⁵³tsʅ⁰tɕʰiau⁵³ 村名

衡尚营 xəŋ⁵³ʂæ²⁴iŋ⁵³ 村名，"尚"后
鼻音韵尾与"衡、营"异化，读为前鼻
音韵尾，调值异常

种高村 tʂʰuŋ⁵³kau²⁴tsʰun²⁴ 村名

张高村 tʂaŋ²⁴kau²⁴tsʰun²⁴ 村名

西王 ɕi²⁴uaŋ⁵³ 村名

焦王 tɕiau²⁴⁻³¹uaŋ⁰ 村名

大葛村 ta³¹kɤ²⁴⁻³¹tsʰun²⁴ 村名

窑窝儿 iau⁵³⁻²⁴uor⁰ 村名

国家庄 kuei⁵⁵⁻²¹kɤ⁰tʂuar²⁴ 村名，
"国"韵母异常

候店 xəu⁵³⁻²⁴tʰiæ⁰ 村名，"店"声母
送气

郭家埝 kuo²⁴⁻³¹kɤ⁰niæ³¹ 村名

前孙 tɕʰiæ⁵³sun²⁴ 村名

后孙 xəu³¹sun²⁴ 村名

骑河王 tɕʰi⁵³xɤ⁵³uaŋ⁵³ 村名

官道李 kuæ²⁴tau³¹li⁵⁵ 村名

范庄 fæ³¹⁻⁵³tʂuar²⁴ 村名，"范"字调
值符合轻声音节"家"脱落后的变调
规律

新庄 ɕiŋ²⁴⁻⁵³tʂuar⁰ 村名

干马 kæ²⁴⁻³¹ma⁰ 村名

东明村儿 tuŋ²⁴miŋ⁵³tsʰuər²⁴ 村名

齐庙儿 tɕʰi⁵³⁻²⁴miaur⁰ 村名

白庙儿 pai⁵³⁻²⁴miaur⁰ 村名

速流 su³¹liəu⁰ 村名

祝葛店儿 tɕy³¹kɤ⁰tiɐr³¹ 村名，"祝"
声母异常

任坑 iŋ²⁴kəŋ²⁴ 村名，"任"被"坑"同
化，读后鼻音韵尾

班曹店儿 pæ²⁴⁻³¹tsʰau⁰tiɐr³¹ 村名

付家庄 fu³¹⁻⁵³kɤ⁰tʂuar²⁴ 村名

路口王 lu³¹kʰəu⁵⁵uaŋ⁵³ 村名

河北增 xɤ⁵³pei²⁴tsəŋ²⁴ 村名

河南增 xɤ⁵³næ⁵³tsəŋ²⁴ 村名

东滏阳 tuŋ²⁴⁻³¹fu⁵⁵iaŋ⁵³ 村名

西滏阳 ɕi²⁴⁻³¹fu⁵⁵iaŋ⁵³ 村名

千顷洼 tɕʰiæ²⁴⁻³¹tɕʰiŋ⁵⁵ua²⁴ 衡水湖

滏阳河 fu⁵⁵iaŋ⁵³xɤ⁵³ 河北南部的一
条河流，流经衡水

第四章　语法特点

第一节　词法

一、儿化

汉语方言中的后缀"儿"有两种存在形式,一种是"儿"自成音节,附着于词根之后,叫做"儿尾词";一种是"儿"与前一字合为一个音节,叫做"儿化词"。汉语史上,"儿"缀由实语素虚化为虚语素,除了儿缀的语音特征融合到前一音节里,使其语音发生变化,作为构词成分,也具有构成新词和增加、改变附加意义的作用。桃城区方言的儿化词使用范围远远高于北京话,有相当数量的名词、动词、形容词、量词可儿化,少数副词、代词也可儿化,往往具备小称或表示喜爱的功能。

（一）名词儿化

名词的儿化在桃城区方言的各类儿化词中数量最多,表具体和表抽象的名词都可儿化,且大量名词必须儿化才可以说。从义类分布来看,可儿化的名词涉及人体器官、服饰、称谓、人物、动物、植物、食物、生活用品、房屋设施、商业、天文、地理、人名、地名、时间、方位、抽象名词等等。总体来看,反映日常生活的口语多儿化,书面语儿化较少。例如:

人体器官:额拉盖儿　眼窝儿　眼皮儿　手心儿

圪拉拜儿　寒毛儿　手心儿　脸蛋儿　脚丫儿

小腿儿　脚跟儿　小手指头儿　指甲缝儿　指甲盖儿

服饰:坎肩儿　大襟儿　袄袖儿　背心儿

鞋带儿　鞋底儿　鞋垫儿　鞋帮儿　帽檐儿

口罩儿　裤腿儿　扣儿　扣迷儿

称谓、人物:外甥儿　外甥女儿　侄女儿　孙女儿

小闺妮儿　老婆儿　老头儿　爷们儿　娘们儿

傻冒儿　小偷儿　光棍儿　胖墩儿　病号儿　罗锅儿

动物:小狗儿　小鸡儿　小牛儿　毛驴儿

小虫儿　小鱼儿　蛾儿　鸟儿　檐边虎儿

蝎虎连¯儿　大雀儿　改¯拉儿

植物:豆苗儿　树枝儿　花儿　蔓儿　叶儿

刺儿　根儿　穗儿　皮儿　籽儿

食物:面条儿　小米儿　豆芽儿

桃儿　甜梨儿　瓜子儿

生活用品:洋火儿　顶针儿　脖领儿　棉猴儿

门帘儿　床单儿　衣裳架儿　瓜子儿　绳儿

盆儿　罐儿　勺儿　小桶儿　小刀儿

八仙桌儿　茶几儿　板凳床儿　小筐儿　门儿

铁丝儿　药儿　药片儿

房屋设施:屋儿　院儿　坑儿　窗台儿

房檐儿　道儿　炕头儿　炕沿儿

商业:饭馆儿　小卖部儿　摊儿　铺面儿

天文:小雨儿　起风儿　天儿

地理:水沟儿　坡儿　坑儿　河沿儿

人名、地名:小燕儿　铁蛋儿　小五儿

张家庄儿　李家村儿

方位:当间儿　东边儿　后边儿　南头儿

抽象名词:眼色儿　家长里短儿　动声儿　玩意儿

魂儿　话茬儿　心气儿　耐心烦儿　花样儿

其他:相声儿　字儿　毛儿　揍相儿

"的"字短语也可以儿化,已经形成固定词汇,如"老的儿"指家中父母,"小的儿"指儿女。名词词缀可以儿化,如"吃头儿、小桌子儿、小小子儿"。部分重叠名词可以儿化,儿化后大多形成"A儿A儿"式,如"蛐儿蛐儿、兜儿兜儿、泡儿泡儿、面儿面儿、纹儿纹儿、盒儿盒儿、头儿头儿"。

（二）动词儿化

桃城区方言单音节动词儿化后一般构成名词,如"盖儿、扣儿"等;儿化后仍为动词数量较少,例如"玩儿"。

双音节动词,有的是后缀儿化,如"洗巴儿、晃悠儿、凑和儿、跑哒儿、提溜儿"等,儿化后增加了随意、开玩笑或不屑一顾的意味;数量最多的是支配式双音节动词,儿化的一般是词语中的名词性语素,如"找茬儿、顶事儿、有味儿、没法儿、画画儿、翻番儿、呆会儿、跑腿儿、挨呲儿、上学儿、包圆儿、说话儿、写字儿、上班儿、足月儿、打滚儿"等,部分词语儿化后表示轻蔑不屑的语气,例如"装死儿、拿把儿"。

（三）形容词儿化

桃城区方言的形容词儿化现象比较多见。单音节形容词单说一般不加"儿",但在句中可以儿化,如"不够长儿、这东西没多沉儿"。句中可以儿化的单音节形容词主要是性质、状态形容词。例如:

宽儿　高儿　沉儿　深儿　大儿　粗儿　细儿

短儿　小儿　薄儿　尖儿　远儿　瘦儿

儿化使形容词词根所表达的程度大幅度减轻,甚至常常用于表达相反意义,如"么长儿"实际意义是"太短","才走咊么远儿就走不动嗹"中的"远儿"实际意义是"太近"。可以儿化的普通双音节形容词数量有限,例如:

凉快儿　痛快儿　抠门儿　轻巧儿

靠谱儿　黢黑儿　刷儿白　溜儿圆

表程度的形容词可以第一个音节儿化,如"刷儿白";也可以第二个音节儿化,如"黢黑儿"。

形容词后缀儿化数量较多,绝大部分后缀都可以儿化,例如"干巴儿、热乎儿、暖和儿、软和儿"。有的词语后缀必须以儿化形式出现,例如"俊巴儿、温和儿、凉丝儿丝儿"。

形容词的重叠式儿化比较多见,可以儿化的重叠类型有AA式、ABB式和AABB式。AA式儿化为"A儿A儿"式。例如:

好儿好儿　慢儿慢儿　早儿早儿　饱儿饱儿　远儿远儿

ABB式儿化为"AB儿B儿"式:

脆生儿生儿　干巴儿巴儿　潮乎儿乎儿

热乎儿乎儿　麻嗖儿嗖儿

AABB式儿化为"AAB儿B儿"式:

干干净儿净儿　热热闹儿闹儿　居⁼居⁼溜儿溜儿

安安生儿生儿　痛痛快儿快儿　晃晃悠儿悠儿

(四)代词儿化

相当一部分人称代词、指示代词和疑问代词必须以儿化形式出现。代词发生儿化的语素非常固定,主要有"人、个、伙、这、乜、那、哈、会、么、哪、方、候、样"。例如:

人称代词:自个儿　咱自个儿　大伙儿

大家伙儿　咱大伙儿

指示代词:这儿下儿　乜儿下儿

那儿下儿　这会儿　乜会儿　那会儿

疑问代词:么儿　哪儿下儿　什么地方儿

么儿地方儿　什么时候儿　多会儿　庸⁼以⁼么儿

什么样儿　么儿　样儿　作么儿

部分可儿化可不儿化:

人称代词:别人(儿)　旁人(儿)　有人(儿)　有的人(儿)

疑问代词:什么(儿)

（五）副词儿化

部分副词可以儿化,例如:

正好儿　天天儿　顺道儿　没准儿　当霎儿

当面儿　专门儿　挨个儿　整个儿　赶早儿　差点儿

（六）数词儿化

表兄弟姐妹排行的数词三至九都可儿化,前面通常加"小",加"小"后则必须儿化。例如:小三儿、小四儿、小五儿等。

部分数词表日期时可以儿化,例如:

破五儿　五月单五儿　大年三十儿　腊八儿

其他个别词如"一半儿"可儿化。

（七）拟声词儿化

桃城区方言大多数拟声词可以儿化:

圪吱(儿)　滋(儿)水喷出的声音

哗(儿)哗(儿)水流动或下雨的声音　咕咚(儿)

（八）量词儿化

桃城区方言中,大部分量词必须以儿化形式出现(详见3.27),可儿化可不儿化的量词有:把、包、顿、层、场、出、处、挂、撮、道"一道儿印儿"可儿化,"一道题"不可儿化、滴嗒、叠、间"一间儿屋"可儿化,"一间房"不可儿化、堆、对、张、片、杆、根、股、户、伙、件、节"一节儿甘蔗"可以儿化,"一节课"不可儿化、截、句"一句儿"可以儿化,"一句话"不可儿化、卷、口、块、绺、垄、畦、摞、门、泡、扇、身、沓、滩、套、团、洼、样、阵、捎、件"一件儿衣裳"可以儿化,"一件家具"不可儿化。

不可儿化的量词有:棵、抬、床、刀、封、剂、个、颗、辆、盘、双、堂、贴、头、眼、只。

儿化后的量词有表示少、喜爱的含义,部分量词也可带"子"后缀,增加了厌恶的感情色彩,这些量词有:帮、撮、叠、股、伙、截、卷、绺、垄、摞、门、沓、团、捎、件。

从构词来看,桃城区方言儿化词的词根大多数为名词性语素,部分动词、形容词、量词等语素以及名词重叠式也可儿化。从发生儿化的语素来看,"名词语素+儿"大多是构形作用,增加小称、喜爱之义;"动词语素+儿"改变词性,"儿"具有使动词变名词的作用;"形容词语素+儿"增加反讽语气;"数词语素+儿"改变词性,"儿"具有使数词变名词的作用。从语义、功能来看,词汇儿化后增加了活泼、喜爱的语气,以及小称功能,如"坑"指较大的洼地,"坑儿"指又小又浅的坑;"棍子"指大的木棒,"棍儿"则指又小又细的木棍。

二、重叠

桃城区方言构词重叠式比较丰富。从结构式来看,有AA式、AAB式、ABB式、AABB式、AXYZ式等;从词性来看,主要构成名词、形容词。

（一）AA式

1. A为名词,重叠构成名词,多儿化,具有表小、表喜爱的作用,数量较少。例如:

　　头儿头儿_{负责人}　面儿面儿_{粉状物}　糊儿糊儿　毛儿毛儿

部分重叠名词只出现在与儿童交流的语境中,如"饭饭、果果、娃娃、虫虫",表可爱。

2. A为形容词,重叠后构成副词,部分词必须伴随儿化。例如:

　　狠狠　早早　慢儿慢儿　明明　好儿好儿　统统　整整

3. 部分非名词语素A重叠后构成名词,如形容词"尖"重叠式"尖儿尖儿"_{指物体的顶端}、量词"道"重叠式"道儿道儿"_{指条状痕迹或物体}、量词"本"重叠式"本儿本儿"_{比较小的本子}。

（二）AAB式。A多为名词、形容词或动词性成分,B为名词性成分,构成名词。例如:

　　灰灰菜　毛毛雨　毛毛虫　跷跷板儿
　　蛛蛛网　窝窝头　弯弯腰　捻捻转儿

（三）ABB式

"ABB"式一般是由单音节形容词与叠音后缀"BB"组合而成，例如：

美滋儿滋儿　热乎乎　干巴巴　冷乎乎

胖乎乎　湿乎乎　软乎乎　硬邦邦　黑黢黢

（四）AABB式

AB主要为形容词，重叠后构成形容词，表示某种状态。重叠后，BB不管原调读什么，一律读同阴平[24]。例如：

利利索索　客客气气　白白生生　亮亮堂堂

窝窝囊囊　别别扭扭　病病殃殃　干干净净

乱乱腾腾　结结实实　出出溜溜　意意思思

念念叨叨　热热闹闹　干干巴巴　肉肉和儿和儿

黏黏乎乎　硬硬邦邦　病病歪歪　软软和儿和儿

迷迷瞪瞪

AB为名词、形容词，构成副词的情况，数量较少，BB不一定读[24]。例如：

前前后后　凑凑合合

（五）AXYZ式

A一般为形容词或名词，XYZ具有有词缀性质。X多为"不、哩"或"咕"。例如：

黑不溜秋　傻不拉叽　黑咕隆咚　血丝呼啦　圆咕轮墩

（六）AXYB式

AB一般为形容词。例如：

啰哩巴嗦　乌漆麻儿黑　花哩胡哨

三、语音屈折造词

桃城区方言屈折造词手段包括元音屈折、辅音屈折、声调屈折和声韵调综合屈折。

（一）通过辅音屈折区别词性和词义。例如：

比　pi^{55} ①动词：咱俩～～；②介词的文读

　　p^{h}i^{55} 介词的白读

衣　i^{24} ～裳

　　ni^{24} 胎盘，胞衣

（二）通过元音屈折区别词性和词义，数量较少。例如：

还　xæ^{53} 副词

　　xuæ^{53} 动词

（三）通过声调屈折区别词性，构成新词。例如：

跟　kən^{31} ①连词：他～小明去；②介词：～他说没用

　　kən^{24} 动词：这孩子一直～着他。

和　xuo^{31} ①连词：他～小明去；②介词：～他说说

　　xuo^{53} 动词：～面

捅　t^{h}uŋ^{55} 戳，扎

　　t^{h}uŋ^{24} 碰触

拽　tʂuai^{24} 投，掷

　　tʂuai^{31} 往回拉

此外，桃城区方言还有很多与北京话相同的语音屈折构词现象，例如改变辅音、元音构词，以区别词性：长、乐；改变声调构词，以区别词性：难、分、数、量、好、空、扇；改变声调构词，以区别自动和使动：倒、饮、吐等。

四、代词系统

（一）人称代词

表4-1　桃城区方言人称代词分类词表

类　别	单　数	复　数	
第一人称	俺 [ŋæ^{55}] 我 [uo^{55}]	排除式：俺[ŋæ^{55}]	
		包括式：咱[tsæ^{55}]	

类　别	单　数	复　数
第二人称	你 [ni⁵⁵] 恁 [ŋən⁵⁵]	恁 [ŋən⁵⁵]
第三人称	他 [tʰa⁵⁵]	他们 [tʰa⁵⁵⁻²¹mən⁰]

1.第一人称单数代词"俺、我"

桃城区方言表示第一人称多用"俺"。"我"和"俺"多数情况下可以互换,但意义和用法并不完全相同。从语气色彩来看,"俺"较为随意、口语化,可出现在任何语境中;"我"的用法较为正式,语气坚定。做定语表示领属关系时,"俺"与指物名词之间一般不加结构助词。例如"俺爹、俺娘、俺婶子、俺家、俺学校、俺村里"。

　　　　他　把　俺　橡　皮　给　弄　没　咔。
　　　　tʰa⁵⁵ pa³¹ ŋæ⁵⁵ ɕiaŋ³¹ pʰi⁵³ kei⁵⁵ nəŋ³¹ mu⁵³⁻²⁴ liæ⁰。
　　　　(他把我的橡皮弄丢了。)
　　　　他　藏　咾　俺　树　行⁼　子　里　咔。
　　　　tʰa⁵⁵ tsʰaŋ⁵³⁻²⁴ lau⁰ ŋæ⁵⁵ ɕy³¹ xaŋ³¹⁻⁵³ tsʅ⁰ li⁰ liæ⁰。
　　　　(他藏到我的树林里了。)

表示强调所领属的名物是属于"俺",而不是其他任何人时,"俺"后加结构助词"的"。例如:

　　　　这　是　俺　的书,　不　是　他　的。
　　　　tɕiɛ³¹ ʂʅ³¹ ŋæ⁵⁵⁻²¹ ti⁰ ɕy²⁴,pu²⁴ ʂʅ³¹ tʰa⁵⁵⁻²¹ ti⁰。
　　　　(这是我的书,不是他的。)

"我"虽然可做定语,但所修饰范围比"俺"小得多,一般不用来修饰亲属称谓或具有某种社会关系的人或单位,不能说"我爹、我娘、我姐姐、我家、我村"。近年来,在年轻人中"我"的出现频率越来越高,一般用于修饰新出现或比较正式的书面语,如"我同事、我领导"。

　　除此之外,"俺"可以用来表示复数,"我"不可以。例如:

　　俺　弟　兄　五　啊,就　老　三　自　个儿考　　　上
　　ŋæ⁵⁵ ti³¹⁻⁵³ ɕyŋ⁰ u⁵⁵⁻²¹ a⁰, tʂəu³¹ lau⁵⁵ sæ²⁴ tsʅ³¹ kɤɻ⁵⁵ kʰau⁵⁵⁻²¹ xaŋ⁰
　　大　学　　　哗。俺　都　觉　　着　高　兴　得不　行。
　　ta³¹ ɕiau⁵³⁻²⁴ liæ⁰。ŋæ⁵⁵ təu⁵⁵ tɕiau²⁴⁻³¹ tʂau⁰ kau²⁴ ɕiŋ³¹⁻⁵³ ti⁰ pu²⁴ ɕiŋ⁵³。

　　(我兄弟五个,只有老三自己考上大学了。我们都觉得高
兴得很。)

　　句中第二个"俺"指除老三以外的弟兄四人,表复数;表复
数的情况下不能说"我都觉着高兴得不行"。

　　2.第一人称复数代词"俺、咱"

　　"俺、咱"同为第一人称复数代词,意义并不完全一样。"咱"
包括说话人和听话人双方,相当于北京话的"咱们",即"包括
式",例如句(2)(4)(6);"俺"只包括说话人一方的若干人,
排除听话人一方,相当于北京话的"我们",即"排除式",例如句
(1)(3)(5)。"俺、咱"这两个人称代词的语法功能相同,都可
以用作主语、宾语和定语。

　　(1)俺　在　　一块儿好　几　年　　　哗,他　这
　　　　　ŋæ⁵⁵ tai³¹⁻⁵³ i⁰ kuɤɻ³¹ xau⁵⁵ tɕi⁵⁵ niæ⁵³⁻²⁴ liæ⁰, tʰa⁵⁵ tɕiɛ³¹
　　人　就　是　这　样儿。
　　in⁵³ tʂəu³¹ ʂʅ³¹ tɕiɛ³¹ iar³¹。

　　　　(我俩在一起好几年了,他这个人就是这样。)

　　(2)赶　明儿咱　上　市　里逛　　逛　的。
　　　　kæ⁵⁵ miɤɻ⁵³ tsæ⁵⁵ ʂaŋ³¹ ʂʅ³¹ li⁵⁵ kuaŋ³¹ kuaŋ³¹⁻⁵³ ti⁰。
　　　　(明天我们去市里逛逛去。)

　　(3)他　着　　俺　上　地　里去。
　　　　tʰa⁵⁵ tʂau³¹⁻⁵³ ŋæ⁰ ʂaŋ³¹ ti³¹⁻⁵³ li⁰ tɕʰy³¹。
　　　　(他让我到地里去。)

（4）他　把　咱　都　给　糊　　弄　嗹。

　　t^{h}a^{55} pa^{31} tsæ^{55} təu^{55} kei^{55} xu$^{31-53}$ luŋ^0 liæ^0。

（他把咱们都给骗了。）

（5）这　是　俺　村　　　的　地。

　　tɕiɛ^{31} ʂʅ^{31} ŋæ^{55} tsʰuər$^{24-31}$ ti^0 ti^{31}。

（这是我们村的地。）

（6）这　不　是　咱　村　　　的　地。

　　tɕiɛ^{31} pu^{24} ʂʅ^{31} tsæ^{55} tsʰuər$^{24-31}$ ti^0 ti^{31}。

（这不是咱们村的地。）

　　"俺"和"咱"用作定语时，一般不加结构助词，不说"俺的地、咱的家、俺的奶奶"，而说"俺地、咱家、俺奶奶"。强调所领属的名物是属于"俺、咱"，而不是其他任何人时，"俺、咱"后加结构助词"的"。例如：

这　　是　俺／咱　村　　　的地，不　是　刘　　家

tɕiɛ^{31} ʂʅ^{31} ŋæ^{55}／tsæ^{55} tsʰuər$^{24-31}$ ti^0 ti^{31}, pu^{24} ʂʅ^{31} liəu$^{53-24}$ kɤ^0

庄儿　　的。

tʂuar$^{24-31}$ ti^0。

（这是我们／咱们村的地，不是刘家庄的。）

——这　是　谁　　的　书　　俺？

——tɕiɛ^{31} ʂʅ^{31} xei$^{53-24}$ ti^0 ɕy$^{24-31}$ iæ^0？

——这　是　俺　　的。

——tɕiɛ^{31} ʂʅ^{31} ŋæ$^{55-21}$ ti^0。

（——这是谁的书？——这是我的。）

　　第一人称代词表复数时后面不带"们"，"俺、咱"单独用来表示复数。当所表示的人数少于10且大于1时，可在"俺、咱"后面加"俩、仨、四啊、五啊、六啊、七呀、八个、九哇"，表示第一人称复数确数，例如句（7）（9）；用"俺／咱＋几呀"表示第一人称复数概数，例如句（8）。"俺／咱＋俩／仨、俺／咱＋数词＋个"或

"俺/咱几呀"形式在句中可作主语、宾语和定语,作定语时后面要加结构助词"的",例如句(9)。

　　(7)俺 仨 来 得 晚, 没 有 见 着 他。
　　　　　ŋæ^{55} sa^{24} lai$^{53-24}$ ti^{0} uæ^{55}, mu^{53} iəu^{0} tɕiæ$^{31-53}$ tʂau^{0} tʰa^{55}。
　　　　　(我们三个人来得晚,没有见到他。)

　　(8)他 叫 咱 几 呀过 去, 有 什
　　　　　tʰa^{55} tɕiau$^{31-53}$ tsæ^{55} tɕi$^{55-21}$ ia^{0} kuo$^{31-53}$ tɕʰy^{0}, iəu^{55} xəu^{53}
　　　　　么 事儿 哎?
　　　　　mo^{0} ʂər$^{31-53}$æ^{0}?
　　　　　(他叫咱们几个人过去,有什么事吗?)

　　(9)这 是 咱 六 啊的晌 午 饭。
　　　　　tɕiɛ^{31} ʂʅ^{31} tsæ^{55} liəu$^{31-53}$ a^{0} ti^{0} ʂaŋ$^{55-21}$ xuo^{0} fæ^{31}。
　　　　　(这是咱们六个人的午饭)

　　3.第二人称单数代词"你、恁"

　　第二人称单数代词"你"与北京话用法相同,能够充当主语、宾语和定语。做定语时,"你"和被修饰词之间通常不加结构助词"的",除非强调被修饰对象的所有权,例如句(3)。

　　(1)我 上 车 站 接 你。
　　　　　uo^{55} ʂaŋ^{31} tɕʰiɛ^{24} tʂæ^{31} tɕiɛ$^{24-31}$ ni^{0}。
　　　　　(我去车站接你。)

　　(2)你 字儿 写 的真 好!
　　　　　ni^{55} tsər^{31} ɕiɛ$^{55-21}$ ti^{0} tʂən$^{24-31}$ xau^{55}!
　　　　　(你的字写的真好!)

　　(3)这 是 你 的书包, 不 是 小 红 的。
　　　　　tɕiɛ^{31} ʂʅ^{31} ni$^{55-21}$ ti^{0} ɕy^{24} pau^{24}, pu^{24} ʂʅ^{31} ɕiau^{55} xuŋ$^{53-24}$ ti^{0}。
　　　　　(这是你的书包,不是小红的。)

　　"恁"表示第二人称单数时,不能在句中充当主语、宾语,只能充当定语。"恁"与被修饰对象之间不加结构助词"的"。例如:

小　红，　恁　兄　弟多　　大　　嗹?

ɕiau⁵⁵ xuŋ⁵³, ŋən⁵⁵ ɕyŋ²⁴⁻³¹ ti⁰ tuo²⁴⁻⁵⁵ ta³¹⁻⁵³ liæ⁰ ?

（小红，你弟弟多大了？）

恁　家　忒　远　　嗹，今儿　个　去　　不了。

ŋən⁵⁵ tɕia²⁴ tʰei²⁴⁻³¹ yæ⁵⁵⁻²¹ liæ⁰, tɕiər²⁴⁻³¹ kʰɤ⁰ tɕʰy³¹⁻⁵³ pu⁰ liau⁵⁵。

（你家太远了，今天去不了。）

"你、恁"用作第二人称单数代词充当定语时，两者具有互补性。"你"和第一人称单数代词"我"一样受到限制，不能用来修饰亲属称谓或具有某种社会关系的人或单位，不能说"你家、你爹、你奶奶"，但是可以说"把书放咾你桌子上嗹、碰着你胳膊嗹"；"恁"则只能用来修饰亲属称谓或具有某种社会关系的人或单位，可以说"恁家、恁爹、恁奶奶、恁闺妮"，但不能说"恁桌子、恁书、恁窗户"。二者互补情况如下表所示：

表4-2　桃城区方言第二人称单数领属关系分布表

被修饰对象\代词	一般性名词（桌子、胳膊）	亲属称谓（姐姐、闺妮）	具有某种社会关系的人或单位（家）
你	+	－	－
恁	－	+	+

4.第二人称复数代词"恁"

第二人称复数代词"恁"与第一人称单数代词"恁"同形，既能修饰一般性名词，例如句（1），也能修饰亲属称谓或具有某种社会关系的人或单位，例如句（2）（3）。

（1）一　个　班　的人都　来　　喇？恁

i²⁴⁻⁵⁵ kɤ³¹ pæ²⁴⁻³¹ ti⁰ in⁵³ təu⁵⁵ lai⁵³⁻²⁴ liaŋ⁰ ?　ŋən⁵⁵

车　子够　骑　的般？

tɕʰiɛ²⁴⁻³¹ tsɿ⁰ kəu³¹ tɕʰi⁵³⁻²⁴ ti⁰ pæ⁰ ?

（一个班的人都来了吗？你们的自行车够不够骑？）

（2）老　二、小　四儿，听　说　恁　兄　弟

lau^{55} lʅ^{31}、ɕiau^{55} sər^{31}, tʰiŋ^{24} ɕyɛ^{24} ŋən^{55} ɕyŋ$^{24-31}$ ti^{0}

当　兵　的嗹？

taŋ^{24} piŋ$^{24-31}$ ti^{0} liæ^{0} ？

（老二、小四儿，听说你们的弟弟去当兵了？）

（3）都　四　邻　八　舍　的　住　着，　还　打

təu^{55} sʅ^{31} lin^{53} pa^{24} ɕiɛ$^{31-24}$ ti^{0} tɕy$^{31-53}$ tʂau^{0}, xæ^{53} ta^{55}

架　哩！　不　怕　恁　村　里人　们　笑

tɕia$^{31-53}$ li^{0}！　pu^{24} pʰa^{31} ŋən^{55} tsʰuər$^{24-31}$ li^{0} in$^{53-24}$ mən^{0} ɕiau$^{31-53}$

话　恁　昂？

xua^{0} ŋən$^{55-21}$ aŋ^{0} ？

（都是邻居，还打架呢！不怕你们村里人笑话你们吗？）

第二人称代词"恁"表复数时后面不带"们"，"恁"单独用来表示复数，例如句（4）。当所表示的人数大于1且少于10时，可在"恁"后面加"俩、仁、四啊、五啊、六啊、七呀、八个、九哇"，表示第二人称复数确数，例如句（5）；用"恁+几呀"表示第二人称复数概数，例如句（6）。这种形式在句中可作主语、宾语和定语，作定语时后面一般跟指示代词"这、乜、那"，例如句（7）；强调领属关系时可加结构助词"的"，例如句（5）。

（4）别　着　急，呆　会　儿叫　　他　送　　恁

piɛ^{53} tʂau^{53} tɕi^{53}, tai^{24} xuər^{24} tɕiau$^{31-53}$ tʰa^{0} suŋ$^{31-53}$ ŋən^{0}

回　　去。

xuei$^{53-24}$ tɕʰy^{0}。

（别着急，等一会儿让他送你们回去。）

（5）这　是　恁　仁　的　饭，吃　饱　咾　再

tɕiɛ^{31} ʂʅ^{31} ŋən^{55} sa$^{24-31}$ ti^{0} fæ^{31}, tɕʰi$^{24-31}$ pau$^{55-21}$ lau^{0} tai^{31}

干　活儿。

kæ³¹ xuor⁵³。

　　　　（这是你们三个人的饭，吃饱了再干活儿。）

　　（6）恁　　几　　呀吃　饱　　咾　般？

　　　　　ŋən⁵⁵ tɕi⁵⁵⁻²¹ ia⁰ tɕʰi²⁴⁻³¹ pau⁵⁵⁻²¹ lau⁰ pæ⁰ ？

　　　　（你们几个吃饱了吗？）

　　（7）恁　　几　　呀乜　车　　　子着　他　　们

　　　　　ŋən⁵⁵ tɕi⁵⁵⁻²¹ ia⁰ niɛ³¹ tɕʰiɛ²⁴⁻³¹ tsɻ⁰ tʂau³¹ tʰa⁵⁵⁻²¹ mən⁰

骑　走　　咾。

tɕʰi⁵³ tsəu⁵⁵⁻²¹ liæ⁰。

　　　　（你们几个的自行车被他们骑走了。）

　　当"恁"作定语时，如何判断表示单数还复数，要根据具体语境。例如"恁奶奶上俺家来咾"，如果听话人是一个人，"恁"表示单数；如果听话人是两个或两个以上的人，"恁"表示复数。

　　5.第三人称代词"他、他们"

　　"他、他们"分别表示第三人称单数、复数，单说时其功能和意义与北京话"他、他们"大致相同，不再赘述。

　　当所表示的人数大于1且少于10时，可在"他、他们"后面加"俩、仨、四啊、五啊、六啊、七呀、八个、九哇"，表示第三人称复数确数；用"他/他们+几呀"表示概数。这两种形式在句中可作主语、宾语和定语；作定语时，与被修饰词之间需要加结构助词"的"，强调领属关系。例如：

　　他　　俩　长　　大　　咾。

　　tʰa⁵⁵⁻³¹ lia⁵⁵ tʂaŋ⁵⁵ ta³¹⁻⁵³ liæ⁰。

　　（他们两个人长大了。）

　　把灯　放　　咾他　们　仨桌　　子　上。

　　pa⁵⁵ təŋ²⁴ faŋ³¹⁻⁵³ lau⁰ tʰa⁵⁵⁻²¹ mən⁰ sa²⁴ tʂuo²⁴⁻³¹ tsɻ⁰ xaŋ³¹。

　　（把灯放在他们三人的桌子上。）

老　张　发　火　　嗹，打　咾　他　几
lau^{55} tʂaŋ^{24} fa$^{24-31}$ xuo$^{55-21}$ liæ^0, ta$^{55-21}$ lau^0 tʰa^{55} tɕi$^{55-21}$

呀一　顿。
ia^0 i$^{24-55}$ tun^{31}。

（老张发火了，打了他们几个人一顿。）

这　是　他　们　几　呀　的工　　钱，你
tɕiɛ^{31} ʂɿ^{31} tʰa$^{55-21}$ mən^0 tɕi$^{55-21}$ ia^0 ti^0 kuŋ$^{24-31}$ tɕʰiæ^0, ni^{55}

先　点　点。
ɕiæ^{24} tiæ^{55} tiæ^0。

（这是他们几个人的工钱，你先点点。）

6. 人称代词作定语修饰一般名词时，定语与被修饰语之间常常加指示代词"这、乜、那"，特别是第二人称代词"恁"通常不直接修饰一般性名词，但加指示代词"这、乜、那"则成立。例如：

俺乜桌子　你乜胳膊　恁乜窗户　他这毛病

恁几呀　这衣裳　俺仁乜晌午饭

人称代词或名词修饰亲属称谓或具有某种社会关系的人或单位时，定语与被修饰语之间一般不加"这、乜、那"；如果有，常常伴有讽刺、不满等语用色彩。例如：

他　乜　后　娘　也不　管　　他。
tʰa^{55} niɛ^{31} xəu^{31} niaŋ^{53} iɛ^{55} pu$^{24-31}$ kuæ$^{55-21}$ tʰa^0。

（他那后娘也不管他。）

小　红　这兄　弟俺，可　真　没
ɕiau^{55} xuŋ^{53} tɕiɛ^{31} ɕyŋ$^{24-31}$ ti^0 iæ^0, kʰɤ^{55} tʂən^{24} mei^{53}

法儿 说。
far^{24} ɕyɛ^{24}。

（小红这弟弟呀，可真没法说。）

咱　乜　村儿，可　比　人　家　的差　远　嗹。
tsæ^{55} niɛ^{31} tsʰuər^{24}, kʰɤ^{55} pi^{55} iŋ$^{53-24}$ kɤ^0 ti^0 tʂʰa^{31} yæ$^{55-21}$ liæ^0。

（咱们那村子,可比人家的差远了。）

人称代词和被修饰语之间也可加"的",通常强调人称代词与被修饰词之间的领属关系。例如:

这　　是　　你　　的　　书, 不　　是　　小　　明　　　的。

tɕiɛ^{31} ʂɿ^{31} ni$^{55-21}$ ti^0 ɕy^{24}, pu^{24} ʂɿ^{31} ɕiau^{55} miŋ$^{53-24}$ ti^0。

（这是你的书,不是小明的。）

——这　　是　　谁　　　的书　　俺?

——tɕiɛ^{31} ʂɿ^{31} xei$^{53-24}$ ti^0 ɕy$^{24-31}$ iæ^0?

——这　　是　　俺　　　的。

——tɕiɛ^{31} ʂɿ^{31} ŋæ$^{55-21}$ ti^0。

（——这是谁的书呀?——这是我的。）

7.三身代词复数形式单数化特征及进程

关于人称代词复数形式"俺、恁、咱"的来源,吕叔湘指出,"们字通行以后不久,就有了两个含有们字的合音:俺=我们,您=你们;后来又增加了偺=咱们"(吕叔湘、江蓝生,第83页)。"您是个地道的俗字,不见于元以前的字书,在金、元文献里常借用恁字……恁字谐你们的合音是很合适的"(同上,第86页)。按照吕先生说法,"俺"是"我们"的合音,"恁"是"你们"的合音,"咱"是"咱们"的合音。桃城区方言的人称代词复数形式"俺、恁、咱"应该也是分别来源于"我们、你们、咱们"。那么,作为复数形式的"俺、恁"后来又是怎样变为单数形式了呢? 陈玉洁(第39页)认为,"复数形式的单数意义由领属语位置会逐渐扩展到主语和宾语位置。核心名词的私有化或公有化程度是影响单数化的关键因素。始于领属结构的单数化遵循着如下等级序列:1.从核心的语义特征来看:集体单位>一般称谓、亲属称谓>一般名词;2.从复数人称代词自身特征来看:第一人称、第二人称>第三人称"。

我们也将桃城区方言的单数人称代词"我、俺、你、恁"的功能分布情况以表格形式列出。下表中,一般性名词指"头、手、胳膊、脚、笔、车子、包、帽子"等私有化程度比较高的名词;亲属称谓、一般称谓包括"娘、爸爸、奶奶、姐姐、哥哥"。集体、社会单位指公有化程度比较高的名词,如"家、学校、公司、大队、村儿"。

表4-3　桃城区方言单数人称代词功能分布表

单数形式	定语			主语	宾语
	一般性名词	亲属称谓、一般称谓	集体、社会单位		
俺	+				
我	+	−			+
恁	−	+			−
你	+				+

从表中可以看出,第一人称单数代词"俺"可以出现在主语、宾语、定语位置上,第二人称单数代词"恁"只能出现在定语位置上。做定语时,"俺"可以修饰一般性名词,亲属称谓、一般称谓,以及集体、社会单位三类,"恁"只能修饰亲属称谓、一般称谓,集体、社会单位两类。从单数化的结果来看,"俺"可以出现在任何位置上;而"恁"的使用范围只能受限制地修饰部分名词。根据陈玉洁提出的领属结构单数化等级序列,桃城区方言"俺"的单数化进程要远远快于"恁"。

从"俺"和"我"的使用情况来看,做定语时,使用"我"之处全部可以替换为"俺",但是"我"一般只出现在中青年口中,老年人仍然只用"俺"。我们推测,"俺"的复数形式单数化比较彻底,作为第一人称单数,在桃城区方言中的地位比较稳固,一度成为方言中唯一的第一人称代词单数形式。直到近几十年推普以来,"我"才在方言中逐渐出现,这是方言中人称代词的叠置现象。

从表格中"恁"和"你"的分布来看,"恁"并不能替换"你",而是与"你"互补分布。我们认为,第二人称代词复数形式"恁"的单数化进程要比"俺"慢得多且不够彻底,一直没有占据一般性名词领属语的位置。"你"应该是"恁"由复数形式变成单数形式之前,方言中固有的单数形式。在很长的一段时期内,"恁"与"你"共同承担第二人称代词单数功能。因此,桃城区方言中人称代词单数形式"我"和"你"的来源并不相同,很可能是"我"来源于普通话,"你"为方言所固有。

通过比较可以看出,在人称代词的领属结构中,"俺、恁"都可修饰集体、社会单位和亲属称谓、一般称谓;"俺"还可以修饰一般性名词,"恁"不可。此外,"俺"的单数形式可以出现在主语、宾语位置上,"恁"不可以。因此,可以推测出桃城区方言人称代词复数形式单数化的过程是领属结构>主语、宾语,领属结构中集体单位、一般称谓、亲属称谓>一般名词。结合"俺"单数化程度彻底、"恁"单数化程度低以及第三人称代词没有发生复数形式单数化的情况来看,三身代词的单数化序列为第一人称、第二人称>第三人称。

8.桃城区方言三身代词特点

一是从数量来看,桃城区方言三身代词比北京话丰富。桃城区方言第一人称代词单数形式存在"俺、我"两套,第二人称代词单数形式也有"恁、你"两套。

二是从三身代词的单、复数形式关系来看,桃城区方言存在如下情况:第一、二人称不使用"们"表示复数;第一、二人称"俺、恁"单复数同形;第一、二、三人称都可以用人称代词附加数量词表示复数,其中第三人称代词,尽管复数形式为"他们",但在"人称代词+数量词"结构中,单数形式"他"和复数形式"他们”都可以使用。

三是桃城区方言没有表尊敬的第二人称代词“您”。当向长辈表示敬称时，一般先称呼，再加上“你”。例如：

婶　子　你　吃　　唻？

ʂən$^{55-21}$ tsʅ^0 ni^{55} tɕʰi$^{24-31}$ liæ^0？

（婶子你吃了吗？）

四是桃城区方言的三身代词表领属关系时一般不加“的”，除非强调领属关系；但常加指示代词“这、乜、那”。

（二）指示代词

桃城区方言的指示代词分为近指、中指和远指。

表4-4　桃城区方言指示代词分类词表

指代类别	近指	中指	远指
基本形式	这 [tɕiɛ^{31}]	乜 [niɛ^{31}]	那 [na^{31}]
表处所方位	这儿下儿 [tɕiar^{31}xar^0] 这边儿 [tɕiɛ^{31}pɐr^0] 这里 [tɕiɛ$^{31-53}$li^0]	乜儿下儿 [niar^{31}xar^0] 乜边儿 [niɛ^{31}pɐr^0] 乜里 [niɛ$^{31-53}$li^0]	那儿下儿 [nar^{31}xar^0] 那边儿 [na^{31}pɐr^0] 那里 [na$^{31-53}$li^0]
表性质、状态、方式	这么着 [tɕiɛ^{31}mo^{0}tʂau^{24}] 么着 [mo^{31}tʂau^{24}] 这样儿 [tɕiɛ^{31}iar^{31}] [tɕiaŋ^{31}iar^{31}]	乜么着 [niɛ^{31}mo^{0}tʂau^{24}] 么着 [mo^{31}tʂau^{24}] 乜样儿 [niɛ^{31}iar^{31}] [niaŋ^{31}iar^{31}]	那么着 [na^{31}mo^{0}tʂau^{24}]
表程度	这么 [tɕiɛ^{31}mo^0] 么 [mo^{31}]	乜么 [niɛ^{31}mo^0] 么 [mo^{31}]	那么 [na^{31}mo^0]
表时间	这会儿 [tɕiɛ$^{31-24}$xuər^{24}] 这咱 [tɕiɛ^{31}tsæ^0] 这时候儿 [tɕiɛ^{31}ʂʅ$^{53-24}$ xəur^0]	乜会儿 [niɛ$^{31-24}$xuər^{24}] 乜咱 [niɛ^{31}tsæ^0] 乜时候儿 [niɛ^{31}ʂʅ$^{53-24}$ xəur^0]	那会儿 [na$^{31-24}$xuər^{24}] 那咱 [na^{31}tsæ^0] 那时候儿 [na^{31}ʂʅ$^{53-24}$ xəur^0]

指代 类别	近指	中指	远指
表数量	这些个 [tɕiɛ³¹ɕiɛ²⁴⁻²¹kɤ⁰] 这么些个 [tɕiɛ³¹mo⁰ɕiɛ²⁴⁻²¹kɤ⁰] 这 [tɕiɛ³¹]+数量词	乜些个 [niɛ³¹ɕiɛ²⁴⁻²¹kɤ⁰] 乜么些个 [niɛ³¹mo⁰ɕiɛ²⁴⁻²¹kɤ⁰] 乜 [niɛ³¹]+数量词	那些个 [na³¹ɕiɛ²⁴⁻²¹kɤ⁰] 那么些个 [na³¹mo⁰ɕiɛ²⁴⁻²¹kɤ⁰] 那 [na³¹]+数量词

1.基本形式"这、乜、那"

从意义来看,"这"指称近处的事物,"那"指称远处的事物,"乜"指称介乎"这、那"之间的较为偏远的事物。"乜、那"的区别还表现在语体色彩不同,"乜"比"那"更加口语化。如果视线内两个不同距离的事物对举时,多用"这、乜",少用"乜、那"。例如:

这 车 子 是 小 明 的,乜 车
tɕiɛ³¹ tɕʰiɛ²⁴⁻³¹ tsʅ⁰ ʂʅ³¹ ɕiau⁵⁵ miŋ⁵³⁻²⁴ ti⁰, niɛ³¹ tɕʰiɛ²⁴⁻³¹
子 是 小 红 的。
tsʅ⁰ ʂʅ³¹ ɕiau⁵⁵ xuŋ⁵³⁻²⁴ ti⁰。

(这辆自行车是小明的,那辆自行车是小红的。)

如果视线内三个不同距离的事物对举,则可以用"这、乜、那",但更自然的表达方式是用"这、乜、乜",同时借助手势或其他身体语言表示。例如:

这 车 子 是 小 明 的,乜 车 子
tɕiɛ³¹ tɕʰiɛ²⁴⁻³¹ tsʅ⁰ ʂʅ³¹ ɕiau⁵⁵ miŋ⁵³⁻²⁴ ti⁰, niɛ³¹ tɕʰiɛ²⁴⁻³¹ tsʅ⁰
是 小 红 的,乜 车 子 是 小 兰 的。
ʂʅ³¹ ɕiau⁵⁵ xuŋ⁵³⁻²⁴ ti⁰, niɛ³¹ tɕʰiɛ²⁴⁻³¹ tsʅ⁰ ʂʅ³¹ ɕiau⁵⁵ læ⁵³⁻²⁴ ti⁰。

(这辆自行车是小明的,那辆自行车是小红的,那辆自行车是小兰的。)

　　如果中指"乜"和远指"那"对举，如"乜车子是小红的，那车子是小兰的"，除表示距离远近的不同，"乜车子"一般指说话双方视野范围之内的"车子"，"那车子"可能在双方视野范围之内，但距离较远，需要借助手势或其他身体语言表示；也可能不在视野之内，但说话双方都知道。

　　从语法功能来看，"这、乜、那"在句中可做主语和定语，但不能单独做宾语；做定语用作指别时，量词"个"常常省略；单独做主语时，只能做判断句的主语，不能做一般句子的主语，其中判断动词"是"常常省略。例如：

　　　　这　石　榴　真　好　　吃。

　　　　$tɕiɛ^{31}$ $ɕi^{53-24}$ $liəu^{0}$ $tʂən^{24}$ xau^{55} $tɕʰi^{24}$。

　　　　（这石榴真好吃。）

　　　　小　明　　不　是　乜　村儿　　的。

　　　　$ɕiau^{55}$ $miŋ^{53}$ pu^{24} $ʂʅ^{31}$ $niɛ^{31}$ $tsʰuər^{24-31}$ ti^{0}。

　　　　（小明不是那村的。）

　　　　那　是　夜　　了个买　　　的。

　　　　na^{31} $ʂʅ^{31}$ $iɛ^{31-53}$ $lʐ^{0}$ $kʰʐ^{0}$ mai^{55-21} ti^{0}。

　　　　（那是昨天买的。）

　　　　这　作　　么　回　　事儿　咹？

　　　　$tɕiɛ^{31}$ $tsəu^{31-24}$ mo^{0} $xuei^{53}$ $ʂər^{31-53}$ $æ^{0}$？

　　　　（这是怎么回事啊？）

　　"这、乜、那"之后可以加大部分名量词和动量词，但不能加"斤、尺"等表示度量衡的量词。例如：

　　　　这/乜/那个　　这/乜/那只　　这/乜/那双　　这/乜/那块

　　　　这/乜/那盒　　这/乜/那趟　　这/乜/那回　　这/乜/那遍

　　　　*这/乜/那斤　　*这/乜/那尺

　　"这、乜、那"之后可以带数量词，例如：

　　　　这/乜/那一个　　这/乜/那五啊　　这/乜/那十啦多个

这/乜/那三少（这/乜/那三十个）

这/乜/那一下　　这/乜/那两遍

在"这/乜/那+数词+量词"结构中，如果数词是"一"，数词往往省略，如"这/乜/那一个"一般说"这/乜/那个"，"这/乜/那一堆"一般说"这/乜/那堆"。在"这/乜/那+数词+量词+名词"结构中，数词和量词都可以省略，如"这一个桃真好吃"说成"这桃真好吃"更符合表达习惯。

有时，"这"读[tɕiaŋ^{31}]，"乜"读[niaŋ^{31}]，用于表示不满、轻蔑：

你　看　他　这　样儿，作　么　出　门儿　唵？

ni^{55} k^{h}æ$^{31-53}$ t^{h}a^0 tɕiaŋ^{31} iar^{31}, tsəu^{55} mo^0 tɕ^{h}y^{24} mər$^{53-24}$ iæ^0 ?

（你看他这个样子，怎么能出门呢？）

她　想　着　找　个　铰　头　　发好

t^{h}a^{55} ɕiaŋ$^{55-21}$ tʂau^0 tʂau^{55} kɤ^{31} tɕiau^{55} t^{h}əu$^{53-24}$ fa^0 xau^{55}

看　的店，　这　地　方儿行　咾　昂？

k^{h}æ$^{31-53}$ ti^0 tiæ^{31}, tɕiaŋ^{31} ti$^{31-53}$ far^0 ɕiŋ$^{53-24}$ lau^0 aŋ^0 ?

（她想找个理发好看的店，这地方儿能行吗？）

他　作　么　乜　样儿　唵？　说　话　一　点儿

t^{h}a^{55} tsəu^{55} mo^0 niaŋ^{31} iar$^{31-53}$ iæ^0 ?　ɕyɛ^{24} xua^{31} i$^{24-31}$ tiɐr^{55}

也 不 算　数儿。

iɛ^{55} pu^{24} suæ^{31} ʂur^{31}。

（他怎么那样呀，说话一点也不算数儿。）

乜　是 什　么 行　子 咹？　快　　把 乜

niɛ^{31} ʂʅ^{31} xəu^{53} mo^0 xaŋ$^{53-24}$ tsʅ^0 æ^0 ?　k^{h}uai$^{31-53}$ pa^{55} niaŋ^{31}

行　子 扔　咾　的 吧。

xaŋ$^{53-24}$ tsʅ^0 ləŋ$^{24-31}$ lau^0 ti^0 pa^0。

（那是什么玩意儿啊？快把那玩意儿扔了吧。）

与北京话相似，桃城区方言指示代词"这、乜、那"也有虚化用法。桃城区方言的"这、乜"一般用在无指成分构成的领格短语里，如：

这　　学　　生　咹，一　届　不　如　一　届　　嗹。
tɕiɛ³¹ ɕiau⁵³⁻²⁴ ʂəŋ⁰æ⁰, i²⁴⁻⁵⁵ tɕiɛ³¹ pu²⁴ y³¹ i²⁴⁻⁵⁵ tɕiɛ³¹⁻⁵³ liæ⁰。
（这学生呀，一届不如一届了。）

我　看　　我　乜　电　视　　的。
uo⁵⁵ kʰæ³¹⁻⁵³ uo⁰ niɛ³¹ tiæ³¹ ʂʅ³¹⁻⁵³ ti⁰。
（我看我那电视剧去。）

吃　你　那　饭　的，么　些　　个　话儿！
tɕʰi²⁴⁻³¹ ni⁵⁵ na³¹ fæ³¹⁻⁵³ ti⁰, mo³¹ ɕiɛ²⁴⁻²¹ kɤ⁰ xuar³¹！
（吃你的饭去，那么多话！）

2.表处所方位的指示代词"这/乜/那儿下儿、这/乜/那边儿、这/乜/那里"相当于北京话的"这个地方、那个地方"。三者在用法上略有不同，近处用"这"，远处用"乜、那"。另外，"这/乜/那儿下儿、这/乜/那边儿"所指代的范围较小，"这/乜/那里"所指代的范围较大。例如：

这儿　下儿有　条　　道儿，能　上　学　　的。
tɕiar³¹ xar⁰ iəu⁵⁵ tʰiau⁵³ taur³¹, nəŋ⁵³ ʂaŋ³¹ ɕiau⁵³⁻²⁴ ti⁰。
（这里有条路，能去上学去。）

小　明　走　　咾乜　里，车　链　子掉　　嗹。
ɕiau⁵⁵ miŋ⁵³ tsəu⁵⁵⁻²¹ lau⁰ niɛ³¹⁻⁵³ li⁰, tɕʰiɛ²⁴ liæ³¹⁻⁵³ tsʅ⁰ tiau³¹⁻⁵³ liæ⁰。
（小明走到那里，自行车链子掉了。）

作定语时，结构助词一般省略。例如：

那　边儿棒　　子熟　　嗹，能　收　　嗹。
na³¹ pɚr⁰ paŋ³¹⁻⁵³ tsʅ⁰ ʂəu⁵³⁻²⁴ liæ⁰, nəŋ⁵³ ʂəu²⁴⁻³¹ liæ⁰。
（那边玉米熟了，能收了。）

乜　里人儿可　好　　嗹。
niɛ³¹⁻⁵³ li⁰ iər⁵³ kʰɤ⁵⁵ xau⁵⁵⁻²¹ liæ⁰。
（那里的人可好了。）

3.表状态、方式的指示代词有"这么着、乜么着、那么着、这样儿、乜样儿、那样儿","这么着、乜么着、那么着"经常简化为"么着",在句中可做主语、宾语、状语。例如:

这 么 着 可 不 行, 他 娘 看 见

tɕiɛ³¹ mo⁰ tʂau²⁴ kʰɤ⁵⁵ pu²⁴ ɕiŋ⁵³, tʰa⁵⁵ niaŋ⁵³ kʰæ³¹⁻⁵³ tɕiæ⁰

咾 得 老 里 揍 他 一 顿。

lau⁰ tei⁵⁵ lau⁵⁵⁻²¹ li⁰ tsəu³¹⁻⁵³ tʰa⁰ i²⁴⁻⁵⁵ tun³¹。

（这样可不行,他娘看到了狠狠揍他一顿。）

我 教 给 你 么 着 说, 保 准 好 使。

uo⁵⁵ tɕiau²⁴⁻³¹ tɕi⁰ ni⁵⁵ mo³¹ tʂau⁰ ɕyɛ²⁴, pau⁵⁵ tʂun⁵⁵ xau⁵⁵ ʂɻ⁵⁵。

（我教给你这样说,一定管用。）

他 把 架 子 靠 咾 南 墙 边 儿

tʰa⁵⁵ pa³¹ tɕia³¹⁻⁵³ tsɻ⁰ kʰau³¹⁻⁵³ lau⁰ næ⁵³ tɕʰiaŋ⁵³ piɚ²⁴⁻³¹

上, 还 不 如 乜 么 着 哩。

xaŋ⁰, xæ⁵³ pu²⁴ y³¹ niɛ³¹ mo⁰ tʂau²⁴⁻³¹ li⁰。

（他把架子靠在南墙边,还不如那样呢。）

你 别 这 样 儿 嗻, 好 生 着 过 日

ni⁵⁵ piɛ⁵³ tɕiɛ³¹ iar³¹⁻⁵³ liæ⁰, xau⁵⁵⁻²¹ ʂən⁰ tʂau⁰ kuo³¹ i³¹⁻⁵³

子 不 行 昂?

tsɻ⁰ pu²⁴ ɕiŋ⁵³⁻²⁴ aŋ⁰?

（你别这样了,好好过日子不行吗？）

他 那 样 儿怪 吓 人 的。

tʰa⁵⁵ na³¹ iar³¹ kuai³¹ ɕia³¹ in⁵³⁻²⁴ ti⁰。

（他那样怪吓人的。）

桃城区方言中,"么着"还进一步虚化为连词,表顺承关系,但与指示代词"么着" [mo³¹tʂau⁰] 声调不同。例如:

活儿 都 干 利 亮 嗻, 么 着 我 就

xuor⁵³ təu⁵⁵ kæ³¹ li³¹⁻⁵³ liaŋ⁰ liæ⁰, mo³¹⁻²¹ tʂau⁰ uo⁵⁵ tʂəu³¹

回　　去　嗹。
xuei⁵³⁻²⁴ tɕʰy⁰ liæ⁰。

　　（活儿都干完了，那我就回去了。）
　　——他　这　咱　可　忙　　嗹。
　　——tʰa⁵⁵ tɕiɛ³¹ tsæ⁰ kʰɤ⁵⁵ maŋ⁵³⁻²⁴ liæ⁰。
　　——么　着　过　晌　午　哩，他　有　空儿　般？
　　——mo³¹⁻²¹ tʂau⁰ kuo³¹ ʂaŋ⁵⁵⁻²¹ xuo⁰ li⁰, tʰa⁵⁵ iəu⁵⁵ kʰuor³¹⁻⁵³ pæ⁰？
　　（——他现在可忙了。——那下午呢，他有空吗？）

　　4.表程度的指示代词"这么、乜么、那么、么"在句中可作状语，修饰形容词和心理副词。一般口语中少用"那么"。例如：
　　这　么　好　　的媳　妇儿，上　哪儿　下儿找　　嚸？
　　tɕiɛ³¹ mo⁰ xau⁵⁵⁻²¹ ti⁰ ɕi²⁴⁻²¹ fər⁰, ʂaŋ³¹ nar⁵⁵⁻²¹ xar⁰ tʂau⁵⁵⁻²¹ tiæ⁰？
　　（这么好的媳妇，到哪里找的？）
　　乜　么　大　个　蚂　蚱　可　不　多　见。
　　niɛ³¹ mo⁰ ta³¹ kɤ⁰ ma³¹⁻⁵³ tʂaŋ⁰ kʰɤ⁵⁵ pu²⁴ tuo²⁴ tɕiæ³¹。
　　（那么大个的蚂蚱可不多见。）
　　么　冷　的　天儿，他　作　么　出　来　嗹？
　　mo³¹ ləŋ⁵⁵⁻²¹ ti⁰ tʰiɐr²⁴, tʰa⁵⁵ tsəu³¹⁻²⁴ mo⁰ tɕʰy²⁴⁻³¹ lai⁰ liæ⁰？
　　（这么冷的天气，他怎么出来了？）
　　这　小　孩儿作　么　乜　么　不　听　话儿　唵。
　　tɕiɛ³¹ ɕiau⁵⁵ xɐr⁵³ tsəu³¹⁻²⁴ mo⁰ niɛ³¹ mo⁰ pu²⁴ tʰiŋ²⁴ xuar³¹⁻⁵³ iæ⁰。
　　（这小孩儿怎么那么不听话呀。）
　　他　今儿　个　么　高　兴，咱　也　沾　沾　光。
　　tʰa⁵⁵ tɕiər²⁴⁻³¹ kʰɤ⁰ mo³¹ kau²⁴ ɕiŋ³¹, tsæ⁵⁵ iɛ⁵⁵ tʂæ²⁴ tʂæ⁰ kuaŋ²⁴。
　　（他今天这么高兴，咱们也沾沾光。）

　　除距离外，"这、乜"还用来表示高度，通常要伴随手势。"那"用来表示高度时，用来描述不在视野范围之内、需要想象，且极高的物体。例如：

乜　小　　孩儿是　这　　么　高　　　唵,还　是　乜

niɛ³¹ ɕiau⁵⁵ xɐr⁵³ ʅ³¹ tɕiɛ³¹ mo⁰ kau²⁴⁻³¹ æ⁰, xæ⁵³ ʅ³¹ niɛ³¹

么　高　　唵?

mo⁰ kau²⁴⁻³¹ æ⁰ ?

（那小孩儿是这么高呀,还是那么高呀？）

那　楼　盖　　唠　二　十　起儿,有　那　么　高。

na³¹ ləu⁵³ kai³¹⁻⁵³ lau⁰ ʅ³¹⁻⁵³ ɕi⁰ tɕʰiər⁵⁵, iəu⁵⁵ na³¹ mo⁰ kau²⁴。

（那楼盖了二十层,有那么高。）

5.表数量的指示代词有"这些个、这么些个、乜些个、乜么些个、那些个、那么些个、这点儿、乜点儿、那点儿、这＋数量词、乜＋数量词、那＋数量词"。同样,"这么些个、乜么些个、那么些个"通常简化为"么些个",在句中可做主语、宾语、定语。一般口语中较少使用"那些个、那么些个、那点儿"。例如:

他　拿来　唠这　些　　个　好　吃　　的,你

tʰa⁵⁵ na⁵³ lai⁵³⁻²⁴ lau⁰ tɕiɛ³¹ ɕiɛ²⁴⁻²¹ kɤ⁰ xau⁵⁵ tɕʰi²⁴⁻³¹ ti⁰, ni⁵⁵

过　来　一　块儿　吃　吧。

kuo³¹⁻⁵³ lai⁰ i²⁴⁻⁵⁵ kʰuer³¹ tɕʰi²⁴ pa⁰。

（他拿来这么多好吃的,你过来一起吃吧。）

来　唠么　些　　个人儿,乜　点儿吃　　的

lai⁵³⁻²⁴ lau⁰ mo³¹ ɕiɛ²⁴⁻²¹ kɤ⁰ iər⁵³, niɛ³¹ tiɐr⁵⁵ tɕʰi²⁴⁻³¹ ti⁰

可　不　够。

kʰɤ⁵⁵ pu²⁴ kəu³¹。

（来了这么多人,那点吃的可不够。）

那　几　　呀是小　红　　的,你　给　　她　捎

na³¹ tɕi⁵⁵⁻²¹ ia⁰ ʅ³¹ ɕiau⁵⁵ xuŋ⁵³⁻²⁴ ti⁰, ni⁵⁵ kei⁵⁵⁻²¹ tʰa⁰ ʂau²⁴⁻³¹

回　去　　吧。

xuei⁰ tɕʰy³¹⁻⁵³ pa⁰。

（那几个是小红的,你给她捎回去吧。）

　　另外,与北京话不同的是,桃城区方言的"指示代词+些"不能单独使用,"些"后面一定要加量词"个"。

　　6.远指代词"那"的性质与源流

　　汪化云(第12页)将方言中三分指示代词中的"乜"称为"中远指"。他认为,存在于湖北、山东、山西方言中的三分现象,第三指"可能是在近代汉语中就广泛使用的共同语远指代词'那'在方言中的叠置"。同时,山东方言中的指示代词三分现象具有三个特点:"其一,很多地方中指代词只是在对举时才有中指的特征,一般都可以用于远指……其'乜、那'可能是两个略有差别的远指代词。其二,有些地方的中指、远指代词语体色彩不同……这说明'乜'具有本土性而'那'可能来自书面语。其三,'这'与'乜'的语音共同点多,与'那'的语音共同点少。"

　　桃城区方言指示代词也存在类似情况:一是与"这"对举的一般是"乜",而不是"那";"这、乜"对举,"乜"可用于远指。二是"乜、那"语体色彩不同,"乜"比较口语化,而且老年人多用"乜",少用"那"。三是"这"读为[tɕiɛ³¹],与"乜"[niɛ³¹]读音相近,而与"那"[na³¹]读音相去甚远。我们认为,桃城区方言的指示代词三分可能属于词汇更替现象。方言中原本只有指示代词"这、乜",受共同语影响,"那"进入桃城区方言。"乜、那"共存是共同语远指代词"那"叠置形成的。

　　(三)疑问代词

　　桃城区方言的疑问代词包括询问人、事物、处所、时间、数量、原因、方式、状况、指别、动作等类别。

表4-5　桃城区方言疑问代词分类词表

类别	疑问代词
人	谁[xei⁵³]　谁们[xei⁵³⁻²⁴mən⁰]
事物	什么[xəu⁵³mo⁰]　么儿[mɐr⁵³]

类别	疑问代词
处所	哪儿下儿 [nar⁵⁵⁻²¹xar⁰]　　哪里 [na⁵⁵⁻²¹li⁰]
时间	多咱 [tuo²⁴tsæ⁰]　　多会儿 [tuo²⁴xuər⁰]
数量、程度	多少 [tuo²⁴ʂau⁰]　　几呀 [tɕi⁵⁵⁻²¹ia⁰]
原因	庸⁼以⁼什么 [yŋ²¹i⁰xəu⁵³mo⁰]　　庸⁼以⁼么儿 [yŋ²¹i⁰mɐr⁵³] 干么儿 [kæ³¹mɐr⁵³]　　作么 [tsəu³¹⁻²⁴mo⁰]　　做么儿 [tsəu³¹mɐr⁵³]
方式	作么_{怎么} [tsəu³¹⁻²⁴mo⁰]　　作么着_{怎么样} [tsəu³¹⁻²⁴mo⁰tʂau²⁴]
状况	什么样儿 [xəu⁵³mo⁰iar³¹]　　么儿样儿 [mar⁵³iar³¹]
指别	哪个 [na⁵⁵⁻²¹kɤ⁰]　　哪些个 [na⁵⁵ɕiɛ⁵⁵⁻²¹kɤ⁰]　　哪几呀 [na⁵⁵tɕi⁵⁵⁻²¹ia⁰]
动作	做么儿 [tsəu³¹mɐr⁵³]

1. "谁们"用来表示询问复数的人。例如:

小　红　过　生　日,都　谁　们　来　嗹?

ɕiau⁵⁵ xuŋ⁵³ kuo³¹ ʂəŋ²⁴⁻³¹ i⁰, təu⁵⁵ xei⁵³⁻²⁴ mən⁰ lai⁵³⁻²⁴ liæ⁰ ?

(小红过生日,都有谁来了?)

这　都　是　谁　　们　的　衣　裳　唉?　扔

tɕiɛ³¹ təu⁵⁵ ʂɿ³¹ xei⁵³⁻²⁴ mən⁰ ti⁰ i²⁴⁻³¹ ʂaŋ⁰ æ⁰ ?　ləŋ²⁴⁻³¹

咾　一　地。

lau⁰ i²⁴⁻⁵⁵ ti³¹。

(这些都是谁的衣服呀? 扔了一地。)

2. "作么"及"庸⁼以⁼什么(儿)、庸⁼以⁼么儿、做么儿、干么儿"询问原因,在句中主要用作状语,其中,"庸⁼以⁼什么(儿)、庸⁼以⁼么儿"询问原因更为具体,一般需要回答,相当于北京话的"因为什么"。例如:

他　作　　么　发　乜　么　大　火儿　咹？

tʰa⁵⁵ tsəu³¹⁻²⁴ mo⁰ fa²⁴ niɛ³¹ mo⁰ ta³¹ xuor⁵⁵⁻²¹ æ⁰？

（他怎么发那么大火呀？）

他　发　火儿　嘞，作　么　回　　事　　咹？

tʰa⁵⁵ fa²⁴⁻³¹ xuor⁵⁵⁻²¹ liæ⁰，tsəu²⁴ mo⁰ xuei⁵³ ʂər³¹⁻⁵³ æ⁰？

（他发火了，怎么回事呀？）

他　庸 ̄以 ̄什　么　发　乜　么　大　火儿　　咹？

tʰa⁵⁵ yŋ²¹ i⁰　xəu⁵³ mo⁰ fa²⁴ niɛ³¹ mo⁰ ta³¹ xuo⁵⁵⁻²¹ æ⁰？

（他因为什么发那么大火呀？）

他　干　么儿　发　么　大　火儿　　咹？

tʰa⁵⁵ kæ³¹ mɐr⁵³ fa²⁴ mo³¹ ta³¹ xuor⁵⁵⁻²¹ æ⁰？

（他干什么发这么大火呀？）

"作么"后常加表示程度的副词"就、就是"，或表示程度的指示代词"这么、么、乜么、那么"，用来加强语气。例如：

他　作　　么　就　不　听　　哩？

tʰa⁵⁵ tsəu³¹⁻²⁴ mo⁰ tʂəu³¹ pu²⁴ tʰiŋ²⁴⁻³¹ li⁰？

（他怎么就不听呢？）

这　干　粮　作　么　就　　乜　么　硬　咹？

tɕiɛ³¹ kæ²⁴⁻³¹ liaŋ⁰ tsəu²⁴ mo⁰ tʂəu³¹ niɛ³¹ mo⁰ iŋ³¹⁻⁵³ æ⁰？

（这馒头怎么就那么硬呀？）

"多咱"还可以在句中充当谓语，用来询问农历日期。例如：

今儿　个　多　　咱　嘞？

tɕiər²⁴⁻³¹ kʰɤ⁰ tuo²⁴⁻⁵³ tsæ⁰ liæ⁰？

（今天是几号了？）

3.疑问代词的非疑问用法，如"哪儿下儿、作么、干么儿"用于反问句中，表示否定：

雪　下　这　么　大，哪儿　下儿看　　见

ɕyɛ²⁴ ɕia³¹ tɕiɛ³¹ mo⁰ ta³¹，nar⁵⁵⁻²¹ xar⁰ kʰæ³¹⁻⁵³ tɕiæ⁰

道儿　唠　哎？

taur$^{31-53}$ lau^0 æ^0？

（雪下得这么大，哪里能看得见路呢？）

作　　么　哪儿　下儿都　有　你　　的　事儿　哎？

tsəu$^{31-24}$ mo^0 nar$^{55-21}$ xar^0 təu^{55} iəu^{55} ni$^{55-21}$ ti^0 ʂər$^{31-53}$ æ^0？

你别　　管。

ni^{55} piɛ^{53} kuæ^{55}。

（怎么哪里都有你的事呀？你别管。）

你管　么　些　　个　闲　事儿干　么儿　　哎？

ni^{55} kuæ^{55} mo^{31} ɕiɛ$^{24-21}$ kɤ^0 ɕiæ^{53} ʂər^{31} kæ^{31} mɐr$^{53-24}$ æ^0？

（你管这么多闲事儿干什么？）

　　另外，桃城区方言中，用来询问数量的疑问代词"多少、几呀"，在肯定句中可充当宾语。例如：

来　多　少/几　　呀，算　多　少/几　　呀。

lai^{53} tuo^{24} ʂau^0/tɕi$^{55-21}$ ia^0，suæ^{31} tuo^{24} ʂau^0/tɕi$^{55-21}$ ia^0。

（来多少/几呀，算多少/几呀。）

五、特殊虚词

（一）"唠"和"㗌"

　　学界普遍认为，体标记"了"是由表示了结、完结的动词"了"虚化而来。桃城区方言中保留了"了"从动词虚化为体标记的痕迹。"了"还有表完结的动词用法，读[liau^{55}]，如"赶紧把这事儿了唠，大家伙儿都等着哩"及"他到了儿也没松口"等等，但更多的是虚化用法。桃城区方言中，与北京话体标记"了"相对应的是"唠[·lau]"和"㗌[·liæ]"。

　　1. "唠"字主要有以下6种用法：

　　（1）表完成。桃城区方言的"唠"相当于北京话的"了$_1$"，附着在谓词性成分之后，是完成体的标记。例如：

他　煮　唠一　碗　饺　子。
tʰa⁵⁵ tɕy⁵⁵⁻²¹ lau⁰ i²⁴⁻³¹ uæ⁵⁵ tɕiau²⁴⁻³¹ tsʅ⁰。

（他煮了一碗饺子。）

他　把　书　扔　唠一　地。
tʰa⁵⁵ pa⁵⁵ ɕy²⁴ ləŋ²⁴⁻³¹ lau⁰ i²⁴⁻⁵⁵ ti³¹。

（他把书扔了一地。）

（2）表条件。"VP/AP+唠"不单独成句,后面有小句或紧缩复句;语义上,表示未然情状,为后续小句动词所表示的动作设定背景条件或原因。例如:

他　来　唠,你　再　走。
tʰa⁵⁵ lai⁵³⁻²⁴ lau⁰, ni⁵⁵ tai³¹ tsəu⁵⁵。

（等他来了,你再走。）

赶　小　孩儿醒　唠,把　他　抱
kæ⁵⁵ ɕiau⁵⁵ xɚ⁵³ ɕiŋ⁵⁵⁻²¹ lau⁰, pa⁵⁵⁻²¹ tʰa⁰ pau³¹⁻⁵³
唠屋　里去。
lau⁰ u²⁴⁻³¹ li⁰ tɕʰy³¹。

（等到小孩儿醒了,把他抱到屋里去。）

（3）表假设或事物先后关系。"VC+唠"出现在假设条件关系(紧缩)复句前项,表示动作行为在将来某一时刻会完成实现。例如:

拾　掇　好　唠就　出　门儿吧。
ɕi⁵³⁻²⁴ tuo⁰ xau⁵⁵⁻²¹ lau⁰ tʂəu³¹ tɕʰy²⁴ mɚ⁵³ pa⁰。

（收拾好就出门吧。）

洗　干　净　唠再　吃。
ɕi⁵⁵ kæ²⁴⁻²¹ tɕiŋ⁰ lau⁰ tai³¹ tɕʰi²⁴。

（洗干净再吃。）

"唠"在句中可以省略,不影响句意。以上两例还可以说:

拾　　掇　好　　就　　出　　门儿 吧。

ɕi⁵³⁻²⁴ tuo⁰ xau⁵⁵ tʂəu³¹ tɕʰy²⁴ mər⁵³ pa⁰。

（收拾好就出门吧。）

洗　干　净　再　吃。

ɕi⁵⁵ kæ²⁴⁻²¹ tɕiŋ⁰ tai³¹ tɕʰi²⁴。

（洗干净再吃。）

（4）表祈使。用于祈使句中，表示使听话人在将来某一时间完成或不要完成动作。可用于句中，也可用于句尾；可用于肯定句，也可用于否定句。例如：

倒　　咾 泔　水　　的 吧, 桶　都　快　满　　嗹。

tau³¹⁻⁵³ lau⁰ kæ²⁴⁻³¹ ʂuei⁵⁵⁻²¹ ti⁰ pa⁰, tʰuŋ⁵⁵ təu⁵⁵ kʰai³¹ mæ⁵⁵⁻²¹ liæ⁰。

（把泔水倒掉吧，桶都快满了。）

快　　着 扔　　咾, 乜 行　子白　占　地方儿。

kuai³¹⁻⁵³ tʂau⁰ ləŋ²⁴⁻³¹ lau⁰, niɛ³¹ xaŋ⁵³⁻²⁴ tʂɿ⁰ pai⁵³ tʂæ³¹ ti³¹⁻⁵³ far⁰。

（快点扔掉，那东西白占地方。）

别　停　　咾, 赶　紧　干!

piɛ⁵³ tʰiŋ⁵³⁻²⁴ lau⁰, kæ⁵⁵ tɕin⁵⁵ kæ³¹！

（别停下，赶紧干！）

别　说　秃　　噜 咾!

piɛ⁵³ ɕyɛ²⁴ tʰu²⁴⁻³¹ lu⁰ lau⁰！

（别说走嘴！）

（5）介引。相当于"到"，可介引方位处所名词，如例（1）（2）；也可介引时间名词，只出现在"一VV咾+时间名词"结构中，例如（3）（4）。

（1）这　西　瓜 沉　　的 哩,赶　紧　放　　咾

tɕiɛ³¹ ɕi²⁴⁻³¹ kua⁰ tʂʰən⁵³⁻²⁴ ti⁰ li⁰, kæ⁵⁵ tɕin⁵⁵ faŋ³¹⁻⁵³ lau⁰

地　上。

ti³¹⁻⁵³ xaŋ⁰。

（这西瓜可沉了，赶紧放到地上。）

（2）他　可　热　情　　　哩，把　人　们　一　送

t^ha^{55} $k^hɤ^{55}$ $iɛ^{31}$ $tɕ^hiŋ^{53-24}$ li^0, pa^{55} in^{53-24} $mən^0$ i^{24-55} $suŋ^{31}$

送　　咾　大　南　边。

$suŋ^{31-53}$ lau^0 ta^{31} $næ^{53}$ $piæ^{24}$。

（他可热情呢，把人们一送送到南边。）

（3）今儿　个　作　业可　多　　哩，孩　子　一

$tɕiər^{24-31}$ $k^hɤ^0$ $tsuo^{31}$ $iɛ^{31}$ $k^hɤ^{55}$ tuo^{24-31} li^0, xai^{53-24} $tsʅ^0$ i^{24-31}

写　写　　咾　十　二　点。

$ɕiɛ^{55}$ $ɕiɛ^{55-21}$ lau^0 $ɕi^{53}$ $lʅ^{31}$ $tiæ^{55}$。

（今天作业可多呢，孩子一写写到十二点。）

（4）俺　看　着　他　可　亲　　哩，一　说

$ŋæ^{55}$ $k^hæ^{31-53}$ $tʂau^0$ t^ha^{55} $k^hɤ^{55}$ $tɕ^hin^{24-31}$ li^0, i^{24-55} $ɕyɛ^{24}$

说　　咾　天　擦　黑儿。

$ɕyɛ^{24-31}$ lau^0 $t^hiæ^{24}$ ts^ha^{24} $xər^{24}$。

（我看他感觉很亲切，一聊聊到天快黑。）

（6）用于可能补语（详见4.2.1.3）。

2.“喥”也有6种用法：

（1）表实现。肯定事态出现了变化或即将出现变化。“喥”附着于句子或分句末尾，与谓词性成分之间有其他成分相隔，不紧跟谓词性成分之后，中间一般隔有宾语、补语或“过、开”等其他体标记，相当于北京话的“了₂”，可看作实现体的标记。例如：

老　天　爷　下　开　雨　喥。

lau^{55} $t^hiæ^{24}$ $iɛ^{53}$ $ɕia^{31-53}$ k^hai^0 y^{55-21} $liæ^0$。

（老天爷下起雨来了。）

我　见　　他　喥。

uo^{55} $tɕiæ^{31-53}$ t^ha^0 $liæ^0$。

（我看见他了。）

礼 拜 五 嗹。

li⁵⁵ pai³¹ u⁵⁵⁻²¹ liæ⁰。

（星期五了。）

（2）表完成兼实现。"嗹"同样附着于句子或分句末尾,位于单个动词、形容词以及动结式、动趋式之后时,既表示动作行为的完成,又表示事件的实现,兼具完成体和实现体标记功能,相当于北京话的"了₁+了₂"。例如：

小 狗儿 跑 嗹。

ɕiau⁵⁵ kəur⁵⁵ pʰau⁵⁵⁻²¹ liæ⁰。

（小狗跑了。）

俺 考 过 嗹。

ŋæ⁵⁵ kʰau⁵⁵ kuo³¹⁻⁵³ liæ⁰。

（我通过考试了。）

天 黑 嗹,他 作 么 还 不 回 来？

tʰiæ²⁴ xei²⁴⁻³¹ liæ⁰, tʰa⁵⁵ tsəu³¹⁻²⁴ mo⁰ xæ⁵³ pu²⁴ xuei⁵³⁻²⁴ lai⁰？

（天黑了,他怎么还不回来？）

天 一 亮 就 走 嗹。

tʰiæ²⁴ i²⁴⁻⁵⁵ liaŋ³¹ tʂəu³¹ tsəu⁵⁵⁻²¹ liæ⁰。

（天一亮就走了。）

带结果、趋向补语时,"嗹"位于句末,放在补语之后,格式为"V+C+嗹",与北京话的"了₁+V+C"不同。例如：

小 红 走 过 来 嗹。

ɕiau⁵⁵ xuŋ⁵³ tsəu⁵⁵⁻²¹ kuo⁰ lai⁵³⁻²⁴ liæ⁰。

（小红走过来了。）

他 爬 上 去 嗹。

tʰa⁵⁵ pʰa⁵³⁻²⁴ xaŋ⁰ tɕʰy³¹⁻⁵³ liæ⁰。

（他爬上去了。）

"VC+嗹"结构中,如果补语语义不指向宾语,则"嗹"后宾语可出现,可不出现。如果宾语不出现,句末"嘞"相当于"了$_1$+了$_2$",既有"了$_1$"的表完成义,又有"了$_2$"的表实现义,如"我干完嘞";如果宾语出现,宾语要在"嘞"之前,这样"嘞"位于句尾且又不在谓词之后,就不再表达完成意义,只表实现,如"我干完活儿嘞"。

（3）表结果。与"咾"表条件相对应,"嘞"表示结果。例如:

他　来　咾,　我　就　走　　嘞。

t^{h}a^{55} lai$^{53-24}$ lau^0, uo^{55} tʂəu^{31} tsəu$^{55-21}$ liæ^0。

（等他来了,我就走了。）

吃　完　咾饭　就　出　门儿　嘞。

tɕʰi^{24} uæ$^{53-24}$ lau^0 fæ^{31} tʂəu^{31} tɕʰy^{24} mər$^{53-24}$ liæ^0。

（吃完饭就出门了。）

（4）表祈使。用于祈使句中,与"咾"的祈使用法不同的是,"嘞"只能用于否定句中,只出现在句尾。"咾、嘞"紧跟动词或动词短语,兼动态助词和语气助词的用法。与"咾"用来表强调语气不同,"嘞"有缓和语气的作用。例如:

你　甭　个　操　心　　嘞!

ni^{55} piŋ^{53} kɤ^0 tsʰau^{24} ɕin$^{24-31}$ liæ^0!

（你别操心了!）

别　说　　嘞!

piɛ^{53} ɕyɛ$^{24-31}$ liæ^0!

（别说了!）

你　甭　个　走　　嘞!

ni^{55} piŋ^{53} kɤ^0 tsəu$^{55-21}$ liæ^0!

（你别走了!）

（5）表感叹。用于感叹句末尾,感叹程度深。例如:

他　脑　子　可　好　使　　嘞!

t^{h}a^{55} nau$^{55-21}$ tsʐ^0 kʰɤ^{55} xau^{55} ʂʅ$^{55-21}$ liæ^0!

（他脑子可好用了！）

小　红　字儿写　得 可　好　　嗹！

ɕiau⁵⁵ xuŋ⁵³ tsər³¹ ɕiɛ⁵⁵⁻²¹ ti⁰ kʰɤ⁵⁵ xau⁵⁵⁻²¹ liæ⁰！

（小红的字写的可好了！）

他 可 勤　　谨　　嗹！

tʰa⁵⁵ kʰɤ⁵⁵ tɕʰin⁵³ tɕin⁰ liæ⁰！

（他可勤快了！）

气　死 人　嗹！

tɕʰi³¹⁻⁵³ sʅ⁰ in⁵³⁻²⁴ liæ⁰！

（气死人了！）

（6）表疑问。例如：

你 作　　么　嗹？

ni⁵⁵ tsəu³¹⁻²⁴ mo⁰ liæ⁰？

（你怎么啦？）

恁　哥　嗹？

ŋən⁵⁵ kɤ²⁴⁻³¹ liæ⁰？

（你哥在哪里呢？）

谁 着　　你 乱 跑　　嗹？

xei⁵³ tʂau³¹⁻⁵³ ni⁰ luæ³¹ pʰau⁵⁵⁻²¹ liæ⁰？

（谁让你乱跑了？）

屋 里着　着 灯　　哩,是 恁 爹 回　　来

u²⁴⁻³¹ li⁰ tʂau⁵³⁻²⁴ tʂau⁰ təŋ²⁴⁻³¹ li⁰, ʂʅ³¹ ŋən⁵⁵ tiɛ²⁴ xuei⁵³⁻²⁴ lai⁰

嗹, 还 是 恁 哥 回　 来 嗹？

liæ⁰, xæ⁵³ ʂʅ³¹ ŋən⁵⁵ kɤ²⁴ xuei⁵⁻²⁴ lai⁰ liæ⁰？

（屋里亮着灯呢,是你爸爸回来了,还是你哥回来了？）

"嗹"和"咾"可出现在相同的语法结构中,但所表达的语法的意义不同。桃城区方言中,"嗹"和"咾"都可紧跟在动词之后,但各自语法意义不同。"V+嗹"兼表动词动作的完成和整句话

事件的实现；"V+唔"格式中的动词只表达动词所代表的动作的完成。例如"你去唔般？——我去嗻"句中，"唔"表示动作"去"完成；"嗻"除表示"去"动作完成外，还表示"我去"事件实现。"嗻"和"唔"也都可出现在动补结构后，但"VC+嗻"表完成和实现，"VC+唔"是可能性述补结构肯定式，例如"他吃饱嗻"表示"吃饱"这件事完成又实现，"他吃饱唔"则是述补结构肯定式，相当于北京话"他吃得饱"。

（二）时间助词"可"

桃城区方言的助词"可"表示时间关系，相当于北京话"……的时候"。主要有两种用法：

1. 用在充当状语的时间名词或谓词性短语之后，出现在前一分句句尾或句中语气停顿之处，用于已然事件。例如：

他　乜　个　疤　　啦是　六　岁　　可　摔　　的。
t^{h}a^{55} niɛ^{31} kɤ^0 pa$^{24-31}$ la^0 ʂʅ^{31} liəu^{31} suei$^{31-53}$ k^{h}ɤ^0 ʂuai$^{24-31}$ ti^0。
（他那个伤疤是六岁时摔的。）

在　北京　　可，他　闹　唔　一　场　病。
tai^{31} pei^{24} tɕiŋ$^{24-31}$ k^{h}ɤ^0，t^{h}a^{55} nau$^{31-53}$ lau^0 i$^{24-31}$ tʂ^{h}aŋ^{55} piŋ^{31}。
（在北京时，他得了一场病。）

小　红　来　可，他　正　睡　觉　哩。
ɕiau^{55} xuŋ^{53} lai$^{53-24}$ k^{h}ɤ^0，t^{h}a^{55} tʂəŋ^{31} ʂuei^{31} tɕiau$^{31-53}$ li^0。
（小红来的时候，他正在睡觉呢。）

2. 用在充当状语的谓词性短语之后，出现在前一分句句尾，用于未然事件。"可"的谓词性短语前可加"赶"，也可不加。例如：

他　走　可，你着　他　把　干　粮　拿　上。
t^{h}a^{55} tsəu$^{55-21}$ k^{h}ɤ^0，ni^{55} tʂau$^{31-53}$ t^{h}a^0 pa^{55} kæ$^{24-31}$ liaŋ^0 na$^{53-24}$ xaŋ^0。
（他走的时候，你让他把馒头带上。）

赶　他　闹　腾　可，你　叫　我。
kæ^{55} t^{h}a^{55} nau$^{31-53}$ t^{h}əŋ^0 k^{h}ɤ^0，ni^{55} tɕiau$^{31-53}$ uo^0。

（等他闹的时候，你叫我。）

赶　你　上　　他　家　去　　可，把　盆儿一
kæ⁵⁵ ni⁵⁵ ʂaŋ³¹⁻⁵³ tʰa⁰ tɕia²⁴ tɕʰy³¹⁻⁵³ kʰɤ⁰, pa⁵⁵ pər⁵³ i²⁴⁻⁵⁵

块儿 捎　过　去。
kuɤr³¹ ʂau²⁴⁻³¹ kuo⁰ tɕʰy³¹。

（等你去他家的时候，把盆一起捎过去。）

但是，充当状语的表未来的时间名词前要加"赶"，不能加"可"。例如：

赶过年，房就盖好嗹。

*（赶）过年　可，　房　就　盖　好　　嗹。
kæ⁵⁵　　　kuo³¹ niæ⁵³, faŋ⁵³ tʂəu³¹ kai³¹ xau⁵⁵⁻²¹ liæ⁰。

（等到明年，房子就盖好了。）

赶明儿，给孩子报个名儿上学的吧。

*（赶）明儿可，　给　孩　　子　报　个　名　　上
kæ⁵⁵　　　　miɤr⁵³, kei⁵⁵ xai⁵³⁻²⁴ tsṛ⁰ pau³¹ kɤ⁰ miɤr⁵³ ʂaŋ³¹

学　　的 吧。
ɕiau⁵³⁻²⁴ ti⁰ pa⁰。

（明天，给孩子报个名去上学吧。）

（三）目的助词"的"

桃城区方言存在"（去）+VP+的"结构，相当于北京话的"（去₁）+VP+去₂"，例如北京话"我（去）上学去"，桃城区方言说成"我（去）上学的"。这种情况下，桃城区方言的"的"相当于北京话"去₂"，读为轻声[·ti]。

桃城区方言"（去）+VP+的"结构中，"去"和"的"可以同时出现，也可以只出现"的"，只用"的"的情况更加常见。例如：

我 去　锄　地　的。
uo⁵⁵ tɕʰy³¹ tʂʰu⁵³ ti³¹⁻⁵³ ti⁰。

（我去锄地去。）

小　红　上　学　　的　咥。

ɕiau⁵⁵ xuŋ⁵³ ʂaŋ³¹ ɕiau⁵³⁻²⁴ ti⁰ liæ⁰。

（小红上学去了。）

　　"（去）+VP+的"结构可以用来表示将要完成的事件,也可以表示已经完成的事件。表示已经完成的事件时,"的"后面要加实现体标记"咥"。例如:

你　干　么儿　　嚸?

ni⁵⁵ kæ³¹ mɚr⁵³⁻²⁴ tiæ⁰?

——我　去　买　菜　　的。

——uo⁵⁵ tɕʰy³¹ mai⁵⁵ tsʰai³¹⁻⁵³ ti⁰。

（——你干什么去? ——我买菜去。）

你　干　么儿　的　咥?

ni⁵⁵ kæ³¹ mɚr⁵³⁻²⁴ ti⁰ liæ⁰?

——我　买　菜　　的　咥。

——uo⁵⁵ mai⁵⁵ tsʰai³¹⁻⁵³ ti⁰ liæ⁰。

（——你干什么去了? ——我买菜去了。）

　　表示尚未发生事件时,句末语气词"嚸/的俺"以及"□[·tiaŋ]/的映"可以出现在"（去）+VP+的"结构中"的"的位置上:

俺　上　学　　嚸/的俺,你　自个儿　喂　猪　吧。

ŋæ⁵⁵ ʂaŋ³¹ ɕiau⁵³⁻²⁴ tiæ⁰/ti⁰ iæ⁰, ni⁵⁵ tsʅ³¹ kɤr⁵⁵ uei³¹ tɕy²⁴ pa⁰。

（我上学去呀,你自己喂猪吧。）

走,　上　街　玩儿　嚸/的俺。

tsəu⁵⁵, ʂaŋ³¹ tɕiɛ²⁴ uɚr⁵³⁻²⁴ tiæ⁰/ti⁰ iæ⁰。

（走,上街玩去呀。）

你　上　班儿□[·tiaŋ]/的映?

ni⁵⁵ ʂaŋ³¹ pɚr²⁴⁻³¹ tiaŋ⁰/ ti⁰ iaŋ⁰?

（你上班去吗?）

我们认为，“嚸”和“□”[·tiaŋ]分别是“的、唵”和“的、映”的合音。合音之后，“嚸”和“□[·tiaŋ]”与“的”相比，意义也有所增加。“嚸”除表示“去”外，还有表目的性未然语气；“□”[·tiaŋ]则由于是“的”与疑问句的句尾语气词“映”合音，表示“去”义时只能出现在疑问句句尾的位置上。

（四）语气助词“着”

李小平（第48页）指出，河北方言存在表祈使的句中语气助词“着”。除动态助词用法外，桃城区方言“着”也有语气助词的用法，可出现在少数形容词、动词或副词后表祈使。例如：

步　子　大　着　点儿！
pu$^{31-53}$ tsɿ^{0} ta$^{31-53}$ tʂau^{0} tiɐr^{55} ！
（步子大点！）

好　生　着　写！
xau$^{55-21}$ ʂən^{0} tʂau^{0} ɕiɛ^{55} ！
（好好写！）

快　着　跑！
kuai$^{31-53}$ tʂau^{0} p^{h}au^{55} ！
（快跑！）

咱　连　走　带　说　着。
tsæ^{55} liæ^{53} tsəu^{55} tai^{31} ɕyɛ$^{24-31}$ tʂau^{0}。
（咱连走带说。）

看　着　点儿！
k^{h}æ$^{31-53}$ tʂau^{0} tiɐr^{55} ！
（看着点儿！）

慢儿　慢儿　着　说！
mɐr^{31} mɐr^{0} tʂau^{0} ɕyɛ^{24} ！
（慢慢说！）

在“A着点儿V”结构中，“着”字前面是单音节词时，可带

动词,也可不带动词;"着"字前面是复音节词时,后面则不能带动词。例如:

　　　好生着点儿!

　　　*好生　着　点儿 走!

　　　xau$^{55-21}$ ʂən^0 tʂau^0 tiɐr^{55} !

　　　(好好的!)

　　　快　　着　　点儿(写)!

　　　kuai$^{31-53}$ tʂau^0 tiɐr^{55}（ɕiɛ^{55}）!

　　　(快点儿写!)

　　　慢　　着　　点儿（说）!

　　　mæ$^{31-53}$ tʂau^0 tiɐr^{55}（ɕyɛ^{24}）!

　　　(慢点说!)

　　　慢儿慢儿着点儿!

　　　*慢儿慢儿着点儿说!

　　　mɐr^{31} mɐr^0 tʂau^0　tiɐr^{55} !

　　　(慢着点儿!)

　　个别动词可进入"A着点儿"结构中,且去掉"着"也能成立。例如:

　　　解　　记（着）　点儿!

　　　tɕiɛ$^{55-21}$ tɕi^0（tʂau^0）tiɐr^{55} !

　　　(惦记着点儿!)

　　形容词"样儿、一样、一模儿一样儿"后可加"着",表示外观、行为或数量保持一致。例如:

　　　——东　　西　作　　么　分?

　　　——tuŋ$^{24-31}$ ɕi^0 tsəu$^{31-24}$ mo^0 fən^{24} ?

　　　——大　家　伙儿　一　模儿　一　样儿　着。

　　　——ta^{31} tɕia^{24} xuor^{55} i$^{24-55}$ mɐr^{31} i$^{24-55}$ iar$^{31-53}$ tʂau^0。

　　　(——东西怎么分? ——大家一模一样着。)

　想　让　屋　里什　么　样儿　着　唉？

ɕiaŋ⁵⁵ iaŋ³¹ u²⁴⁻³¹ li⁰ xəu⁵³ mo⁰ iar³¹⁻⁵³ tʂau⁰ æ⁰？

（想让屋里什么样子呀？）

　　——儿　童　节　表　演　节　目儿，孩　　子

　　——l̩ɤ⁵³ tʰuŋ⁵³ tɕiɛ²⁴ piau⁵⁵ iæ⁵⁵ tɕiɛ²⁴ mur⁰，xai⁵³⁻²⁴ tsɻ⁰

们　穿　成　什　么　样　着　唉？

mən⁰ tʂʰuæ²⁴ tʂʰəŋ⁵³ xəu⁵³ mo⁰ iar³¹⁻⁵³ tʂau⁰ æ⁰？

　　——叫　　他们　一　样　　着。

　　——tɕiau³¹⁻⁵³ tʰa⁰ mən⁰ i²⁴⁻⁵⁵ iaŋ³¹⁻⁵³ tʂau⁰。

（儿童节表演节目，孩子们穿成什么样子呀？——让他们
一样。）

（五）动态助词"开"

动态助词"开"用作起始体标记，出现在动词和形容词后。
如果动词后可带宾语，"开"位于动词和宾语之间，强调动作开
始进行。例如：

　他　一　回　　来　就　吃　　开　嗫。

tʰa⁵⁵ i²⁴⁻⁵⁵ xuei⁵³⁻²⁴ lai⁰ tʂəu³¹ tɕʰi²⁴⁻³¹ kʰai⁰ liæ⁰。

（他一回来就吃起来了。）

　说　完　咾他　就　笑　开　嗫。

ɕyɛ²⁴ uæ⁵³⁻²⁴ lau⁰ tʰa⁵⁵ tʂəu³¹ ɕiau³¹⁻⁵³ kʰai⁰ liæ⁰。

（说完他就笑起来了。）

　天　暖　和　开　　嗫。

tʰiæ²⁴⁻³¹ naŋ⁵⁵⁻²¹ xuo⁰ kʰai²⁴⁻³¹ liæ⁰。

（天暖和起来了。）

　他　冻　得　哆　嗦开　　嗫。

tʰa⁵⁵ tuŋ³¹⁻⁵³ ti⁰ tuo²⁴⁻³¹ suo⁰ kʰai²⁴⁻³¹ liæ⁰。

（他冻得哆嗦起来了。）

他 又 锄　 开 地 哒。

t^ha^{55} iəu^{31} tʂ^{h}u$^{53-24}$ k^{h}ai^0 ti$^{31-53}$ liæ^0。

（他又锄起地来了。）

他 坐　 咾道 边儿 上, 抽　 开 烟 哒。

t^ha^{55} tsuo$^{31-53}$ lau^0 tau^{31} piɐr$^{24-31}$ xaŋ^0, tʂ^{h}əu$^{24-31}$ k^{h}ai^0 iæ$^{24-31}$ liæ^0。

（他坐在路边,抽起烟来了。）

第二节　句法

一、述补句

（一）结果补语

桃城区方言的结果补语一般用"V+C+哒"或"V+C+O+哒"结构表示,否定形式在动词前加"没",例如"乜么大动声儿,大伙儿都听见哒""大伙儿都没听见么儿动声儿"。与北京话不同的是,其疑问形式用"V+C+咾般"或"V+C+O+咾般"结构表示。例如:

乜 么 点儿动　 声儿,恁 听　 见 咾 般?

niɛ^{31} mo^0 tiɐr^{55} tuŋ$^{31-53}$ ɕiɐr^0, ŋən^{55} t^{h}iŋ$^{24-31}$ tɕiæ^0 lau^0 pæ^0?

（那么小声音,你们听见了吗?）

恁 听　 见 动　 声儿咾 般?

ŋən^{55} t^{h}iŋ$^{24-31}$ tɕiæ^0 tuŋ$^{31-53}$ ɕiɛr^0 lau^0 pæ^0?

（你们听见声音了吗?）

"V着"结构除表示进行意和持续意外,还可表示结果。与北京话不同的是,其更偏重于强调结果,常用来表示身体受伤,有"V着"和"V着+O"两种形式。例如:

他 烫　 着 咾 般/他 烫　 着 手 咾 般?

t^ha^{55} t^{h}aŋ$^{31-53}$ tʂau^0 lau^0 pæ^0/t^ha^{55} t^{h}aŋ$^{31-53}$ tʂau^0 ʂəu^{55} lau^0 pæ^0?

（他烫到了没有/他烫到手没有?）

他 摔 　 着 唓 / 他 摔 　 着 　 腿 　 唓 。

tʰa⁵⁵ ʂuai²⁴⁻³¹ tʂau⁰ liæ⁰/tʰa⁵⁵ ʂuai²⁴⁻³¹ tʂau⁰ tʰei⁵⁵⁻²¹ liæ⁰。

（他摔到了 / 他摔到腿了。）

他 没 碰 　 着 / 他 没 碰 　 着 脑 　 袋 。

tʰa⁵⁵ mu⁵³ pʰəŋ³¹⁻⁵³ tʂau⁰/tʰa⁵⁵ mu⁵³ pʰəŋ³¹⁻⁵³ tʂau⁰ nau⁵⁵⁻²¹ tai⁰。

（他没碰到 / 他没碰到脑袋。）

此外，还有"猜着、逮着、够着"等"V着"结构表示结果，"着"相当于"到"，即"猜到、逮到、够到"。

（二）处所补语

桃城区方言的处所补语，用"V咾+处所词"表示。例如：

老 师 坐 　 咾 椅 子 上 。

lau⁵⁵ ʂʅ²⁴ tsuo³¹⁻⁵³ lau⁰ i⁵⁵⁻²¹ tsʅ⁰ xaŋ⁰。

（老师坐在椅子上。）

他 立 咾 门 　 台 儿 　 上 。

tʰa⁵⁵ li³¹⁻⁵³ lau⁰ mən⁵³ tʰɐr⁵³⁻²⁴ xaŋ⁰。

（他站在台阶上。）

他 把 小 　 孩儿 领 　 咾 当 院儿 来 。

tʰa⁵⁵ pa⁵⁵ ɕiau⁵⁵ xɐr⁵³ liŋ⁵⁵⁻²¹ lau⁰ taŋ²⁴ yɐr³¹ lai⁵³。

（他把小孩带到院子里来。）

有时候，"咾"字进一步弱化，变为"V+处所词"格式，但从语感出发，"咾"字节奏仍然存在（详见2.5.2）。例如：

他 老 是 趴 桌 　 子 上 看 书 。

tʰa⁵⁵ lau⁵⁵ ʂʅ³¹ pʰa²⁴ tʂuo²⁴⁻³¹ tsʅ⁰ xaŋ⁰ kʰæ³¹ ɕy²⁴。

（他总是趴在桌子上看书。）

他 把 车 开 道儿 　 上 。

tʰa⁵⁵ pa⁵⁵ tɕʰiɛ²⁴ kʰai²⁴ taur³¹⁻⁵³ xaŋ⁰。

（他把车开到路上。）

（三）可能补语

桃城区方言的可能补语与北京话差异很大。表可能的否定式述补句形式为"V 不 C"，与北京话相同，例如"这活儿你干不完、这椅子你搬不动"，但肯定式和疑问式有多种情况。

1. 表可能的肯定式述补句有"VC 咾、能 VC、V 得 C、V 咾" 4 种形式。例如：

他　爬　　上　　去　　　咾／他　能　爬　　上　　去／
tʰa⁵⁵ pʰa⁵³⁻²⁴ xaŋ⁰ tɕʰy³¹⁻⁵³ lau⁰/tʰa⁵⁵ nəŋ⁵³ pʰa⁵³⁻²⁴ xaŋ⁰ tɕʰy³¹/
他　爬　　得　上　去。
tʰa⁵⁵ pʰa⁵³⁻²⁴ ti⁰ xaŋ⁰ tɕʰy³¹。

（他爬得上去。）

你　慢儿　慢儿　找，　保　准　找　　着　咾／你
ni⁵⁵ mɚ³¹ mɚ⁵⁵ tʂau, pau⁵⁵ tʂun⁵⁵ tʂau⁵⁵⁻²¹ tʂau⁰ lau⁰/ni⁵⁵
慢儿　慢儿　找，　保　准　能　找　　着 ／你　慢儿
mɚ³¹ mɚ⁵⁵ tʂau⁵⁵, pau⁵⁵ tʂun⁵⁵ nəŋ⁵³ tʂau⁵⁵⁻²¹ tʂau⁰/ ni⁵⁵ mɚ³¹
慢儿　找，　保　准　找　　得着。
mɚ⁵⁵ tʂau⁵⁵, pau⁵⁵ tʂun⁵⁵ tʂau⁵⁵⁻²¹ ti⁰ tʂau⁵³。

（你慢儿慢儿找，一定能找到。）

——你　做　么　些　个　饭，他　吃　　咾　昂？
——ni⁵⁵ tsəu³¹ mo³¹ ɕiɛ²⁴⁻²¹ kɤ⁰ fæ³¹, tʰa⁵⁵ tɕʰi²⁴⁻³¹ lau⁰ aŋ⁰ ？
——吃　　咾。
——tɕʰi²⁴⁻³¹ lau⁰。

（——你做这么多饭，他吃得了吗？ ——吃得了。）

——这　么　多　东　西，你　拿　咾　般？
——tɕiɛ³¹ mo⁰ tuo²⁴ tuŋ²⁴⁻³¹ ɕi⁰, ni⁵⁵ na⁵³⁻²⁴ lau⁰ pæ⁰ ？
——拿　　咾。
——na⁵³⁻²⁴ lau⁰。

（——这么多东西，你拿得了吗？ ——拿得了。）

"能"可与"VC咾"共现：

这　首儿　诗，他　能　一　口　　气儿　背　完　　咾。

tɕiɛ³¹ ʂəur⁵⁵ ʂʅ²⁴, tʰa⁵⁵ nəŋ⁵³ i²⁴⁻³¹ kʰəu⁵⁵ tɕʰiər³¹ pei³¹ uæ⁵³⁻²⁴ lau⁰。

（这首诗，他能一口气背完。）

可能述补句肯定式带宾语的话，宾语一定要放在语气词之前，即"VC+宾语+咾"。例如：

他　寻　　上　媳　　妇儿咾。

tʰa⁵⁵ ɕin⁵³⁻²⁴ xaŋ⁰ ɕi²⁴⁻²¹ fər⁰ lau⁰。

（他能娶到媳妇。）

他　吃　　上　饭　　咾。

tʰa⁵⁵ tɕʰi·²⁴⁻³¹ xaŋ⁰ fæ³¹⁻⁵³ lau⁰。

（他吃得上饭。）

结果述补句与可能述补句都有"VC+语气词"结构，如果语气词是"嗹"，表结果；如果语气词是"咾"，表可能。例如：

他　爬　　上　去　　嗹。

tʰa⁵⁵ pʰa⁵³⁻²⁴ xaŋ⁰ tɕʰy³¹⁻⁵³ liæ⁰。

（他爬上去了。）

他　爬　　上　去　　咾。

tʰa⁵⁵ pʰa⁵³⁻²⁴ xaŋ⁰ tɕʰy³¹⁻⁵³ lau⁰。

（他能爬上去。）

2. 可能补语的疑问形式为"VC咾+语气词"或"V得C+语气词"。例如：

他　说　清　　楚　咾　昂？

tʰa⁵⁵ ɕyɛ²⁴ tɕʰiŋ²⁴⁻³¹ tʂʰu⁰ lau⁰ aŋ⁰？

（他能说清楚吗？）

这　么　些　　个　东　　西，他　吃　完　　咾　昂？

tɕiɛ³¹ mo⁰ ɕiɛ²⁴⁻²¹ kɤ⁰ tuŋ²⁴⁻³¹ ɕi⁰, tʰa⁵⁵ tɕʰi²⁴ uæ⁵³⁻²⁴ lau⁰ aŋ⁰？

（这么多东西，他能吃完吗？）

这　么　些　个　东　西，他　吃　得完　昂？

tɕiɛ³¹ mo⁰ ɕiɛ²⁴⁻²¹ kɤ⁰ tuŋ²⁴⁻³¹ ɕi⁰, tʰa⁵⁵ tɕʰi²⁴⁻³¹ ti⁰ uæ⁵³⁻²⁴ aŋ⁰？

（这么多东西，他吃得完吗？）

乜　桌　子，他　搬　得　动　般？

nie³¹ tʂuo²⁴⁻³¹ tsɿ⁰, tʰa⁵⁵ pæ²⁴⁻³¹ ti⁰ tuŋ³¹⁻⁵³ pæ⁰？

（那桌子，他搬得动吗？）

3.北京话的"V得"句式，在桃城区方言中肯定式为"V得咾"或"能V"，否定式为"V不得"或"不能V"，疑问式为"能V+语气词"或"V得咾+语气词"。例如：

这　东　西晒　得咾。

tɕiɛ³¹ tuŋ²⁴⁻³¹ ɕi⁰ ʂai³¹⁻⁵³ ti⁰ lau⁰。

（这东西晒得。）

这　东　西能　晒。

tɕiɛ³¹ tuŋ²⁴⁻³¹ ɕi⁰ nəŋ⁵³ ʂai³¹。

这　东　西晒　不　得。

tɕiɛ³¹ tuŋ²⁴⁻³¹ ɕi⁰ ʂai³¹⁻⁵³ pu⁰ ti⁰。

这　东　西不　能　晒。

tɕiɛ³¹ tuŋ²⁴⁻³¹ ɕi⁰ pu²⁴ nəŋ⁵³ ʂai³¹。

这　椅　子不　结　实，能　坐　昂？

tɕiɛ³¹ i⁵⁵⁻²¹ tsɿ⁰ pu²⁴ tɕiɛ²⁴⁻³¹ ɕi⁰, nəŋ⁵³ tsuo³¹⁻⁵³ aŋ⁰？

（这椅子不结实，能坐吗？）

这　椅　子不　结　实，坐　得咾　般？

tɕiɛ³¹ i⁵⁵⁻²¹ tsɿ⁰ pu²⁴ tɕiɛ²⁴⁻³¹ ɕi⁰, tsuo³¹⁻⁵³ ti⁰ lau⁰ pæ⁰？

（这椅子不结实，能坐吗？）

此外，桃城区方言中有一种固定形式"S（VP₁），S（VP₂+得）"，其中"得"表可能。例如：

麦　子都熟　嗹，割　得嗹。

mai³¹⁻⁵³ tsɿ⁰ təu⁵⁵ ʂəu⁵³⁻²⁴ liæ⁰, kɤ²⁴⁻³¹ ti⁰ liæ⁰。

（麦子都熟了，能割了。）

棉　　花　又　便　　宜 咻，卖　　不　得。

mian$^{53-24}$ xua^0 iəu^{31} p^{h}iæ$^{53-24}$ y^0 liæ^0, mai$^{31-53}$ pu^0 ti^{31}。

（棉花又便宜了，不能卖。）

二、正反问

桃城区方言没有正反问，正反问的形式与是非问"VP/AP+般"结构相同，只用句末语气词"般"表示疑问。例如：

你　吃　　　般？

ni^{55} tɕ^{h}i$^{24-31}$ pæ^0?

（你吃不吃？）

你　说　行　　咾　般？

ni^{55} ɕyɛ^{24} ɕiŋ$^{53-24}$ lau^0 pæ^0?

（你说行不行？）

你　上　　他　家　去　过　般？

ni^{55} ʂaŋ$^{31-53}$ t^{h}a^0 tɕia^{24} tɕ^{h}y^{31} kuo^{31} pæ^0?

（你去没去过他家？）

但是相同的意思也可以这样提问：

他　给　　我　唵 还　是 不　　给　　我 唵？

t^{h}a^{55} kei$^{55-21}$ uo^0 iæ^0 xæ^{53} ʂɿ^{31} pu$^{24-31}$ kei$^{55-21}$ uo^0 iæ^0?

（他是给我呢，还是不给我？）

他　吃　　得 了　　唵 还　是 吃　　不　了　　唵？

t^{h}a^{55} tɕ^{h}i$^{24-31}$ ti^0 liau$^{55-21}$ iæ^0 xæ^{53} ʂɿ^{31} tɕ^{h}i$^{24-31}$ pu^0 liau$^{55-21}$ iæ^0?

（他吃得了呢，还是吃不了？）

三、被动句

桃城区方言的被动句分无标记被动式和有标记被动式。无标记被动句与北京话相同，有标记被动句的被动标记主要有"着、给、让"。"让"的用法与北京话相同。

（一）"着"作为被动标记，后面不能紧跟动词，主要格式为

"着+NP+VP", NP 为施事宾语, VP 多为动词或动补结构, 动词前可加状语。例如:

那　盘　　子着　　他　摔　烂　　咦。

na^{31} p^{h}æ$^{53-24}$ tsʅ^0 tʂau$^{31-53}$ t^{h}a^0 ʂuai^{24} læ$^{31-53}$ liæ^0。

(那盘子被他摔碎了。)

老　张　着　村　　长　　骂　得说　　不

lau^{55} tʂaŋ^{24} tʂau^{31} ts^{h}un$^{24-31}$ tʂaŋ^{55} ma$^{31-53}$ ti^0 ɕyɛ$^{24-31}$ pu^0

出　话儿　来。

tɕ^{h}y^{24} xuar^{31} lai^{53}。

(老张被村长骂得说不出话来。)

(二)被动标记"给"多与"着"共现,意义与单独用"着"的被动句没有区别,例如"小鸡儿着黄鼬给叼走咦"与"小鸡儿着黄鼬叼走咦"意义相同。如果被动句不需要出现施事主语,则多用"给+VP"表达,VP 多为动补结构。"给"后不加施事成分,直接跟动词。例如:

小　车儿　上　乜　轱　辘儿给　弄　坏　　咦。

ɕiau^{55} tɕ^{h}ier$^{24-31}$ xaŋ^0 nie^{31} ku$^{55-21}$ lur^0 kei^{55} nəŋ^{31} xuai$^{31-53}$ liæ^0。

(小车上的轮子被弄坏了。)

这　道　题　给　抄　错　　咦。

tɕiɛ^{31} tau^{31} t^{h}i^{53} kei^{55} tʂ^{h}au^{24} ts^{h}uo$^{31-53}$ liæ^0。

(这道题抄错了。)

她　下　门　台儿　可, 给　摔　咾　一　下　子。

t^{h}a^{55} ɕia^{31} mən^{53} t^{h}er$^{53-24}$ k^{h}ɤ^0, kei^{55} ʂuai$^{24-31}$ lau^0 i$^{24-55}$ ɕia$^{31-53}$ tsʅ^0。

(她下台阶时,摔了一下。)

他　橡　皮　给　弄　没　　咦。

t^{h}a^{55} ɕiaŋ^{31} p^{h}i^{53} kei^{55} nəŋ^{31} mei$^{53-24}$ liæ^0。

(他的橡皮弄丢了。)

他　仨　一　人　一　　句儿，　老　师　给　弄

t^ha^{55} sa^{24} i^{24-55} in^{53} i^{24-55} $t\wey\partial r^{31}$, lau^{55} $\textrwhookrevepsilon\textsubrhalfring^{24}$ kei^{55} $n\partial\eta^{31}$

糊　　涂　嗏。

xu^{53-24} tu^0 $li\ae^0$。

（他们三个人一人一句，老师被弄糊涂了。）

（三）桃城区方言中还有少量的无主语被动式。例如：

老　　鼠　夹　　子么儿　也　没　　　逮　　着，着

lau^{55-21} $\wey^0$ $t\wia^{24-31}$ $ts\textrhookrevepsilon^0$ $m\textturnr^{53}$ $i\varepsilon^{55}$ mei^{53} tai^{55-21} $t\textrtails au^0$, $t\textrtails au^{31}$

老　　鼠　给　跑　　嗏。

lau^{55-21} $\wey^0$ kei^{55} p^hau^{55-21} $li\ae^0$。

（老鼠夹子什么也没捉到，老鼠跑了。）

此外，桃城区方言的"着、让"可以表使役义，与北京话"叫"的使役用法大致相同。"着、让"表使役义时也可组成"着/让+N+给+VP"结构，"给"后还可加名词性成分。例如：

你着　　他给　我　把书　拿　过　来。

ni^{55} $t\textrtails au^{31-53}$ t^ha^0 kei^{55-21} uo^0 pa^{55} $\wey^{24}$ na^{53-24} kuo^0 lai^0。

（你让他给我把书拿过来。）

车　子　坏　　嗏，着　　他给　　咱

$t\w\textctc^hi\varepsilon^{24-31}$ $ts\textrhookrevepsilon^0$ $xuai^{31-53}$ $li\ae^0$, $t\textrtails au^{31-53}$ t^ha^0 kei^{55-21} $ts\ae^0$

修　好　嗏。

$\wi\partial u^{24-31}$ xau^{55-21} $li\ae^0$。

（自行车坏了，让他帮咱们修好了。）

第三节　语法例句

001这句话用××话怎么说？

$t\wi\varepsilon^{31}$ $xuar^{31}$ $y\eta^{31}$ $x\partial\eta^{53}$ $\textrtails uei^0$ xua^{31} $ts\partial u^{31-24}$ mo^0 $\wey\varepsilon^{24-31}$ $i\ae^0$?

这　话儿　用　衡　水　话　作　　么　说　　唵?

002 你还会说别的地方的话吗？

ni^{55} xæ^{53} xuei^{31} ɕyɛ^{24} piɛ$^{53-24}$ ti^{0} ti$^{31-53}$ far^{0} ti^{0} xua$^{31-53}$ pæ^{0} ?

你　还　会　　说　别　　的　地　方儿的　话　　　般？

003 不会了，我从小就没出过门，只会说××话。

pu^{24} xuei$^{31-53}$ liæ^{0}，ŋæ^{55} tsʰuŋ^{53} ɕiau^{55} tʂəu^{31} mu^{53} tɕʰy^{24} kuo^{31}

不　会　　　嘞，俺　从　　小儿　就　　没　出　过

mər^{53}，kuaŋ^{24} xuei^{31} ɕyɛ^{24} xəŋ^{53} ʂuei^{0} xuar^{31}。

门儿，光　　会　说　衡　水　话儿。

004 会，还会说北京话、山东话，不过说得不怎么好。

xuei^{31}，xæ^{53} xuei^{31} ɕyɛ^{24} pei^{24} tɕiŋ^{24} xuar^{31}、ʂæ^{24} tuŋ^{24} xuar^{31}，

会，　还　会　说　北　京　话儿、山　东　话儿，

tʂəu^{31} ʂʅ^{31} ɕyɛ$^{24-31}$ ti^{0} pu^{31} tsəu^{55} mo^{0} xau^{55}。

就　是　说　　得不作　么　好。

005 会说北京话吗？

xuei^{31} ɕyɛ^{24} pei^{24} tɕiŋ^{24} xua$^{31-53}$ pæ^{0} ?

会　说　北　京　话　　般？

006 不会说，没有学过。

pu^{24} xuei^{31} ɕyɛ^{24}，mu^{31} iəu^{55} ɕiau^{53} kuo^{31}。

不　会　说，　没　有　学　过。

007* 会说一点儿，不标准就是了。

xuei^{31} ɕyɛ$^{24-31}$ tiɐr^{55}，tʂəu^{31} ʂʅ^{31} pu^{24} piau$^{24-31}$ tʂun^{55}。

会　说　点儿，就　是　不　标　准。

008 在什么地方学的北京话？

tai^{31} xəu^{53} mo^{0} ti$^{31-53}$ far^{0} ɕiau$^{53-24}$ ti^{0} pei^{24} tɕiŋ^{24} xua$^{31-53}$ æ^{0} ?

在　什　么　地　方儿学　　的北　京　话　　唉？

009 上小学、中学都学北京话。

ʂaŋ^{31} ɕiau^{55} ɕiaur^{53}、tʂuŋ^{24} ɕiaur^{53} təu^{55} ɕiau^{53} pei^{24} tɕiŋ^{24} xua^{31}。

上　小　学儿、中　学儿都　学　北　京　话。

010 谁呀？我是老王。

xei$^{53-24}$ iæ^0？ ŋæ^{53} ʂʅ^{31} lau^{55} uaŋ^{53}。

谁　　 唵？　 俺　 是　 老　 王。

011 您贵姓？我姓王,您呢?

ni^{55} kuei^{31} ɕiŋ^{31}, ŋæ^{55} ɕiŋ^{31} uaŋ^{53}, ni$^{53-21}$ li^0？

你　贵　 姓？　俺　 姓　 王,　你　 哩?

012 我也姓王,咱俩都姓王。

ŋæ^{55} iɛ^{55} ɕiŋ^{31} uaŋ^{53}, tsæ$^{55-31}$ lia^{55} təu^{55} ɕiŋ^{31} uaŋ^{53}。

俺　 也　 姓　 王,　咱　　 俩　都　 姓　 王。

013 巧了,他也姓王,本来是一家嘛。

tʂəŋ^{31} xaur^{55}, tʰa^{55} iɛ^{55} ɕiŋ^{31} uaŋ^{53}, pən^{55} lai^{53} ʂʅ^{31} i^{55} tɕiar^{24}。

正　 好ㄦ,　他 也　 姓　 王,　 本　 来　 是 一 家ㄦ。

014 老张来了吗？说好他也来的!

lau^{55} tʂaŋ^{24} lai$^{53-24}$ lau^0 pæ^0？ ɕyɛ$^{24-31}$ xau$^{55-21}$ lau^0 ti^0, tʰa^{55}

老　 张　 来　 咾　 般?　 说　 好　 咾　 的,他

iɛ^{55} lai^{53}！

也　 来!

015 他没来,还没到呢吧。

tʰa^{55} mu^{53} lai^{53}, xæ^{53} mu^{53} tau$^{31-53}$ li^0 pai^0。

他　 没　 来,　还　 没　 到　　 哩 呗。

016 他上哪儿了？还在家里呢。

tʰa^{55} ʂaŋ^{31} nar$^{53-21}$ xar^0 liæ^0？ xæ^{53} tai^{31} tɕia$^{24-31}$ li^0 li^0。

他　 上　 哪ㄦ 下ㄦ嗹?　 还　 在　 家　　 里 哩。

017 在家里做什么？在家吃饭呢。

tai^{31} tɕia^{24} tsəu^{31} mɤr$^{53-24}$ liæ^0？ tai^{31} tɕia^{24} tɕʰi^{24} fæ$^{31-53}$ li^0。

在　 家　 做　 么ㄦ　嗹?　 在　 家　 吃　 饭　　 哩。

018 都几点了,怎么还没吃完?

təu⁵⁵ tɕi⁵⁵ tiæ⁵³⁻²¹ liæ⁰, tsəu³¹⁻²⁴ mo⁰ xæ⁵³ mu⁵³ tɕʰi²⁴ uæ⁵³⁻²⁴ liæ⁰ ?

都　几　点　　喠，作　　么　还　没　吃　完　　喠?

019 还没有呢，再有一会儿就吃完了。

　　xæ⁵³ mei⁵³⁻³¹ iəu⁰ li⁰, i²⁴⁻⁵⁵ ʂar⁵³ tʂəu³¹ tɕʰi²⁴ uæ⁵³⁻²⁴ liæ⁰。

　　还　没　　有　哩，一　霎儿　就　吃　完　　喠。

020 他在哪儿吃的饭?

　　tʰa⁵⁵ tai³¹ nar⁵⁵⁻²¹ xar⁰ tɕʰi²⁴⁻³¹ ti⁰ fæ³¹⁻⁵³ iæ⁰ ?

　　他　在　哪儿　下儿吃　　的饭　　俺?

021 他是在我家吃的饭。

　　tʰa⁵⁵ tai³¹ ŋæ⁵⁵⁻²¹ kɤ⁰ tɕʰi²⁴⁻³¹ ti⁰ fæ³¹。

　　他　在　俺　　家　吃　　的饭。

022 真的吗? 真的，他是在我家吃的饭。

　　tʂən²⁴⁻³¹ tiaŋ⁰ ? tʂən²⁴⁻³¹ ti⁰, tʰa⁵⁵ tʂəu³¹ ʂʅ³¹ tai³¹ ŋæ⁵⁵⁻²¹ kɤ⁰

　　真　　□? 真　　的，他　就　是　在　俺　家

　　tɕʰi²⁴⁻³¹ ti⁰ fæ³¹。

　　吃　　的饭。

023 先喝一杯茶再说吧!

　　ɕiæ²⁴ xɤ²⁴⁻³¹ uæ⁵⁵ tʂʰa⁵³⁻²⁴ iɛ⁰ ʂuei⁵⁵ tai³¹ ɕyɛ²⁴ pa⁰ !

　　先　喝　　碗　茶　　叶水　再　说　吧!

024 说好了就走的，怎么半天了还不走?

　　ɕyɛ²⁴⁻³¹ xau⁵⁵⁻²¹ lau⁰ suei⁵³⁻²⁴ tʂau⁰ tʂəu³¹ tsəu⁵⁵, tsəu³¹⁻²⁴ mo⁰ pæ³¹

　　说　　好　　了　随　　着　就　走，作　么　半

　　tʰiæ²⁴⁻³¹ liæ⁰ xæ⁵³ pu²⁴⁻³¹ tsəu⁵⁵⁻²¹ æ⁰ ?

　　天　　喠还　不　走　　咹?

025 他磨磨蹭蹭的，干什么呢?

　　tʰa⁵⁵ mo⁵³⁻²⁴ mo⁰ tsʰəŋ³¹⁻²⁴ tsʰəŋ³¹⁻²⁴ ti⁰, kæ³¹ mɚ⁵³⁻²⁴ liæ⁰ ?

　　他　磨　磨　蹭　蹭　　的，干　么儿　喠?

026 他正在那儿跟一个朋友说话呢。

tʰa⁵⁵ tai³¹ niar³¹ xar⁰ kən²⁴ kɤ⁵³ pʰən⁵³⁻²⁴ iəu⁰ ɕyɛ²⁴ xuar³¹⁻⁵³ li⁰。
他　在　乜儿　下儿　跟　个　朋　　友　说　话儿　哩。

027 还没说完啊? 催他快点儿!

xæ⁵³ mu⁵³ ɕyɛ²⁴ uæ⁵³⁻²⁴ liaŋ⁰? tsʰuei²⁴⁻³¹ tʰa⁰ kʰuai³¹⁻⁵³ tʂau⁰ tier⁵⁵!
还　没　说　完　啊? 催　　他　快　着　点儿!

028 好,好,他就来了。

ɕiŋ⁵³⁻²⁴ lau⁰, ɕiŋ⁵³⁻²⁴ lau⁰, tʰa⁵⁵ suei⁵³⁻²⁴ tʂau⁰ tʂəu⁵³ lai⁵³⁻²⁴ liæ⁰。
行　咾, 行　咾, 他　随　着　就　来　嗹。

029 你上哪儿去? 我上街去。

ni⁵⁵ ʂaŋ³¹ nar⁵⁵⁻²¹ xar⁰ tɕʰy³¹⁻⁵³ iæ⁰? ŋæ⁵⁵ ʂaŋ³¹ tɕiɛ²⁴⁻³¹ iæ⁰。
你　上　哪儿　下儿去　唵? 俺　上　街　唵。

030 你多会儿去? 我马上就去。

ni⁵⁵ tuo²⁴ tsæ⁰ tɕʰy⁵³ iæ⁰? ŋæ⁵⁵ tɕiɛ³¹ tsæ⁰ tʂəu³¹ tɕʰy³¹。
你　多　咱　去　唵? 俺　这　咱　就　去。

031 干什么去呀? 家里来客人了,买点儿菜去。

tsəu³¹ mɐr⁵³⁻²⁴ tiæ⁰? tɕia²⁴⁻³¹ li⁰ lai⁵³ tɕʰiɛ²⁴⁻³¹ liæ⁰, mai⁵⁵ tiɐr⁵⁵
做　么儿　嚹? 家　　里　来　客　嗹, 买　点儿

tsʰai³¹⁻⁵³ ti⁰。
菜　　的。

032 你先去吧,我们一会儿再去。

ni⁵⁵ ɕiæ²⁴ tɕʰy³¹ pa⁰, ŋæ⁵⁵ i²⁴⁻⁵⁵ ʂar⁵³ tai³¹ tɕʰy³¹。
你　先　去　吧, 俺　一　霎儿　再　去。

033 好好儿走,别跑! 小心摔跤了。

xau⁵⁵⁻²¹ ʂən⁰ tʂau⁰ tsəu⁵⁵, piɛ⁵³ pʰau⁵⁵! piɛ⁵³ ʂuai²⁴⁻³¹ tʂau⁰ lau⁰。
好　生　着　走, 别　跑! 别　摔　着　咾。

034 小心点儿,不然的话摔下去爬都爬不起来。

mɐr³¹ mɐr⁵⁵ tiɐr⁵⁵, iau³¹ pu⁰ ʂuai²⁴⁻³¹ xaŋ⁰ tɕʰy³¹⁻⁵³ lau⁰ pʰa⁵³ təu⁵⁵
慢儿　慢儿　点, 要　不　摔　下　去　咾　爬　都

pʰa⁵³⁻²⁴ pu⁰ tɕʰi⁰ lai⁵³。
爬　　不　起　来。

035 不早了，快去吧！

tʰiɐr²⁴ pu²⁴⁻³¹ tsau⁵⁵⁻²¹ liæ⁰, kʰuai³¹⁻⁵³ tʂau⁰ tɕʰy³¹ pa⁰ !
天儿 不　　早　　嗹，快　　　着　去　吧!

036 这会儿还早呢，过一会儿再去吧。

tɕiɛ³¹ tsæ⁰ xæ⁵³ tsau⁵⁵⁻²¹ tʂau⁰ li⁰, kæ⁵⁵ ʂar⁵³ tai³¹ tɕʰy³¹ pa⁰。
这　咱　还　早　　着　哩，赶　霎儿再　去　吧。

037 吃了饭再去好不好？

kæ⁵⁵ tɕʰi²⁴⁻³¹ lau⁰ fæ³¹ tai³¹ tɕʰy³¹ ɕiŋ⁵³⁻²⁴ lau⁰ pæ⁰ ?
赶　吃　咾　饭　再　去　行　咾　般?

038 不行，那可就来不及了。

pu²⁴ ɕiŋ⁵³, niɛ³¹⁻⁵³ kɤ⁰ kʰɤ³¹ tʂəu³¹ pu²⁴⁻³¹ kæ⁵⁵ tʰar³¹⁻⁵³ liæ⁰。
不　行, 乜　个可　就　不　赶　趟儿 嗹。

039 不管你去不去，反正我是要去的。

piŋ⁵³ kuæ⁵⁵ ni⁵⁵ tɕʰy³¹⁻⁵³ pæ⁰, fæ²⁴⁻²¹ ʂəŋ⁰ ŋæ⁵⁵ ʂʅ³¹ tei⁵⁵ tɕʰy³¹。
甮　管　你　去　　般, 反　正　俺　是　得去。

040 你爱去不去。你爱去就去，不爱去就不去。

ni⁵⁵ ŋai³¹ tɕʰy³¹ pu²⁴ tɕʰy³¹。 ni⁵⁵ ŋai³¹ tɕʰy³¹ tʂəu³¹ tɕʰy³¹, pu²⁴
你　爱　去　不　去。　你　爱　去　就　去，　不
ŋai³¹ tɕʰy³¹ tʂəu³¹ pu²⁴ tɕʰy³¹。
爱　去　就　不　去。

041 那我非去不可！

mo²¹ tʂau⁰ uo⁵⁵ fei²⁴ tɕʰy³¹ pu²⁴⁻³¹ kʰɤ⁵⁵ !
么　着　我　非　去　不　可!

042 那个东西不在那儿，也不在这儿。

niɛ³¹ tuŋ²⁴⁻³¹ ɕi⁰ pu²⁴ tai³¹ niar³¹ xar⁰, iɛ⁵⁵ pu²⁴ tai³¹ tɕiar³¹ xar⁰。
乜　东　西不　在　乜儿 下儿,也　不　在　这儿 下儿。

043 那到底在哪儿？

mo²¹ tʂau⁰ tau³¹ ti⁵⁵ tai³¹ nar⁵⁵⁻²¹ xar⁰ iæ⁰？

么　着　到　底　在　哪儿　下儿唵？

044 我也说不清楚，你问他去！

ŋæ⁵⁵ iɛ⁵⁵ ɕyɛ²⁴⁻³¹ pu⁰ tɕʰiŋ²⁴，ni⁵⁵ un³¹ tʰa⁵⁵⁻²¹ ti⁰ pa⁰！

俺　也　说　不清，　你　问　他　的吧！

045 怎么办呢？不是那么办，要这么办才对。

tsəu³¹⁻²⁴ mo⁰ tʂau²⁴⁻³¹ æ⁰？ pu²⁴ ʂʅ³¹ niɛ³¹ mo⁰ tʂau²⁴，tei⁵⁵ tɕiɛ³¹

作　么　着　唵？　不　是　乜　么　着，　得　这

mo⁰ tʂau²⁴ tsʰai⁵³ tei³¹⁻⁵³ lau⁰ li⁰。

么　着　才　对　唠　哩。

046 要多少才够呢？

tei⁵⁵ tuo²⁴ ʂau⁰ tsʰai⁵³ kəu³¹⁻⁵³ lau⁰ æ⁰？

得　多　少　才　够　唠　唵？

047 太多了，要不了那么多，只要这么多就够了。

tʰei²⁴ tuo²⁴⁻³¹ liæ⁰，iau³¹⁻⁵³ pu⁰ liau⁵⁵ mo³¹ tuo²⁴，tʂəu³¹ tɕiɛ³¹

忒　多　嗹，　要　不　了　么　多，　就　这

ɕiɛ²⁴⁻²¹ kɤ⁰ tʂəu³¹ kəu³¹⁻⁵³ liæ⁰。

些　个　就　够　嗹。

048 不管怎么忙，也得好好儿学习。

piŋ⁵³ kuæ⁵⁵ tsəu³¹⁻²⁴ mo⁰ maŋ⁵³，iɛ⁵⁵ tei⁵⁵ xau⁵⁵⁻²¹ ʂən⁰ tʂau⁰

甭　管　作　么　忙，　也　得　好　生　着

ɕiau⁵³ ɕi⁵³。

学　习。

049 你闻闻这朵花香不香？

ni⁵⁵ un⁵³ un⁰ tɕiɛ³¹ xuar²⁴ ɕiaŋ²⁴⁻³¹ pæ⁰？

你　闻　闻　这　花儿　香　般？

050 好香呀，是不是？

tʂən²⁴ ɕiaŋ²⁴⁻³¹ æ⁰, ʂʅ³¹⁻⁵³ pæ⁰ ?
真　　香　　咹，是　　般？

051 你是抽烟呢，还是喝茶？

ni⁵⁵ ʂʅ³¹ tʂʰəu²⁴ iæ²⁴⁻³¹ iæ⁰, xæ⁵³ ʂʅ³¹ xɤ²⁴ tʂʰa⁵³⁻²⁴ iɛ⁰ ʂuei⁵⁵⁻²¹ iæ⁰ ?
你　是　抽　　烟　　唵，还　是　喝　茶　　叶水　　　唵？

052 烟也好，茶也好，我都不会。

iæ²⁴⁻³¹ iæ⁰ tʂʰa⁵³⁻²⁴ ti⁰, ŋæ⁵⁵ təu⁵⁵ pu²⁴ xuei³¹。
烟　　唵茶　　的，俺　都　不　会。

053 医生叫你多睡一睡，抽烟喝茶都不行。

tai³¹⁻⁵³ fu⁰ tʂau³¹⁻⁵³ ni⁰ tuo²⁴ ʂuei³¹ ʂuei⁰, tʂʰəu²⁴ iæ²⁴ xɤ²⁴ tʂʰa⁵³⁻²⁴
大　　夫着　　你　多　睡　　睡，抽　　烟　喝　茶

iɛ⁰ ʂuei⁵⁵ təu⁵⁵ pu²⁴ ɕiŋ⁵³。
叶水　　都　不　行。

054 咱们一边走一边说。

tsæ⁵⁵ liæ⁵³ tsəu⁵⁵ tai³¹ ɕyɛ²⁴。
咱　连　走　带　说。

055 这个东西好是好，就是太贵了。

tɕiɛ³¹ tuŋ²⁴⁻³¹ ɕi⁰ xau⁵⁵ ʂʅ³¹ xau⁵⁵, tʂəu³¹ ʂʅ³¹ tʰei²⁴ kuei³¹⁻⁵³ liæ⁰。
这　东　　西好　是　好，就　　是　忒贵　　　嗹。

056 这个东西虽说贵了点儿，不过挺结实的。

tɕiɛ³¹ tuŋ²⁴⁻³¹ ɕi⁰ kuei³¹ ʂʅ³¹ kuei³¹⁻⁵³ lau⁰ tiɐr⁵⁵, kʰɤ⁵⁵ tɕiɛ²⁴⁻³¹
这　东　　西贵　是　贵　　　咾点儿，可　结

ɕi⁰ li⁰。
实　哩。

057 他今年多大了？

tʰa⁵⁵ tɕin²⁴ niæ⁵³ tuo²⁴⁻⁵⁵ ta³¹⁻⁵³ liæ⁰ ?
他　今　年　多　　大　　嗹？

058 也就是三十来岁吧。

iɛ⁵⁵ tʂəu³¹ sæ²⁴⁻³¹ ɕi⁰ lai⁵³ suər³¹ pæ⁰。

也　就　三　　十来　岁ル　般。

059看上去不过三十多岁的样子。

kʰæ³¹⁻⁵³ tʂau⁰ iɛ⁵⁵ tʂəu³¹ sæ²⁴⁻³¹ ɕi⁰ tuo²⁴ suər³¹⁻⁵³ ti⁰ iar³¹。

看　　着　也　就　三　　十多　岁ル　　的样ル。

060这个东西有多重呢?

tɕiɛ³¹ tuŋ²⁴⁻³¹ ɕi⁰ iəu⁵⁵ tuo²⁴⁻⁵⁵ tʂʰən⁵³⁻²⁴ æ⁰?

这　东　　西　有　多　　沉　　　唉?

061怕有五十多斤吧。

tei⁵⁵ iəu⁵⁵ u⁵⁵⁻²¹ ɕi⁰ tuo²⁴ tɕin²⁴ pæ⁰。

得　有　五　十多　斤　　般。

062我五点半就起来了,你怎么七点了还不起来?

ŋæ⁵⁵ u⁵⁵ tiæ⁵⁵ pæ³¹ tʂəu³¹ tɕʰi⁵⁵⁻²¹ lai⁰ liæ⁰, ni⁵⁵ tsəu³¹⁻²⁴ mo⁰ tɕʰi²⁴⁻³¹

俺　五点　半　就　起　来嗹, 你　作　　么　七

tiæ⁵⁵⁻²¹ liæ⁰ xæ⁵³ pu⁰ tɕʰi⁵⁵⁻²¹ lai⁰ iæ⁰?

点　嗹还　不起　来唵?

063三四个人盖一床被。一床被盖三四个人。

sa²⁴ sɿ³¹⁻⁵³ a⁰ in⁵³ kai³¹ i²⁴⁻⁵⁵ tʂʰuaŋ⁵³ pei³¹⁻⁵³ tsɿ⁰。 i²⁴⁻⁵⁵ tʂʰuaŋ⁵³

仨　四　啊人盖　一　　床　　被　子。一　　床

pei³¹⁻⁵³ tsɿ⁰ kai³¹ sa²⁴ sɿ³¹⁻⁵³ a⁰ in⁵³。

被　子盖　仨　四　啊人。

064一个大饼夹一根油条。一根油条外加一个大饼。

i²⁴⁻⁵⁵ kɤ³¹ ta³¹ piŋ⁵⁵ tɕia²⁴ i²⁴⁻⁵⁵ kər²⁴ iəu⁵³ tʰiau⁵³。 i²⁴⁻⁵⁵ kər²⁴ iəu⁵³

一　个大饼　夹　一　根ル油　条。　一　根ル油

tʰiau⁵³ tai³¹ lai⁵³⁻²⁴ i⁰ kɤ⁰ ta³¹ piŋ⁵⁵。

条　再来　　一　个大饼。

065两个人坐一张凳子。一张凳子坐了两个人。

lia⁵⁵ in⁵³ tsuo³¹ i²⁴⁻⁵⁵ kɤ⁰ təŋ³¹⁻⁵³ tsʅ⁰。i²⁴⁻⁵⁵ kɤ⁰ təŋ³¹⁻⁵³ tsʅ⁰ tsuo³¹⁻⁵³

俩　人　坐　一　个　凳　　子。一　个　凳　　子　坐

lau⁰ lia⁵⁵ in⁵³。

咾　俩　人。

066 一辆车装三千斤麦子。三千斤麦子刚好够装一辆车。

　　i²⁴⁻⁵⁵ liaŋ³¹ tɕʰiæ²⁴ tʂuaŋ²⁴ sæ²⁴ tɕʰiæ²⁴ tɕʰin²⁴ mai³¹⁻⁵³ tsʅ⁰。sæ²⁴

　　一　辆　车　装　三　千　斤　麦　子。三

　　tɕʰiæ²⁴ tɕin²⁴ mai³¹⁻⁵³ tsʅ⁰ tʂəŋ³¹ xaur⁵⁵ tʂuaŋ²⁴ i²⁴⁻⁵⁵ liaŋ³¹ tɕʰiæ²⁴。

　　千　斤　麦　子　正　好儿　装　一　辆　车。

067 十个人吃一锅饭。*一锅饭够吃十个人。

　　ɕi⁵³⁻²⁴ ia⁰ in⁵³ tɕʰi²⁴ i²⁴⁻⁵⁵ kuo²⁴ fæ³¹。

　　十　呀人吃　一　锅　饭。

068 十个人吃不了这锅饭。*这锅饭吃不了十个人。

　　ɕi⁵³⁻²⁴ ia⁰ in⁵³ tɕʰi²⁴⁻³¹ pu⁰ liau⁵⁵ tɕiɛ³¹ kuo²⁴ fæ³¹。

　　十　呀人吃　不　了　这　锅　饭。

069 这个屋子住不下十个人。

　　tɕiɛ³¹ ur²⁴ tɕy³¹⁻⁵³ pu⁰ liau⁵⁵ ɕi⁵³⁻²⁴ ia⁰ in⁵³。

　　这　屋儿住　不　了　十　呀人。

070 小屋堆东西，大屋住人。

　　ɕiau⁵⁵ ur²⁴ tsuei²⁴ tuŋ²⁴⁻³¹ ɕi⁰, ta³¹ ur²⁴ tɕy³¹ in⁵³。

　　小　屋儿堆　东　　西, 大　屋儿住　人。

071 他们几个人正说着话呢。

　　tʰa⁵⁵⁻²¹ mən⁰ tɕi⁵⁵⁻²¹ ia⁰ tʂəŋ³¹ ɕyɛ²⁴⁻³¹ tʂau⁰ xuar³¹⁻⁵³ li⁰。

　　他　们　几　呀正　说　着　话儿　哩。

072 桌上放着一碗水，小心别碰倒了。

　　tʂuo²⁴⁻³¹ tsʅ⁰ xaŋ⁰ faŋ³¹⁻⁵³ tʂau⁰ i²⁴⁻³¹ uæ⁵⁵ ʂuei⁵⁵, kʰæ³¹⁻⁵³ tʂau⁰

　　桌　子上　放　着　一　碗　水, 看　着

piɛ⁵³ pʰəŋ³¹ tʂəu²⁴⁻³¹ lau⁰。

别　碰　撤　咾。

073 门口站着一帮人，在说着什么。

mən⁵³ kʰəur⁵⁵ li³¹⁻⁵³ tʂəu⁰ i²⁴⁻⁵⁵ paŋ²⁴⁻³¹ tsʅ⁰ in⁵³, ɕyɛ²⁴⁻³¹ tʂau⁰

门　口儿　立　着　一　帮　子人，说　着

mɐr⁵³⁻²⁴ li⁰。

么儿　哩。

074 坐着吃好，还是站着吃好？

tsuo³¹⁻⁵³ tʂau⁰ tɕʰi²⁴ xau⁵⁵⁻²¹ æ⁰, xæ⁵³ ʂʅ³¹ li³¹⁻⁵³ tʂau⁰ tɕʰi²⁴

坐　着　吃　好　唉，还　是　立　着　吃

xau⁵⁵⁻²¹ æ⁰?

好　唉?

075 想着说，不要抢着说。

ɕiaŋ⁵⁵⁻²¹ tʂau⁰ ɕyɛ²⁴, piɛ⁵³ tɕʰiaŋ⁵⁵⁻²¹ tʂau⁰ ɕyɛ²⁴。

想　着　说，别　抢　着　说。

076 说着说着就笑起来了。

ɕyɛ²⁴⁻³¹ tʂau⁰ ɕyɛ²⁴⁻³¹ tʂau⁰ tʂəu³¹ ɕiau³¹⁻⁵³ tɕʰi⁰ lai⁵³⁻²⁴ liæ⁰。

说　着　说　着　就　笑　起来　嘚。

077 别怕！你大着胆子说吧。

piŋ⁵³ xai³¹ pʰa³¹! ni⁵⁵ tʂəu³¹ ta³¹⁻⁵³ tʂau⁰ tɐr⁵⁵ ɕyɛ²⁴ pa³¹。

甭　害　怕! 你　就　大　着　胆儿说　吧。

078 这个东西重着呢，足有一百来斤。

tɕiɛ³¹ tuŋ²⁴⁻³¹ ɕi⁰ tʂʰən⁵³⁻²⁴ tʂau⁰ li⁰, tei⁵⁵ iəu⁵⁵ i²⁴⁻⁵⁵ pai²⁴

这　东　西　沉　着　哩, 得　有　一　百

lai⁵³ tɕin²⁴。

来　斤。

079 他对人可好着呢。

tʰa⁵⁵ tai³¹ in⁵³ kʰɤ⁵⁵ xau⁵⁵⁻²¹ li⁰。

他　待　人　可　好　　哩。

080 这小伙子可有劲着呢。

tɕiɛ³¹ ɕiau⁵⁵ xuo⁵⁵⁻²¹ tsʅ⁰ kʰɤ⁵⁵ iəu⁵⁵ tɕiər³¹⁻⁵³ li⁰。

这　小　伙　子可　有　劲ㄦ　哩。

081 别跑，你给我站着！

piɛ⁵³ pʰau⁵⁵, ni⁵⁵ kei⁵⁵⁻²¹ uo⁰ tʂæ³¹⁻⁵³ tɕy⁰！

别　跑，　你给　我站　　住！

082 下雨了，路上小心着！

ɕia³¹ y⁵⁵⁻²¹ liæ⁰, taur³¹⁻⁵³ xaŋ⁰ mɐr³¹ mɐr³¹⁻⁵⁵ tʂau⁰！

下　雨　嗹，道ㄦ　上　慢ㄦ慢ㄦ　着！

083 点着火了。着凉了。

tiæ⁵⁵⁻²¹ tʂau⁰ xuo⁵⁵⁻²¹ liæ⁰。tʂau⁵³ liaŋ⁵³⁻²⁴ liæ⁰。

点　着　火　嗹。着　凉　嗹。

084 甭着急，慢慢儿来。

piŋ⁵³ tʂau⁵³ tɕi⁵³, mɐr³¹ mɐr³¹⁻⁵⁵ lai⁵³。

甭　着　急，慢ㄦ慢ㄦ　来。

085 我正在这儿找着你，还没找着。

ŋæ⁵⁵ tai³¹ tɕiar³¹ xar⁰ tʂau⁵⁵⁻²¹ ni⁰ li⁰, xæ⁵³ mu⁵³ tʂau⁵⁵⁻²¹ tʂau⁰。

俺　在　这ㄦ 下ㄦ找　　你哩，还　没　找　着。

086 她呀，可厉害着呢！

tʰa⁵⁵⁻²¹ aŋ⁰, li³¹⁻⁵³ xai⁰ ti⁰ li⁰！

她　昂，厉　害　的哩！

087 这本书好看着呢。

tɕiɛ³¹ pər⁵⁵ ɕy²⁴ xau⁵⁵ kʰæ³¹⁻⁵³ ti⁰ li⁰。

这　本　书　好　看　的哩。

088 饭好了，快来吃吧。

fæ³¹ xau⁵⁵⁻²¹ liæ⁰, kʰuai³¹⁻⁵³ tʂau⁰ lai⁵³ tɕʰi²⁴ pa⁰。
饭 好 嗻, 快 着 来 吃 吧。

089 锅里还有饭没有？你去看一看。

kuo²⁴⁻³¹ li⁰ xæ⁵³ iəu⁵⁵ fæ³¹⁻⁵³ pæ⁰？ni⁵⁵ kʰæ³¹⁻⁵³ kʰæ⁰ ti⁰。
锅 里还 有 饭 般？ 你 看 看 的。

090 我去看了,没有饭了。

ŋæ⁵⁵ kʰæ³¹⁻⁵³ ti⁰ liæ⁰, mu⁵³ iəu⁰ fæ³¹⁻⁵³ liæ⁰。
俺 看 的嗻, 没 有 饭 嗻。

091 就剩一点儿了,吃了得了。

tʂəu³¹ ʂəŋ³¹ tiɐr⁵⁵⁻²¹ liæ⁰, tɕʰi²⁴⁻³¹ lau⁰ suæ³¹⁻⁵³ liæ⁰。
就 剩 点儿 嗻, 吃 咾 算 嗻。

092 吃了饭要慢慢儿的走,别跑,小心肚子疼。

tɕʰi²⁴⁻³¹ lau⁰ fæ³¹ tei⁵⁵ mɐr³¹ mɐr³¹⁻⁵⁵ tʂau⁰ tsəu⁵⁵, piɛ⁵³ pʰau⁵⁵,
吃 咾 饭 得 慢儿 慢儿 着 走, 别 跑,

iau³¹⁻²¹ pu⁰ tu³¹⁻⁵³ tsʅ⁰ tʰəŋ⁵³。
要 不肚 子 疼。

093 他吃了饭了,你吃了饭没有呢？

tʰa⁵⁵ tɕʰi²⁴⁻³¹ lau⁰ fæ³¹⁻⁵³ liæ⁰, ni⁵⁵ tɕʰi²⁴⁻³¹ lau⁰ pæ⁰？
他 吃 咾 饭 嗻, 你 吃 咾 般？

094 我喝了茶还是渴。

ŋæ⁵⁵ xɤ²⁴⁻³¹ lau⁰ tʂʰa⁵³⁻²⁴ iɛ⁰ ʂuei⁵⁵ xæ⁵³ tɕiau²⁴⁻³¹ tʂau⁰ kʰɤ²⁴。
俺 喝 咾茶 叶水 还 觉 着 渴。

095 我吃了晚饭,出去溜达了一会儿,回来就睡下了,还做了个梦。

ŋæ⁵⁵ tɕʰi²⁴⁻³¹ lau⁰ xuŋ³¹⁻⁵³ xaŋ⁵³ fæ³¹, tɕʰy²⁴⁻³¹ tɕʰy⁰ liəu²⁴⁻³¹ ta⁰
俺 吃 咾 后 晌饭, 出 去 溜 达

lau⁰ i²⁴⁻⁵⁵ xuər²⁴, xuei⁵³⁻²⁴ lai⁰ tʂəu³¹ tʰaŋ⁵⁵⁻²¹ xaŋ⁰ liæ⁰, xæ⁵³
咾 一 会儿, 回 来就 躺 下 嗻, 还

tsəu³¹⁻⁵³ lau⁰ kɤ³¹ məŋ³¹。

做　　了　个　梦。

096 吃了这碗饭再说。

tɕʰi²⁴⁻³¹ lau⁰ tɕiɛ³¹ uæ⁵⁵ fæ³¹ tai³¹ ɕyɛ²⁴。

吃　　咾　这　碗　饭　再　说。

097 我昨天照了相了。

ŋæ⁵⁵ iɛ³¹⁻⁵³ lɤ⁰ kʰɤ⁰ tşau³¹⁻⁵³ lau⁰ ɕiaŋ³¹⁻⁵³ liæ⁰。

俺　夜　了　个　照　　咾　相　　嗻。

098 有了人，什么事都好办。

iəu⁵⁵⁻²¹ lau⁰ in⁵³，mɤr⁵³ şər³¹ təu⁵⁵ xau⁵⁵ pæ³¹。

有　　咾　人，么ɚ事ɚ都　好　办。

099 不要把茶杯打碎了。

piɛ⁵³ pa⁵⁵ tşʰa⁵³ pei²⁴ şuai²⁴⁻³¹ lau⁰。

别　把　茶　杯　摔　　咾。

100 你快把这碗饭吃了，饭都凉了。

ni⁵⁵ kʰuai³¹⁻⁵³ tşau⁰ pa⁵⁵ tɕiɛ³¹ uæ⁵⁵ fæ³¹ tɕʰi²⁴⁻³¹ lau⁰，fæ³¹ təu⁵⁵

你　快　　着　把　这　碗　饭　吃　　咾，饭　都

liaŋ⁵³⁻²⁴ liæ⁰。

凉　　　嗻。

101 下雨了。雨不下了，天晴了。

ɕia³¹ y⁵⁵⁻²¹ liæ⁰。y⁵⁵ pu²⁴ ɕia³¹⁻⁵³ liæ⁰，tʰiæ²⁴ tɕʰiŋ⁵³⁻²⁴ liæ⁰。

下　雨　嗻。雨　不　下　　嗻，天　晴　　嗻。

102 打了一下。去了一趟。

ta⁵⁵⁻²¹ lau⁰ i⁵⁵ ɕiar³¹。tɕʰy³¹⁻⁵³ lau⁰ i⁵⁵ tʰaŋ³¹。

打　咾　一　下ɚ。去　　咾　一　趟。

103 晚了就不好了，咱们快点儿走吧！

uæ⁵³⁻²¹ lau⁰ tşəu³¹ pu²⁴⁻³¹ xau⁵⁵⁻²¹ liæ⁰，tsæ⁵⁵ kʰuai³¹⁻⁵³ tşau⁰ tiɤr⁵⁵

晚　咾　就　不　好　　嗻，咱　快　　着　点ɚ

tsəu^{55} pa^{0} !

走　　吧！

104 给你三天时间做得了做不了？

kei$^{55-21}$ ni^{0} sæ^{24} t^{h}iæ^{24} kuŋ$^{24-31}$ fur^{0} tsəu$^{31-53}$ lau^{0} pæ^{0} ?

给　　你　三　天　功　　夫儿做　　咋　般？

105 你做得了，我做不了。

ni^{55} tsəu$^{31-53}$ lau^{0}, ŋæ^{55} tsəu$^{31-53}$ pu$^{24-31}$ liau^{0} 。

你　做　　咋，俺　做　　不　了。

106 你骗不了我。

ni^{55} xu$^{31-53}$ luŋ^{0} pu$^{24-31}$ liau$^{55-21}$ ŋæ^{0} 。

你　糊　弄　不　了　俺。

107 了了这桩事情再说。

liau$^{55-21}$ lau^{0} tɕiɛ^{31} ʂər^{31} tai^{31} ɕyɛ^{24} 。

了　　咋　这　事儿再　说。

108 这间房没住过人。

tɕiɛ^{31} ur^{24} mu^{53} tɕy^{31} kuo^{0} in^{53} 。

这　屋儿没　住　过　人。

109 这牛拉过车，没骑过人。

tɕiɛ^{31} niəu^{53} la^{24} kuo^{31} tɕ^{h}iɛ^{24}, mu^{53} tʂau^{31} in^{53} tɕ^{h}i^{53} kuo^{31} 。

这　牛　拉过　车，　没　着　人　骑　过。

110 这小马还没骑过人，你小心点儿。

tɕiɛ^{31} ɕiau^{55} mar^{55} xæ^{53} mu^{53} tʂau^{31} in^{53} tɕ^{h}i^{53} kuo$^{31-53}$ li^{0}, ni^{53}

这　小　马儿还　没　着　人　骑　过　　哩，你

mɛr^{31} mɛr$^{31-55}$ tiɛr^{55} 。

慢儿慢儿　点儿。

111 以前我坐过船，可从来没骑过马。

yæ^{53} ɕiæ^{24} ŋæ^{55} tsuo^{31} kuo^{31} tʂ^{h}uæ^{53}, tʂəu^{31} ʂ̩^{31} mu^{53} tɕ^{h}i^{53}

原　先　俺　坐　过　船，　就　是　没　骑

kuo³¹ ma⁵⁵。

过　马。

112 丢在街上了。搁在桌上了。

tiau³¹⁻⁵³ lau⁰ tɕiɛ²⁴⁻³¹ xaŋ⁰ liæ⁰。liau³¹⁻⁵³ lau⁰ tʂuo²⁴⁻³¹ tsɿ⁰

掉　　咾街　　上　　咻。擂　　咾桌　　子

xaŋ³¹ liæ⁰。

上　　咻。

113 掉到地上了,怎么都没找着。

tiau³¹⁻⁵³ lau⁰ ti³¹⁻⁵³ xaŋ⁰ liæ⁰, tsəu³¹⁻²⁴ mo⁰ tʂau⁵⁵ təu⁵⁵ mu⁵³

掉　　咾地　　上　　咻,　作　　么找　　都　　没

tʂau⁵⁵⁻²¹ tʂau⁰。

找　　着。

114 今晚别走了,就在我家住下吧!

tɕin²⁴ xuŋ³¹⁻⁵³ xaŋ⁰ piɛ⁵³ tsəu⁵⁵⁻²¹ liæ⁰, tʂəu³¹ tɕy³¹⁻⁵³ lau⁰ ŋæ⁵⁵⁻²¹

今　　后　　晌别　　走　　咻,　就　　住　　咾俺

kɤ⁰ pa⁰!

家　　吧!

115 这些果子吃得吃不得?

tɕiɛ³¹ ɕiɛ²⁴⁻²¹ kɤ⁰ ʂuei⁵⁵ kuor⁰ tɕʰi²⁴⁻³¹ ti⁰ lau⁰ pæ⁰?

这　　些　　个水　　果儿吃　　得咾般?

116 这是熟的,吃得。那是生的,吃不得。

tiɛ³¹ ʂ̩³¹ ʂəu⁵³⁻²⁴ ti⁰, tɕʰi²⁴⁻³¹ ti⁰ lau⁰。niɛ³¹ ʂ̩³¹ ʂən²⁴⁻³¹ ti⁰, tɕʰi²⁴⁻³¹

这　　是熟　　的,吃　　得咾。乜　　是生　　的,吃

pu⁰ ti³¹。

不　　得。

117 你们来得了来不了?

ŋən⁵⁵ lai⁵³⁻²⁴ lau⁰ pæ⁰?

恁　　来　　咾般?

118 我没事，来得了，他太忙，来不了。

ŋæ⁵⁵ mu⁵³ ʂər³¹, lai⁵³⁻²⁴ lau⁰, tʰa⁵⁵ tʰei²⁴ maŋ⁵³, lai⁵³⁻²⁴ pu⁰ liau⁵⁵。

俺　没　事儿，来　　唠，他　忒　忙，　来　　不　了。

119 这个东西很重，拿得动拿不动？

tɕiɛ³¹ tuŋ²⁴⁻³¹ ɕi⁰ tʰiŋ⁵⁵ tʂʰən⁵³, na⁵³⁻²⁴ tuŋ⁰ lau⁰ pæ⁰？

这　东　西挺　沉，　拿　动唠　般？

120 我拿得动，他拿不动。

ŋæ⁵⁵ na⁵³⁻²⁴ tuŋ⁰ lau⁰, tʰa⁵⁵ na⁵³⁻²⁴ pu⁰ tuŋ³¹。

俺　拿　动唠，他　拿　　不　动。

121 真不轻，重得连我都拿不动了。

tʂən²⁴ ʂʅ³¹ pu⁰ tɕʰiŋ²⁴⁻³¹ tɕʰiaur⁰, tʂʰən⁵³⁻²⁴ ti⁰ liæ⁵⁵ ŋæ⁵⁵ təu⁵⁵

真　是　不　轻　　巧儿，沉　　得连　俺　都

na⁵³⁻²⁴ pu⁰ tuŋ³¹⁻⁵³ liæ⁰。

拿　不　动　　嚏。

122 他手巧，画得很好看。

tʰa⁵⁵ ʂəu⁵⁵ kʰɤ⁵⁵ tɕʰiau⁵⁵⁻²¹ ɕi⁰ li⁰, xua³¹⁻⁵³ ti⁰ tʰiŋ⁵⁵ xau⁵⁵ kʰæ³¹。

他　手　可　巧　　实哩，画　得挺　好　看。

123 他忙得很，忙得连吃过饭没有都忘了。

tʰa⁵⁵ kʰɤ⁵⁵ maŋ⁵³⁻²⁴ li⁰, maŋ⁵³⁻²⁴ ti⁰ liæ⁵⁵ tɕʰi²⁴ fæ³¹⁻⁵³ lau⁰ pæ⁰

他　可　忙　　哩，忙　　得连　吃　饭　唠　般

təu⁵⁵ uaŋ³¹⁻⁵³ liæ⁰。

都　忘　　嚏。

124 你看他急得，急得脸都红了。

ni⁵⁵ kʰæ³¹⁻⁵³ tʰa⁰ tɕi⁵³⁻²⁴ ti⁰, tɕi⁵³⁻²⁴ ti⁰ liæ⁵⁵ təu⁵⁵ xuŋ⁵³⁻²⁴ liæ⁰。

你　看　　他　急　得，急　　得脸　都　红　　嚏。

125 你说得很好，你还会说些什么呢？

ni⁵⁵ ɕyɛ²⁴⁻³¹ ti⁰ tʰiŋ⁵⁵ xau⁵⁵, ni⁵⁵ xæ⁵³ xuei³¹ ɕyɛ²⁴⁻³¹ tiər⁵⁵

你　说　　得挺　好，你　还　会　说　　点儿

mɐr⁵³ æ⁰ ?

么 儿 唉?

126 说得到, 做得了, 真棒!

ɕyɛ²⁴⁻³¹ ti⁰ tau³¹, tsəu³¹ ti⁰ liau⁵⁵, tʂən²⁴ ɕiŋ⁵³ !

说　　得到, 做　得了, 真　行!

127 这个事情说得说不得呀?

tɕiɛ³¹ ʂər³¹ ɕyɛ²⁴⁻³¹ ti⁰ lau⁰ pæ⁰ ?

这　事儿说　　得咾 般?

128 他说得快不快? 听清楚了吗?

tʰa⁵⁵ ɕyɛ²⁴⁻³¹ ti⁰ kʰuai³¹⁻⁵³ pæ⁰ ? tʰiŋ²⁴ tɕʰiŋ²⁴⁻³¹ lau⁰ pæ⁰ ?

他 说　　得快　　般? 听 清　咾 般?

129 他说得快不快? 只有五分钟时间了。

tʰa⁵⁵ ɕyɛ²⁴⁻³¹ ti⁰ kʰuai³¹⁻⁵³ pæ⁰ ? tʂəu³¹ ʂəŋ³¹⁻⁵³ xaŋ⁰ u⁵⁵⁻²¹ fən⁰

他 说　　得快　　般? 就　剩　下　五　分

tʂuŋ²⁴⁻³¹ liæ⁰。

钟　　嗹。

130 这是他的书。

tɕiɛ³¹ ʂɻ³¹ tʰa⁵⁵⁻²¹ ti⁰ ɕy²⁴。

这　是他　　的书。

131 那本书是他哥哥的。

niɛ³¹ ɕy²⁴ ʂɻ³¹⁻⁵³ tʰa⁰ kɤ²⁴⁻³¹ kɤ⁰ ti⁰。

乜　书 是　他哥　哥 的。

132 桌子上的书是谁的? 是老王的。

tʂuo²⁴⁻³¹ tsɻ⁰ xaŋ⁰ niɛ³¹ ɕy²⁴ ʂɻ³¹ xei⁵³⁻²⁴ tiæ⁰ ? ʂɻ³¹ lau⁵⁵

桌　子上 乜 书 是 谁　嚟? 是 老

uaŋ⁵³⁻²⁴ ti⁰。

王　的。

133 屋子里坐着很多人,看书的看书,看报的看报,写字的写字。

u$^{24-31}$ li^0 tsuo$^{31-53}$ tʂau^0 mo^{31} ɕiɛ$^{24-21}$ kɤ^0 in^{53}, kʰæ^{31} ɕy$^{24-31}$ ti^0
屋　里　坐　　着　么　些　　个　人，看　书　的

kʰæ^{31} ɕy^{24}, kʰæ^{31} pau$^{31-53}$ ti^0 kʰæ^{31} pau^{31}, ɕiɛ^{55} tsər$^{31-53}$ ti^0 ɕiɛ^{55}
看　书，看　报　　的看　报，　写　字儿　的写

tsər^{31}。
字儿。

134 要说他的好话，不要说他的坏话。

tei^{55} ɕyɛ$^{24-31}$ tʰa^0 xau^{55} xuar^{31}, piɛ^{53} ɕyɛ$^{24-31}$ tʰa^0 xuai^{31} xuar^{31}。
得　说　　他好　话儿，别　说　　他坏　话儿。

135 上次是谁请的客？是我请的。

ʂaŋ^{31} xuei^{53} ʂɿ^{31} xei^{53} tɕʰiŋ$^{55-21}$ ti^0 kʰɤ$^{31-53}$æ^0？ ʂɿ^{31} ŋæ^{55}
上　回　是　谁　请　　的客　咹？　是　俺

tɕiŋ$^{55-21}$ ti^0。
请　　的。

136 你是哪年来的？

ni^{55} ʂɿ^{31} na^{55} niæ^{53} lai$^{53-24}$ tiæ^0？
你　是　哪　年　来　　嚜？

137 我是前年到的北京。

ŋæ^{55} ʂɿ^{31} tɕʰiæ$^{53-24}$ niæ^0 tau$^{31-53}$ ti^0 pei^{24} tɕiŋ^{24}。
俺　是　前　　年　到　　的北　京。

138 你说的是谁？

ni^{55} ɕyɛ$^{24-31}$ ti^0 ʂɿ^{31} xei$^{53-24}$ iæ^0？
你　说　　的是　谁　　唵？

139 我反正不是说的你。

ŋæ^{53} ɕyɛ$^{24-31}$ ti^0 fæ$^{55-21}$ ʂən^0 pu^{24} ʂɿ^{31} ni^{55}。
俺　说　　的反　　正　不　是　你。

140 他那天是见的老张，不是见的老王。

t^{h}a^{55} niɛ^{31} t^{h}iæ^{24} tɕiæ$^{31-53}$ ti^{0} ʂʅ^{31} lau^{55} tʂaŋ^{24}, pu^{55} ʂʅ^{31} lau^{55} uaŋ^{53}。
他 乜 天 见 的是 老 张， 不 是 老 王。

141 只要他肯来，我就没的说了。
t^{h}a^{55} yæ^{31} lai^{53} tʂəu^{31} ɕiŋ^{53}, ŋæ^{55} tʂəu^{53} mu^{53} mɐr^{53} xuar^{31}
他 愿 来 就 行， 俺 就 没 么儿 话儿
ɕyɛ$^{24-31}$ liæ^{0}。
说 嗹。

142 以前是有的做，没的吃。
yæ^{53} ɕiæ^{24} ʂʅ^{31} iəu$^{55-21}$ ti^{0} tsəu^{31}, mu$^{53-24}$ ti^{0} tɕ^{h}i^{24}。
原 先 是 有 的做， 没 的吃。

143 现在是有的做，也有的吃。
tɕiɛ^{31} tsæ^{0} ʂʅ^{31} iəu$^{55-21}$ ti^{0} tsəu^{31}, iɛ^{55} iəu$^{55-21}$ ti^{0} tɕ^{h}i^{24}。
这 咱 是 有 的做， 也 有 的吃。

144 上街买个蒜啊葱的，也方便。
ʂaŋ^{31} tɕiɛ^{24} mai^{55} kɤ^{0} suæ$^{31-53}$ æ^{0} ts^{h}uŋ$^{24-31}$ ti^{0}, iɛ^{55} faŋ^{55} piæ^{31}。
上 街 买 个 蒜 唵葱 的，也 方 便。

145 柴米油盐什么的，都有的是。
tʂ^{h}ai^{53} mi^{55} iəu^{53} iæ$^{53-24}$ iæ^{0} mɐr$^{53-24}$ ti^{0}, təu^{55} iəu$^{55-21}$ ti^{0} ʂʅ^{31}。
柴 米 油 盐 唵 么儿 的，都 有 的是。

146 写字算账什么的，他都能行。
ɕiɛ^{55} tsər^{31} suæ^{31} tʂaŋ$^{31-53}$ æ^{0} mɐr$^{53-24}$ ti^{0}, t^{h}a^{55} təu^{55} ɕiŋ$^{53-24}$ lau^{0}。
写 字儿 算 账 唵么 的，他 都 行 咾。

147 把那个东西递给我。
pa^{55} niɛ^{31} tuŋ$^{24-31}$ ɕi^{0} ti$^{31-53}$ tɕi^{0} ŋæ^{55}。
把 乜 东 西递 给 俺。

148 是他把那个杯子打碎了。
ʂʅ^{31} t^{h}a^{55} pa^{55} niɛ^{31} pei$^{24-31}$ tsʅ^{0} ʂuai$^{24-31}$ liæ^{0}。
是 他 把 乜 杯 子 摔 嗹。

149 把人家脑袋都打出血了，你还笑！

pa⁵⁵ iŋ⁵³⁻²⁴ kɤ⁰ nau⁵⁵⁻²¹ tai⁰ təu⁵⁵ ta⁵⁵⁻²¹ tɕʰy⁰ ɕiɛ²⁴ lai⁵³⁻²⁴ liæ⁰, ni⁵⁵
把　人　家脑　袋都　打　出　血　来　嗹，你

xæ⁵³ ɕiau³¹ !
还　笑！

150 快去把书还给他。

kʰuai³¹⁻⁵³ tʂau⁰ tɕʰy³¹ pa⁵⁵ ɕy²⁴ xuæ⁵³⁻²⁴ tɕi⁰ tʰa⁵⁵⁻²¹ ti⁰。
快　着　去　把书还　给　他　的。

151 我真后悔当时没把他留住。

ŋæ⁵⁵ tʂən²⁴ xəu³¹ xuei⁵⁵ niɛ³¹ tsæ⁰ mu⁵³ pa⁵⁵⁻²¹ tʰa⁰ tiəu⁵³⁻²⁴ xaŋ⁰。
俺　真　后　悔　乜　咱　没　把　他　留　下。

152 你怎么能不把人当人呢？

ni⁵⁵ tsəu³¹⁻²⁴ mo⁰ pu²⁴⁻³¹ pa⁵⁵ iŋ⁵³ taŋ⁵⁵ iŋ⁵³⁻²⁴ li⁰ ?
你　作　么　不　把　人　当　人　哩？

153 有的地方管太阳叫日头。

iəu⁵⁵⁻²¹ ti⁰ ti³¹⁻⁵³ far⁰ pa⁵⁵ tʰai³¹ iaŋ⁰ tɕiau³¹ i³¹⁻⁵³ tʰəu⁰。
有　的地　方儿把　太　阳　叫　日　头。

154 什么？她管你叫爸爸！

mɐr⁵³ ? tʰa⁵⁵ kæ⁵⁵⁻²¹ tʂau⁰ ni⁵⁵ tɕiau³¹ pa³¹⁻⁵³ pa⁰ !
么儿？　她　赶　着　你　叫　爸　爸！

155 你拿什么都当真的，我看没必要。

ni⁵⁵ na⁵³ mɐr⁵³ təu⁵⁵ taŋ²⁴ tʂən²⁴⁻³¹ ti⁰, ŋæ⁵⁵ tɕiau²⁴⁻³¹ tʂau⁰ yŋ³¹⁻⁵³
你　拿　么儿都　当　真　的，俺　觉　着　用

pu⁰ tʂau⁵³。
不　着。

156 真拿他没办法，烦死我了。

tʂən²⁴ na⁵³⁻²⁴ tʰa⁰ mu⁵³ far²⁴, fæ⁵³⁻²⁴ sʐ̩⁰ uo⁵⁵⁻²¹ liæ⁰。
真　拿　他　没　法儿，烦　死我　嗹。

157 看你现在拿什么还人家。

tɕiɛ³¹ tsæ⁰ kʰæ³¹⁻⁵³ ni⁰ na⁵³ mɐr⁵³ xuæ⁵³⁻²⁴ iŋ⁵³⁻²⁴ kɤ⁰。

这　咱　看　你　拿　么ɪ　还　　人　家。

158 他被妈妈说哭了。

tʰa⁵⁵ tʂau³¹⁻⁵³ tʰa⁰ niaŋ⁵³ ɕyɛ²⁴ kʰu²⁴⁻³¹ liæ⁰。

他　着　　他　娘　说　哭　嗹。

159 所有的书信都被火烧了，一点儿剩的都没有。

fæ³¹ iəu⁵⁵⁻²¹ ti⁰ ɕin³¹ təu⁵⁵ tʂau³¹ xuo⁵⁵ ʂau²⁴⁻³¹ liæ⁰，i²⁴⁻³¹ tiɐr⁵⁵

凡　有　　的 信　都　着　火　烧　　嗹，一　点ɪ

ʂəŋ³¹⁻⁵³ ti⁰ təu⁵⁵ mu⁵³⁻³¹ iəu⁵⁵。

剩　　的 都　没　　有。

160 被他缠了一下午，什么都没做成。

tʂau³¹⁻⁵³ tʰa⁰ ma⁵³⁻²⁴ fæ⁰ lau⁰ i²⁴⁻⁵⁵ kuo³¹ ʂaŋ⁵⁵⁻²¹ xuo⁰，mɐr⁵³ təu⁵⁵

着　　他　麻　烦　唠　一　过　晌　　午，么ɪ　都

mu⁵³ kæ³¹ tʂʰəŋ⁵³。

没　干　成。

161 让人给打懵了，一下子没明白过来。

iaŋ³¹ in⁵³ kei⁵⁵ ta⁵⁵ məŋ²⁴⁻³¹ liæ⁰，i²⁴⁻⁵⁵ ɕia³¹⁻⁵³ tsʅ⁰ mu⁵³ miŋ⁵³⁻²⁴

让　人　给　打　懵　　嗹，一　下　子　没　明

pai⁰ kuo⁵³ lai⁵³。

白　过　来。

162 给雨淋了个浑身湿透。

tʂau³¹ y⁵⁵ kei⁵⁵ lun⁵³⁻²⁴ lau⁰ kɤ⁰ xun⁵³ ʂən²⁴ tɕiŋ²⁴ ɕi²⁴。

着　雨　给　淋　　唠　个　浑　身　精　湿。

163 给我一本书。给他三本书。

kei⁵⁵⁻²¹ uo⁰ i²⁴⁻³¹ pər⁵⁵ ɕy²⁴。kei⁵⁵⁻²¹ tʰa⁰ sæ²⁴⁻³¹ pər⁵⁵ ɕy²⁴。

给　　我　一　本ɪ书。给　　他　三　本ɪ书。

164 这里没有书，书在那里。

tɕiɛ³¹⁻⁵³ li⁰ mu⁵³ iəu⁰ ɕy²⁴, ɕy²⁴ tai³¹ niɛ³¹⁻⁵³ li⁰。
这　　里没　有　书，书　在　乜　　里。

165 叫他快来找我。
tʂau³¹⁻⁵³ tʰa⁰ kʰuai³¹⁻⁵³ tʂau⁰ lai⁵³ tʂau⁵⁵⁻²¹ uo⁰。
着　　他快　　着　来　找　　我。

166 赶快把他请来。
kʰuai⁵³ tʂau⁰ pa⁵⁵⁻²¹ tʰa⁰ tɕʰiŋ⁵⁵⁻²¹ lau⁰ lai⁵³。
快　着　把　他　请　　咾　来。

167 我写了条子请病假。
ŋæ⁵⁵ ɕiɛ⁵⁵⁻²¹ lau⁰ kɤ⁰ tʰiaur⁵³ tɕʰiŋ⁵⁵ piŋ³¹ tɕia³¹。
俺　写　咾个　条儿　请　病　假。

168 我上街买了份报纸看。
ŋæ⁵⁵ ʂaŋ³¹ tɕiɛ²⁴ mai⁵⁵⁻²¹ lau⁰ fər³¹ pau³¹ tʂʅ⁵⁵ kʰæ³¹。
俺　上　街　买　咾　份儿报　纸　看。

169 我笑着躲开了他。
ŋæ⁵⁵ ɕiau³¹⁻⁵³ tʂau⁰ tuo⁵⁵⁻²¹ kʰai⁰ tʰa⁵⁵⁻²¹ liæ⁰。
俺　笑　着　躲　开　他　嗹。

170 我抬起头笑了一下。
ŋæ⁵⁵ tʰai⁵³ tʰəur⁵³ ɕiau³¹⁻⁵³ lau⁰ ɕiau³¹。
俺　抬　头儿笑　　咾　笑。

171 我就是坐着不动,看你能把我怎么着。
ŋæ⁵⁵ tʂəu³¹ ʂʅ³¹ tsuo³¹⁻⁵³ tʂau⁰ pu²⁴ tuŋ³¹, kʰæ³¹⁻⁵³ ni⁰ nəŋ⁵³ pa⁵⁵⁻²¹
俺　就　是　坐　　着　不　动，看　你　能　把
ŋæ⁵⁵ tsəu³¹⁻²⁴ mo⁰ tʂau²⁴。
俺　作　么　着。

172 她照顾病人很细心。
tʰa⁵⁵ kuæ⁵⁵ piŋ⁵³ in⁵³ kuæ⁵⁵⁻²¹ ti⁰ tʰiŋ⁵⁵ ɕi³¹。
她　管　病　人　管　　的　挺　细。

173 他接过苹果就咬了一口。

tʰa⁵⁵ tɕiɛ²⁴⁻³¹ kuo⁰ pʰiŋ⁵³ kuo⁰ tɕʰy³¹⁻⁵³ lau⁰ tʂəu³¹ iau⁵⁵⁻²¹ lau⁰
他　接　　过　苹　果　去　　咾　就　咬　咾

i²⁴⁻³¹ kʰəu⁵⁵。
一　口。

174 他的一番话使在场的所有人都流了眼泪。

tʰa⁵⁵ ɕyɛ²⁴⁻³¹ ti⁰ niɛ³¹ xuar³¹ tʂau³¹ tsai³¹ tʂʰaŋ⁵⁵⁻²¹ ti⁰ suo⁵⁵ iəu⁵⁵
他　说　　的乜　话儿　着　在　场　　的所　有

in⁵³ təu⁵⁵ liəu⁵³⁻²⁴ lau⁰ lei³¹⁻⁵³ liæ⁰。
人　都　流　　咾泪　嗹。

175 我们请他唱了一首歌。

ŋæ⁵⁵ tɕʰiŋ⁵⁵⁻²¹ tʰa⁰ tʂʰaŋ³¹⁻⁵³ lau⁰ kɤ⁰ kɤr²⁴。
俺　请　　他　唱　　咾　个　歌儿。

176 我有几个亲戚在外地做工。

ŋæ⁵⁵ iəu⁵⁵ tɕi⁵⁵⁻²¹ ia⁰ tɕʰin²⁴⁻³¹ tɕiar⁰ tai³¹ uai³¹⁻⁵³ tʰəu⁰ kæ³¹
俺　有　几　　呀亲　　家儿　在　外　　头　干

xuor⁵³。
活儿。

177 他整天都陪着我说话。

tʰa⁵⁵ tʂʰəŋ⁵³ tʰiæ²⁴⁻³¹ kɤ⁰ pʰei⁵³⁻²⁴ tʂau⁰ ŋæ⁵⁵ ɕyɛ²⁴ xuar³¹。
他　成　　天　　个　陪　　着　俺　说　话儿。

178 我骂他是个大笨蛋,他居然不恼火。

ŋæ⁵⁵ ma³¹⁻⁵³ tʰa⁰ ʂ̩³¹ kɤ⁰ ta³¹ pən³¹ tæ³¹, tʰa⁵⁵ iɛ⁵⁵ pu²⁴
俺　骂　　他　是　个　大　笨　蛋, 他　也　不

ʂəŋ²⁴ tɕʰi³¹。
生　气。

179 他把钱一扔,二话不说,转身就走。

tʰa⁵⁵ pa⁵⁵ tɕʰiæ⁵³ i²⁴⁻⁵⁵ ləŋ²⁴, i²⁴⁻⁵⁵ tɕy³¹ xuar³¹ iɛ⁵⁵ pu²⁴ ɕyɛ²⁴,

他　把　钱　　一　扔，　一　句　话儿　也　不　说，

niəu⁵⁵ tʰəur⁵³ tʂəu³¹ tsəu⁵⁵。

扭　　头儿　就　　走。

180 我该不该来呢?

　ŋæ⁵⁵ kai²⁴ lai⁵³⁻²⁴ pæ⁰?

　俺　该　来　　般?

181 你来也行,不来也行。

　ni⁵⁵ lai⁵³ iɛ⁵⁵ ɕiŋ⁵³⁻²⁴ lau⁰, pu²⁴ lai⁵³ iɛ⁵⁵ ɕiŋ⁵³⁻²⁴ lau⁰。

　你　来　也　行　　咾，　不　来　也　行　　咾。

182 要我说,你就不应该来。

　tʂau³¹ uo⁵⁵ ɕyɛ²⁴, ni⁵⁵ tʂəu³¹ pu²⁴ kai²⁴ lai⁵³。

　着　我　说，　你　就　不　该　来。

183 你能不能来?

　ni⁵⁵ nəŋ⁵³ lai⁵³⁻²⁴ pæ⁰?

　你　能　来　　般?

184 看看吧,现在说不准。

　kʰæ³¹ kʰæ⁰ pa⁰, tɕiɛ³¹ tsæ⁰ ɕyɛ²⁴⁻³¹ pu⁰ tʂun⁵⁵。

　看　看　吧, 这　咱　说　　不　准。

185 能来就来,不能来就不来。

　nəŋ⁵³ lai⁵³ tʂəu³¹ lai⁵³, pu²⁴ nəŋ⁵³ lai⁵³ tʂəu³¹ piɛ⁵³ lai⁵³。

　能　来　就　来，　不　能　来　就　别　来。

186 你打算不打算去?

　ni⁵⁵ ta⁵⁵⁻²¹ tʂau⁰ tɕʰy³¹⁻⁵³ pæ⁰?

　你　打　着　去　　般?

187 去呀! 谁说我不打算去?

　tɕʰy³¹⁻⁵³ iæ⁰! xei⁵³ ɕyɛ²⁴ ŋæ⁵⁵ pu²⁴⁻³¹ ta⁵⁵⁻²¹ tʂau⁰

　去　　唵! 谁　说　俺　不　打　着

tɕʰy³¹⁻⁵³ liæ⁰?

去　　　嗹?

188 他一个人敢去吗?

tʰa⁵⁵ i²⁴⁻⁵⁵ kɤ⁰ iər⁵³ kæ⁵⁵ tɕʰy³¹⁻⁵³ pæ⁰?

他　一　个 人儿 敢　去　　般?

189 敢! 那有什么不敢的?

kæ⁵⁵！ niɛ³¹⁻⁵³ iəu⁵⁵ mɐr⁵³ pu²⁴⁻³¹ kæ⁵⁵⁻²¹ tiæ⁰?

敢! 乜　有 么儿 不　敢　嚸?

190 他到底愿不愿意说?

tʰa⁵⁵ tau³¹ ti⁵⁵ yæ³¹ i³¹ ɕyɛ²⁴⁻³¹ pæ⁰?

他 到 底 愿 意 说　　般?

191 谁知道他愿意不愿意说?

xei⁵³ tɕi²⁴⁻²¹ tau⁰ tʰa⁵⁵ yæ³¹ i³¹ ɕyɛ²⁴⁻³¹ pæ⁰?

谁　知　　道 他 愿 意 说　　般?

192 愿意说得说,不愿意说也得说。

yæ³¹ i³¹ ɕyɛ²⁴ iɛ⁵⁵ tei⁵⁵ ɕyɛ²⁴, pu²⁴ yæ³¹ i³¹ ɕyɛ²⁴ iɛ⁵⁵ tei⁵⁵ ɕyɛ²⁴。

愿 意 说 也 得 说, 不 愿 意 说 也 得 说。

193 反正我得让他说,不说不行。

fæ⁵⁵⁻²¹ ʂəŋ⁰ ŋæ⁵⁵ tei⁵⁵ iaŋ³¹⁻⁵³ tʰa⁰ ɕyɛ²⁴, pu²⁴ ɕyɛ²⁴ pu²⁴ ɕiŋ⁵³。

反　正 俺 得 让　 他 说, 不 说 不 行。

194 还有没有饭吃?

xæ⁵³ iəu⁵⁵ fæ³¹ tɕʰi²⁴⁻³¹ pæ⁰?

还 有 饭 吃　　般?

195 有,刚吃呢。

iəu⁵⁵, kaŋ²⁴ tɕʰi²⁴。

有, 刚　吃。

196 没有了,谁叫你不早来!

mu⁵³ liæ⁰, xei⁵³ tʂau³¹⁻⁵³ ni⁰ pu²⁴ tsau⁵⁵ tiɐr⁵⁵ lai⁵³⁻²⁴ liæ⁰!

没　嗻，谁　着　　你　不　早　　点儿　来　　嗻!

197 你去过北京吗? 我没去过。

ni⁵⁵ ʂaŋ³¹ pei²⁴ tɕiŋ²⁴ tɕʰy³¹ kuo⁰ pæ⁰?　ŋæ⁵⁵ mu⁵³ tɕʰy³¹ kuo³¹。

你　上　北　京　去　过　般?　俺　没　去　过。

198 我十几年前去过, 可没怎么玩, 都没印象了。

tʰəu⁵³ ɕi⁵³⁻²⁴ la⁰ tuo²⁴ niæ⁵³ ŋæ⁵⁵ tɕʰy³¹ kuo³¹, tʂəu³¹ ʂʅ³¹ mu⁵³

头　十　啦多　年　俺　去　过，　就　是　没

tsəu³¹⁻²⁴ mo⁰ uɐr⁵³, təu⁵⁵ pu²⁴ tɕi³¹⁻⁵³ ti⁰ liæ⁰。

作　么　玩儿，都　不　记　　得嗻。

199 这件事他知道不知道?

tɕiɛ³¹ ʂər³¹ tʰa⁵⁵ tɕi²⁴⁻²¹ tau⁰ pæ⁰?

这　事儿 他　知　　道　般?

200 这件事他肯定知道。

tɕiɛ³¹ ʂər³¹ tʰa⁵⁵ pau⁵⁵ tʂun⁵⁵ tɕi²⁴⁻²¹ tau⁰。

这　事儿 他　保　准　知　　道。

201 据我了解, 他好像不知道。

ŋæ⁵⁵ ɕin⁵³⁻²⁴ sʅ⁰ tʂau⁰, tʰa⁵⁵ mu⁵³ tsər⁰ pu²⁴⁻³¹ tɕi²⁴⁻⁵⁵ tau³¹。

俺　寻　思着，他　没　自儿 不　　知　　道。

202 这些字你认得不认得?

tɕiɛ³¹ ɕiɛ²⁴⁻²¹ kɤ⁰ tsər³¹ ni⁵⁵ in³¹⁻⁵³ ti⁰ pæ⁰?

这　些　个字儿 你　认　得　般?

203 我一个大字也不认得。

ŋæ⁵⁵ i⁻²⁴⁻⁵⁵ kɤ⁰ ta³¹ tsər³¹ iɛ⁵⁵ pu²⁴ in³¹⁻⁵³ ti⁰。

俺　一　个　大　字儿 也　不　认　得。

204 只有这个字我不认得, 其他字都认得。

tʂəu³¹ tɕiɛ³¹ kɤ⁰ tsər³¹ ŋæ⁵⁵ pu²⁴ in³¹⁻⁵³ ti⁰, piɛ⁵³⁻²⁴ ti⁰ tsər³¹ təu⁵⁵

就　这　个字儿 俺　不　认　得，别　的字儿 都

in$^{31-53}$ ti^0。

认　　得。

205你还记得不记得我了？

ni^{55} xæ^{53} tɕi$^{31-53}$ ti^0 uo$^{55-21}$ pæ^0？

你　还　记　　得我　　般？

206记得，怎么能不记得！

tɕi$^{31-53}$ ti^0, tsəu$^{31-24}$ mo^0 nəŋ^{53} pu^{24} tɕi$^{31-53}$ ti^0 iæ^0！

记　　得，作　　么　能　不　记　　得唵！

207我忘了，一点都不记得了。

ŋæ^{55} uaŋ$^{31-53}$ liæ^0, i$^{24-31}$ tiɚ^{55} təu^{55} pu^{24} tɕi$^{31-53}$ ti^0 liæ^0。

俺　忘　　嗻，一　点儿　都　不　记　　得嗻。

208你在前边走，我在后边走

ni^{55} tai^{31} tʰəu$^{53-24}$ li^0 tsəu^{55}, ŋæ^{55} tai^{31} xəu^{31} pɚ^0 tsəu^{55}。

你　在　头　　里走，　俺　在　后　边儿走。

209我告诉他了，你不用再说了。

ŋæ^{55} tei$^{31-53}$ tʰa^0 ɕiau$^{53-24}$ liæ^0, ni^{55} piŋ^{53} kɚ^0 ɕyɛ$^{24-31}$ liæ^0。

俺　对　他　说　　嗻，你　甭　个　说　　嗻。

210这个大，那个小，你看哪个好？

tɕiɛ$^{31-21}$ kɚ^0 ta^{31}, niɛ$^{31-21}$ kɚ^0 ɕiau^{55}, ni^{55} kʰæ$^{31-53}$ tʂau^0 na^{55} kɚ^0

这　　个大，乜　　个小，你　看　　着　哪　个

xau$^{55-21}$ æ^0？

好　　唉？

211这个比那个好。

tɕiɛ$^{31-21}$ kɚ^0 pi^{55} niɛ$^{31-21}$ kɚ^0 xau^{55}。

这　　个比乜　　个好。

212那个没有这个好，差多了。

niɛ$^{31-21}$ kɚ^0 mu^{53} iəu^0 tɕiɛ$^{31-21}$ kɚ^0 xau^{55}, tʂʰa^{31} yæ$^{55-21}$ liæ^0。

乜　　个没　有　这　　个好，差　远　嗻。

213 要我说这两个都好。

tʂau³¹ ŋæ⁵⁵ ɕyɛ²⁴ tɕiɛ³¹ lia⁵⁵ təu⁵⁵ xau⁵⁵。

着　俺　说　这　俩　都　好。

214 其实这个比那个好多了。

tɕʰi⁵³ ɕi⁵³ tɕiɛ³¹⁻²¹ kɤ⁰ pi⁵⁵ niɛ³¹⁻²¹ kɤ⁰ xau⁵⁵ tuo²⁴⁻³¹ liæ⁰。

其　实　这　个　比　乜　个　好　多　嗹。

215 今天的天气没有昨天好。

tɕiər²⁴⁻³¹ kʰɤ⁰ niɛ³¹ tʰiɐr²⁴ mu⁵³ iɛ³¹⁻⁵³ lɤ⁰ kʰɤ⁰ xau⁵⁵。

今儿　个　乜　天儿　没　夜　了个　好。

216 昨天的天气比今天好多了。

iɛ³¹⁻⁵³ lɤ⁰ kʰɤ⁰ niɛ³¹ tʰiɐr²⁴ pi⁵⁵ tɕiər²⁴⁻³¹ kʰɤ⁰ xau⁵⁵ tuo²⁴⁻³¹ liæ⁰。

夜　了个　乜　天儿　比　今儿　个　好　多　嗹。

217 明天的天气肯定比今天好。

kæ⁵⁵ miɐr⁵³ niɛ³¹ tʰiæ²⁴ pau⁵⁵ tʂun⁵⁵ pi⁵⁵ tɕiər²⁴⁻³¹ kʰɤ⁰ xau⁵⁵。

赶　明儿　乜　天　保　准　比　今儿　个　好。

218 那个房子没有这个房子好。

niɛ³¹ faŋ⁵³ mu⁵³ iəu⁰ tɕiɛ³¹ faŋ⁵³ xau⁵⁵。

乜　房　没　有　这　房　好。

219 这些房子不如那些房子好。

tɕiɛ³¹ faŋ⁵³ pu²⁴ y³¹ niɛ³¹ faŋ⁵³ xau⁵⁵。

这　房　不　如　乜　房　好。

220 这个有那个大没有？

tɕiɛ³¹⁻²¹ kɤ⁰ iəu⁵⁵ niɛ³¹⁻²¹ kɤ⁰ mo³¹ ta³¹⁻⁵³ pæ⁰ ？

这　个　有　乜　个　么　大　般？

221 这个跟那个一般大。

tɕiɛ³¹⁻²¹ kɤ⁰ kən³¹ niɛ³¹⁻²¹ kɤ⁰ i²⁴⁻⁵⁵ pɐr²⁴ ta³¹。

这　个　跟　乜　个　一　般儿　大。

222 这个比那个小了一点点儿，不怎么看得出来。

tɕiɛ³¹⁻²¹ kɤ⁰ pi⁵⁵ niɛ³¹⁻²¹ kɤ⁰ ɕiau⁵⁵⁻²¹ lau⁰ i²⁴⁻³¹ tiŋ⁵⁵ tiɐr⁵⁵, pu²⁴ ɕi³¹
这   个 比 乜   个 小   咾 一 丁 点儿,不 细

kʰæ³¹ kʰæ³¹⁻⁵³ pu⁰ tɕʰy²⁴⁻³¹ lai⁵³。
看 看   不 出   来。

223 这个大,那个小,两个不一般大。

tɕiɛ³¹⁻²¹ kɤ⁰ ta³¹, niɛ³¹⁻²¹ kɤ⁰ ɕiau⁵⁵, lia⁵⁵ pu²⁴ i²⁴⁻⁵⁵ pɐr²⁴ ta³¹。
这   个 大, 乜   个 小, 俩 不 一   般儿 大。

224 这个跟那个大小一样,分不出来。

tɕiɛ³¹⁻²¹ kɤ⁰ kən³¹ niɛ³¹⁻²¹ kɤ⁰ i²⁴⁻⁵⁵ pɐr²⁴ ta³¹, fən²⁴⁻³¹ pu⁰
这   个 跟 乜   个 一   般儿 大, 分   不

tɕʰy²⁴⁻³¹ lai⁵³。
出   来。

225 这个人比那个人高。

tɕiɛ³¹ iər⁵³ pi⁵⁵ niɛ³¹ iər⁵³ kau²⁴。
这 人儿 比 乜 人儿 高。

226 是高一点儿,可是没有那个人胖。

ʂ̩³¹ kau²⁴⁻³¹ tiɐr⁵⁵, tʂəu³¹ ʂ̩³¹ mu⁵³ niɛ³¹ iər⁵³ pʰaŋ³¹。
是 高   点儿, 就   是 没 乜 人儿 胖。

227 他们一般高,我看不出谁高谁矮。

tʰa⁵⁵⁻³¹ lia⁵⁵ i²⁴⁻⁵⁵ pɐr²⁴ kau²⁴, ŋæ⁵⁵ kʰæ³¹⁻⁵³ pu⁰ tɕʰy²⁴ xei⁵³ kau²⁴
他 俩 一   般儿 高, 俺 看   不 出 谁 高

xei⁵³ tsʰuo⁵³ lai⁵³。
谁 矬   来。

228 胖的好还是瘦的好?

pʰaŋ³¹⁻⁵³ ti⁰ xau⁵⁵⁻²¹ æ⁰ xæ⁵³ ʂ̩³¹ ʂəu³¹⁻⁵³ ti⁰ xau⁵⁵⁻²¹ æ⁰?
胖   的 好 咳还 是 瘦   的 好 咳?

229 瘦的比胖的好。

ʂəu³¹⁻⁵³ ti⁰ pi⁵⁵ pʰaŋ³¹⁻⁵³ ti⁰ xau⁵⁵。

瘦　　的比胖　　的好。

230 瘦的胖的都不好，不瘦不胖最好。

ʂəu³¹⁻⁵³ ti⁰ pʰaŋ³¹⁻⁵³ ti⁰ təu⁵⁵ pu²⁴⁻³¹ xau⁵⁵, pu²⁴ pʰaŋ³¹ pu²⁴ ʂəu³¹

瘦　　的胖　　的都不　好，　不　瘦　不　胖

tsuei³¹ xau⁵⁵。

最　　好。

231 这个东西没有那个东西好用。

tɕiɛ³¹ tuŋ²⁴⁻³¹ ɕi⁰ mu⁵³ iəu⁰ niɛ³¹ tuŋ²⁴⁻³¹ ɕi⁰ xau⁵⁵ yŋ³¹。

这　东　　西没有乜东　　西好用。

232 这两种颜色一样吗？

tɕiɛ³¹ lia⁵⁵ ʂɐr²⁴ i²⁴⁻³¹ iaŋ³¹⁻⁵³ pæ⁰？

这　俩　色ʲ一　样　　般？

233 不一样，一种颜色色淡，一种颜色色浓。

pu²⁴⁻³¹ i²⁴⁻⁵⁵ iaŋ³¹, i²⁴⁻⁵⁵ kɤ⁰ ʂɐr²⁴ tɕʰiæ⁵⁵, i²⁴⁻⁵⁵ kɤ⁰ ʂɐr²⁴ ʂən²⁴。

不　一　样，一　个　色ʲ浅，　一　个　色ʲ深。

234 这种颜色比那种颜色淡多了，你都看不出来？

tɕiɛ³¹ ʂɐr²⁴ pi⁵⁵ niɛ³¹ ʂɐr²⁴ tɕʰiæ⁵⁵ tuo²⁴⁻³¹ liæ⁰, ni⁵⁵ təu⁵⁵ kʰæ³¹⁻⁵³

这　色ʲ比乜色ʲ浅　多　　嘞，你都　看

pu⁰ tɕʰy²⁴⁻³¹ lai⁵³⁻²⁴ aŋ⁰？

不　出　　来昂？

235 你看看现在，现在的日子比过去强多了。

ni⁵⁵ kʰæ³¹ kʰæ⁰ tɕiɛ³¹ tsæ⁰, tɕiɛ³¹ tsæ⁰ i³¹⁻⁵³ tsʅ⁰ pi⁵⁵ yæ⁵³ ɕiæ²⁴

你看　看这咱，这　咱日子比原先

tɕʰiaŋ⁵³ tuo²⁴⁻³¹ liæ⁰。

强　多　　嘞。

236 以后的日子比现在更好。

kæ⁵⁵ uaŋ⁵⁵ xəu³¹ i³¹⁻⁵³ tsʅ⁰ pi⁵⁵ tɕiɛ³¹ tsæ⁰ kəŋ³¹ xau⁵⁵。
赶　往　后　日　子　比　这　咱　更　好。

237 好好干吧，这日子一天比一天好。

xau⁵⁵⁻²¹ ʂən⁰ tʂau⁰ kæ³¹ pæ⁰，tɕiɛ³¹ i³¹⁻⁵³ tsʅ⁰ i²⁴⁻⁵⁵ tʰiæ²⁴ pi⁵⁵⁻²¹
好　生　着　干　般，这　日　子　一　天　比

i⁰ tʰiæ²⁴ xau⁵⁵。
一　天　好。

238 这些年的生活一年比一年好，越来越好。

tɕiɛ³¹ ɕiɛ²⁴⁻²¹ kɤ⁰ niæ⁵³，i³¹⁻⁵³ tsʅ⁰ i²⁴⁻⁵⁵ niæ⁵³ pi⁵⁵⁻²¹ i⁰ niæ⁵³ xau⁵⁵，
这　些　个年，日　子　一　年　比　一　年　好，

yɛ³¹ lai⁵³ yɛ³¹ xau⁵⁵。
越　来　越　好。

239 咱兄弟俩比一比谁跑得快。

tsæ⁵⁵ ti³¹⁻⁵³ ɕyŋ⁰ lia⁵⁵ pi⁵⁵ pi⁵⁵ xei⁵³ pʰau⁵⁵⁻²¹ ti⁰ kʰuai³¹。
咱　弟　兄　俩　比　比　谁　跑　得　快。

240 我比不上你，你跑得比我快。

ŋæ⁵⁵ pi⁵⁵⁻²¹ pu⁰ xaŋ³¹⁻⁵³ ni⁰，ni⁵⁵ pi⁵⁵ ŋæ⁵⁵ pʰau⁵⁵⁻²¹ ti⁰ kʰuai³¹。
俺　比　不　上　你，你　比　俺　跑　得　快。

241 他跑得比我还快，一个比一个跑得快。

tʰa⁵⁵ pi⁵⁵ ŋæ⁵⁵ pʰau⁵⁵⁻²¹ ti⁰ xæ⁵³ kʰuai³¹，i²⁴⁻⁵⁵ kɤ⁰ pi⁵⁵⁻²¹ i⁰ kɤ³¹
他　比　俺　跑　得　还　快，　一　个　比　一个

pʰau⁵⁵⁻²¹ ti⁰ kʰuai³¹。
跑　得　快。

242 他比我吃得多，干得也多。

tʰa⁵⁵ pi⁵⁵ ŋæ⁵⁵ tɕʰi²⁴⁻³¹ ti⁰ tuo²⁴，kæ³¹⁻⁵³ ti⁰ iɛ⁵⁵ tuo²⁴。
他　比　俺　吃　得　多，干　得也　多。

243 他干起活来，比谁都快。

tʰa⁵⁵ kæ³¹⁻⁵³ tɕʰi⁰ xuor⁵³ lai⁵³⁻²⁴ lau⁰, pi⁵⁵ xei⁵³ təu⁵⁵ kʰuai³¹。
他　干　　起　活儿　来　　咾，比　谁　都　快。

244 说了一遍，又说一遍，不知说了多少遍。

ɕyɛ²⁴⁻³¹ lau⁰ i²⁴⁻⁵⁵ piæ³¹, iəu³¹ ɕyɛ²⁴⁻³¹ i²⁴⁻⁵⁵ piæ³¹, pu²⁴⁻³¹ tɕi²⁴⁻⁵⁵
说　　咾一　遍，　又　说　一　遍，不　知

tau³¹ ɕyɛ²⁴⁻³¹ lau⁰ tuo²⁴⁻⁵³ ʂau⁰ piæ³¹。
道　说　　咾多　少　遍。

245 我嘴笨，可是怎么也说不过他。

ŋæ⁵⁵ tsuei⁵⁵ pən³¹, tsəu³¹⁻²⁴ mo⁰ tʂau²⁴ iɛ⁵⁵ ɕyɛ²⁴⁻³¹ pu⁰ kuo³¹⁻⁵³ tʰa⁰。
俺　嘴　笨，作　么　着　也　说　　不　过　　他。

246 他走得越来越快，我都跟不上了。

tʰa⁵⁵ tsəu⁵⁵⁻²¹ ti⁰ yɛ³¹ lai⁵³ yɛ³¹ kʰuai³¹, ŋæ⁵⁵ təu⁵⁵ kən²⁴⁻³¹ pu⁰
他　走　　得越　来　越　快，俺　都　跟　　不

xaŋ³¹⁻⁵³ liæ⁰。
上　　　咻。

247 越走越快，越说越快。

yɛ³¹ tsəu⁵⁵ yɛ³¹ kʰuai³¹, yɛ³¹ ɕyɛ²⁴ yɛ³¹ kʰuai³¹。
越　走　越　快，　越　说　越　快。

248 慢慢说，一句一句地说。

mɐr³¹ mɐr³¹⁻⁵⁵ tʂau⁰ ɕyɛ²⁴, i²⁴⁻⁵⁵ tɕyər³¹ i²⁴⁻⁵⁵ tɕyər³¹⁻⁵³ ti⁰ ɕyɛ²⁴。
慢儿 慢儿　着　说，一　句儿　一　句儿　　地说。

第五章　标音举例

第一节　谚语、谜语、儿歌、顺口溜等

一、谚语

大懒支小懒

ta^{31} læ^{55} tʂʅ^{24} ɕiau^{55} læ^{55}, i$^{24-55}$ tʂʅ^{24} i$^{24-55}$ kɤ^{31} pai$^{53-24}$
大　懒　支　小　　懒，　一　支　一　个　白

ləŋ^0 iæ^{55}。
棱　眼。

ʂəŋ$^{55-21}$ tʂau^0 ʂəŋ$^{55-21}$ tʂau^0, kʰu$^{24-31}$ luŋ^0 təŋ$^{55-21}$ tʂau^0；fei$^{31-53}$
省　　着省　　着，窟　窿　等　着；费

lau^0 fei$^{31-53}$ lau^0, tau^{31} tei$^{31-53}$ lau^0。
咾费　咾，倒　对　咾。

tɕi^{24} tuo$^{24-31}$ lau^0 pu^{24} ɕia^{31} tæ^{31}, in^{53} tuo$^{24-31}$ lau^0 pu^{24} kæ^{31}
鸡　多　咾　不　下　蛋，人　多　咾　不　干

xuor^{53}。
活儿。

niŋ^{31} mai^{55} pu^{24} tɕi^{53}, pu$^{24-31}$ mai^{55} tɕʰi^{24} ɕi^{53}。
宁　买　不　值，不　买　吃　食。

tsau^{55} tɕʰi^{55} sæ^{24} kuaŋ^{24}, uæ^{55} tɕʰi^{55} sæ^{24} xuaŋ^{24}。
早　起　三　光，　晚　起　三　荒。

二、谜语

顶针和苍子

pu²⁴⁻⁵⁵ tiɐr⁵⁵ pu²⁴⁻⁵⁵ tiɐr⁵⁵, xun⁵³ ʂən²⁴ tɕiŋ³¹ iɐr⁵⁵;
不　点儿不　点儿,浑　身　净　眼儿;

pu²⁴ tar³¹ pu²⁴ tar³¹, xun⁵³ ʂən²⁴ tɕiŋ³¹ par³¹。
不　大儿不　大儿,浑　身　净　把儿。

厕所闷儿

sʅ³¹ sʅ⁰ faŋ²⁴ faŋ⁰ i²⁴⁻⁵⁵ tsuo³¹ tʂʰəŋ⁵³, li⁵⁵⁻²¹ tʰəu⁰ iəu⁵⁵ in⁵³
四　四　方　方　一　座　城，　里头　有　人

tsuo³¹ tʂʰau⁵³⁻²⁴ tʰiŋ⁰。iau³¹ ʂʅ³¹ iəu⁵⁵ in⁵³ lai⁵³ tʂəŋ²⁴ tʂæ³¹, kʰɤ²⁴⁻³¹
坐　朝　廷。要　是　有　人　来　征　战，　咳

suo⁰ i²⁴⁻⁵⁵ ʂəŋ²⁴ tʂəu³¹ tʰuei³¹ piŋ²⁴。
嗽　一　声　就　退　兵。

一个枣

i²⁴⁻⁵⁵ kɤ⁰ tsaur⁵⁵, sæ²⁴ tɕiæ²⁴ u⁵⁵⁻²¹ li⁰ tʂʰəŋ⁵³⁻²⁴ pu⁰ liau⁵⁵。təŋ²⁴!
一　个　枣儿，三　间　屋　里盛　　不了。灯!

təŋ²⁴ təŋ²⁴ uaŋ⁵⁵ ʂaŋ³¹ təŋ²⁴。tʰ·i²⁴⁻³¹ tsʅ⁰!
登　登　往　上　登。梯　子!

tʰ·i²⁴ tʰ·i²⁴ uaŋ⁵⁵ ʂaŋ³¹ tʰ·i²⁴。tɕiɐr³¹!
踢　踢　往　上　踢。毽儿!

tɕiɐr³¹ tɕiɐr³¹ i²⁴⁻⁵⁵ tʰiau⁵³ ɕiɐr³¹。tɕiaŋ³¹!
毽儿毽儿一　条　线儿。虹!

tɕiaŋ³¹ tɕiaŋ³¹ kər²⁴ tʂʰau⁵³ ʂaŋ³¹。fəŋ²⁴ uo²⁴!
虹　虹　根儿朝　上。蜂　窝!

fəŋ²⁴ uo²⁴ i²⁴⁻⁵⁵ luo²⁴⁻³¹ suo⁰。pʰu⁵³⁻²⁴ tʰau⁰!
蜂　窝一　罗　嗦。葡　萄!

pʰu⁵³⁻²⁴ tʰau⁰,pʰu⁵³⁻²⁴ tʰau⁰,na⁵³ ʂəu⁵⁵ fu⁵³⁻²⁴ tʂau⁰。kuai⁵⁵ kuər³¹!
葡　萄，葡　萄，拿　手　扶　着。拐　棍儿!

kuai⁵⁵ kuɚr³¹, kuai⁵⁵ kuɚr³¹, liaŋ⁵⁵ tʰəur⁵³ tʰəu³¹ tɕʰiər³¹。iæ²⁴ tai³¹！
拐　棍ㄦ，拐　棍ㄦ，两　头ㄦ 透　气ㄦ。烟　袋！

三、顺口溜

夸衡水

tau³¹⁻⁵³ lau⁰ xəŋ⁵³ ʂuei⁰ pu²⁴ xɤ²⁴⁻³¹ tɕiəu⁵⁵, pu²⁴ y³¹
到　咾　衡　水　不　喝　酒，　不　如

tai³¹ tɕia²⁴ tʂʰuai²⁴ tʂʰuai⁰ ʂəu⁵⁵。tʰau⁵³ tʂʰəŋ⁵³ tɕiɛ²⁴⁻³¹ xaŋ⁰ liəu²⁴⁻⁵³ i⁰
在　家　揣　揣　手。桃　城　街　上　蹓　一

tɕʰyɤr²⁴, ɕiɛ²⁴ tʂaŋ³¹ iɛ⁵⁵ xɤ²⁴ lau⁵⁵ pai⁵³ kɐr²⁴。
圈ㄦ，赊　帐　也　喝　老　白　干ㄦ。

四老

ɕy³¹ lau⁵⁵ tɕiau²⁴ ʂaur²⁴ iɛr³¹ ɕi²⁴, in⁵³ lau⁵⁵ mau⁵³ iaur²⁴ pa⁵⁵⁻³¹
树　老　焦　梢ㄦ 叶ㄦ 稀，人　老　猫　腰ㄦ 把

tʰəu⁵³ ti²⁴。tɕʰiɛ⁵³⁻²⁴ tsɿ⁰ lau⁵⁵⁻²¹ lau⁰ i²⁴⁻⁵⁵ təur²⁴⁻³¹ tsɚr⁵⁵, pei²⁴⁻³¹ kua⁰
头　低。茄　子　老　咾　一　兜ㄦ 籽ㄦ，北　瓜

lau⁵⁵⁻²¹ lau⁰ ʂɿ³¹ miæ³¹⁻⁵³ ti⁰。
老　咾　是　面　的。

东西街南北走

tuŋ²⁴ ɕi²⁴ tɕiɛ²⁴, næ⁵³⁻²⁴ pei⁰ tsəu⁵⁵, tɕʰy²⁴ mər⁵³ pʰəŋ³¹⁻⁵³ tɕiæ⁰
东　西　街，南　北　走，出　门ㄦ 碰　见

in⁵³ iau⁵⁵ kəu⁵⁵。na⁵³⁻²⁴ tɕʰi⁰ kəu⁵⁵ lai⁰ tʰəu⁵³ tʂuæ²⁴⁻³¹ tʰəu⁰, iəu³¹
人　咬　狗。拿　起　狗　来　投　砖　头，又

tʂau³¹ tʂuæ²⁴⁻³¹ tʰəu⁰ iau⁵⁵⁻²¹ tʂau⁰ ʂəu⁵⁵。
着　砖　头　咬　着　手。

数九时令歌

i²⁴⁻³¹ tɕiəu⁵⁵ lɤ³¹ tɕiəu⁵⁵ pu²⁴ tɕʰy²⁴⁻³¹ ʂəu⁵⁵, sæ²⁴⁻³¹ tɕiəu⁵⁵ sɿ³¹
一　九　二　九　不　出　手，　三　九　四

tɕiəu⁵⁵ iæ⁵³ liŋ⁵³ tsəu⁵⁵。u⁵⁵ tɕiəu⁵⁵ liəu³¹ tɕiəu⁵⁵, tɕiɛ²⁴ xɤ⁵³ kʰæ³¹

九　沿　凌　走。　五　九　六　九，　隔　河　看

liəu⁵⁵。tɕʰi²⁴⁻³¹ tɕiəu⁵⁵ xɤ⁵³ kʰai²⁴, pa²⁴⁻³¹ tɕiəu⁵⁵ iæ³¹ lai⁵³。tɕiəu⁵⁵

柳。　七　九　河　开，　八　九　雁　来。　九

tɕiəu⁵⁵ tɕia²⁴ i²⁴⁻³¹ tɕiəu⁵⁵, kəŋ²⁴ niəu⁵³ piæ³¹ ti³¹ tsəu⁵⁵。

九　加　一　九，　耕　牛　遍　地　走。

四、儿歌

睡觉觉

au⁵³ au⁵³ au⁵³, ʂuei³¹ tɕiau³¹⁻⁵³ tɕiau⁰。

□　□　□，　睡　觉　觉。

mau⁵³ lai⁵³⁻²⁴ lau⁰, iau⁵⁵ lɤ⁵⁵⁻²¹ tau⁰。

猫　来　咾，　咬　耳　朵。

mau⁵³ tsəu⁵⁵⁻²¹ lau⁰, ʂuei³¹ ɕiŋ⁵⁵⁻²¹ lau⁰。

猫　走　咾，　睡　醒　咾。

小叭狗儿

tɕʰi³¹⁻⁵³ niəur⁰, kaŋ³¹⁻⁵³ niəur⁰, ɕiau⁵⁵ pa²⁴⁻³¹ kəur⁵⁵ tai³¹ ʂaŋ³¹⁻⁵³ təur⁰。

弃⁼　扭儿，杠　扭儿，小　叭　狗儿在　上　头儿。

拉粑粑

xaŋ³¹⁻⁵³ xaŋ⁰, xaŋ³¹⁻⁵³ xaŋ⁰, pa⁵⁵⁻²¹ pa⁰ la³¹⁻⁵³ lau⁰ kʰaŋ³¹⁻⁵³

晃　晃，　晃　晃，　粑　粑拉　咾炕

xaŋ⁰。ŋən⁵⁵ nai⁵⁵⁻²¹ nai⁰ ɕyɛ²⁴ ʂɿ³¹ ʂæ²⁴⁻²¹ iau⁰, ŋən⁵⁵ iɛ⁵³⁻²⁴ iɛ⁰ ɕyɛ²⁴

上。　恁　奶　奶　说　是　山　药，　恁　爷　爷　说

ʂɿ³¹ kuæ³¹⁻⁵³ tʂʰaŋ⁰。ŋən⁵⁵ niaŋ⁵³ ɕyɛ²⁴ iŋ²⁴⁻²¹ lau⁰, ŋən⁵⁵ tiɛ²⁴ ɕyɛ²⁴

是　灌　肠。　恁　娘　说　扔　咾，恁　爹　说

tʂʰaŋ⁵³ tʂʰaŋ⁰。

尝　尝。

一背两背

i$^{24-55}$ pei^{31}, liaŋ^{55} pei^{31}, ts^{h}uŋ^{24} xuar^{24}, iæ$^{53-24}$ suei^0。
一　背，　两　背，　葱　花儿，芫　荽。

t^{h}iæ$^{24-31}$ xaŋ^0 iəu^{55} mɐr^{53}？　t^{h}iæ$^{24-31}$ xaŋ^0 iəu^{55} k^{h}ɤr^{24}。
天　上　有　么儿？　天　上　有　坑儿。

k^{h}ɤr$^{24-31}$ li^0 iəu^{55} mɐr^{53}？　k^{h}ɤr$^{24-31}$ li^0 iəu^{55} ʂuei^{55}。
坑儿　里有　么儿？　坑儿　里有　水。

ʂuei$^{55-21}$ li^0 iəu^{55} mɐr^{53}？　ʂuei$^{55-21}$ li^0 iəu^{55} xɤ$^{53-24}$ ma^0。
水　　里有　么儿？　水　　里有　蛤　蟆。

xɤ$^{53-24}$ ma^0 tsəu$^{31-24}$ mo^0 tɕiau^{31}？　kuər^{24} kuar^{24}, kuər^{24} kuar^{24}！
蛤　蟆　作　么　叫？　　咕儿　呱儿，咕儿　呱儿！

盘脚篮

p^{h}æ^{53}, p^{h}æ^{53}, p^{h}æ^{53} tɕiau^{24} læ^{53}。
盘，　盘，　盘　脚　篮。

tɕiau^{24} læ^{53} tʂəŋ^{55}, lau^{31} xua$^{24-31}$ piŋ^{55}。
脚　篮　整，　烙　花　饼。

xua$^{24-31}$ piŋ^{55} xua^{24}, i^{55} tei^{31} tɕ^{h}iɛ$^{53-24}$ tsʅ^0 liaŋ^{55} tei^{31} kua^{24}。
花　饼　花，　一　对　茄　子　两　对　瓜。

傻小子

ʂa^{55} ɕiau$^{55-21}$ tsʅ^0, tɕ^{h}y^{31} kæ^{55} tɕi^{53}, mai$^{55-21}$ lau^0 kɤ^0 luo$^{53-24}$ pei^0
傻　小　子，去　赶　集，买　咾　个　萝　卜

taŋ^{24} ia^{24} li^{53}。iau$^{55-21}$ i^0 k^{h}əu^{55}, kuai^{31} la$^{31-53}$ ti^0, ɕia^{31} xuei^{53} pu$^{24-31}$
当　鸭　梨。咬　一　口，　怪　辣　的，下　回　不

mai^{55} ts^{h}u^{24} par$^{31-53}$ ti^0。
买　粗　把儿　的。

椿树王

tʂ^{h}un$^{24-31}$ ɕy^0 uaŋ^{53}, tʂ^{h}un$^{24-31}$ ɕy^0 uaŋ^{53}, ni^{55} tʂaŋ^{55} ts^{h}u$^{55-21}$ lai^0
椿　树　王，椿　树　王，　你　长　粗　来

uo⁵⁵ tʂaŋ⁵⁵ tʂʰaŋ⁵³。 ni⁵⁵ tʂaŋ⁵⁵ tsʰu⁵⁵⁻³¹ lau⁰ tsəu³¹ tsʰai⁵³⁻²⁴ liau⁰, uo⁵⁵
我 长 长。 你 长 粗 咾 做 材 料, 我
tʂaŋ⁵⁵ tʂʰaŋ⁵³⁻²⁴ lau⁰ tʂʰuæ²⁴ i²⁴⁻³¹ ʂaŋ⁰。
长 长 咾 穿 衣 裳。

风来嗹

fəŋ²⁴ lai⁵³⁻²⁴ liæ⁰, y⁵⁵ lai⁵³⁻²⁴ liæ⁰, xɤ⁵³⁻²⁴ ma⁰ pei³¹⁻⁵³ tʂau⁰ ku⁵⁵
风 来 嗹, 雨 来 嗹, 蛤 蟆 背 着 鼓
lai⁵³⁻²⁴ liæ⁰。 xəu⁵³ mo⁰ ku⁵⁵, ɕiau⁵⁵ pʰi⁵³ kur⁵⁵, kuər²⁴ kuar²⁴, l̩ɤ³¹⁻⁵³ ɕi⁰
来 嗹。 什 么 鼓, 小 皮 鼓儿, 咕儿 呱儿, 二 十
u⁵⁵。 ni⁵⁵ tɕʰiau²⁴ tɕʰiau²⁴, uo⁵⁵ tɕʰiau²⁴ tɕʰiau⁰, tɕʰi³¹⁻⁵³ ti⁰ xɤ⁵³⁻²⁴ ma⁰
五。 你 敲 敲, 我 敲 敲, 气 得 蛤 蟆
tɕi⁵³ ʂuai²⁴ tɕiau²⁴。
直 摔 跤。

小小子儿

ɕiau⁵⁵ ɕiau⁵⁵⁻²¹ tsər⁰, tsuo³¹ mən⁵³ tuər²⁴, kʰu²⁴⁻³¹ tʂau⁰ nau³¹⁻⁵³
小 小 子儿, 坐 门 墩儿, 哭 着 闹
tʂau⁰ iau³¹ ɕi⁵⁵⁻²¹ fər⁰。 iau³¹ ɕi⁵⁵⁻²¹ fər⁰, kæ³¹ xəu⁵³ mɐr⁰, tʰuŋ²⁴
着 要 媳 妇儿。要 媳 妇儿, 干 什 么儿,通
tɕiaur²⁴ ɕyɛ²⁴ xuar³¹。
脚儿 说 话儿。

天皇皇

tʰiæ²⁴ xuaŋ⁵³ xuaŋ⁵³, ti³¹ xuaŋ⁵³ xuaŋ⁵³, uo⁵⁵ tɕia²⁴ iəu⁵⁵ kɤ³¹
天 皇 皇, 地 皇 皇, 我 家 有 个
iɛ³¹ kʰu²⁴ laŋ⁵³。 kuo³¹ uaŋ⁵⁵⁻²¹ ti⁰ tɕyn²⁴⁻³¹ tsɿ⁰ niæ³¹ sæ²⁴ piæ³¹, i²⁴⁻⁵⁵
夜 哭 郎。 过 往 的君 子 念 三 遍, 一
tɕiau³¹ ʂuei³¹ tau³¹ ta³¹ tiæ²⁴ liaŋ³¹。
觉 睡 到 大 天 亮。

扯罗罗

tɕʰiɛ⁵⁵ luo²⁴ luo⁰, ta⁵⁵ tʰaŋ⁵⁵⁻²¹ tʰaŋ⁰, ʂəu²⁴⁻³¹ lau⁰ mai³¹⁻⁵³ tsɿ⁰
扯　　罗　罗，打　躺＝　　　躺＝，收　　唠　麦　　子

tsəu⁵⁵ lau⁵⁵⁻²¹ niaŋ⁰。lau⁵⁵⁻²¹ niaŋ⁰ pu²⁴⁻³¹ kuæ⁵⁵ fɚ³¹, tɕʰi²⁴ kɤ⁰ ly⁵³⁻²⁴
走　　姥　　娘。姥　　娘　不　管　饭儿，吃　个　驴

fən⁰ tɚ³¹。ly⁵³⁻²⁴ fən⁰ tɚ³¹⁻⁵³ li⁰ iəu⁵⁵ kɤ⁰ ɕiɛ²⁴⁻³¹ tsɿ⁰, tɕiɛ²⁴⁻³¹ ti⁰
粪　蛋儿。驴　粪　蛋儿　里有　个　蝎　子，蜇　得

ɕiau⁵⁵ xɚ⁵³ tɕi⁵³ liau³¹ tɕyɛ²⁴⁻³¹ tsɿ⁰。ly⁵³⁻²⁴ fən³¹ tɚ³¹⁻⁵³ li⁰ iəu⁵⁵ kɤ⁰
小　孩儿直　尥　蹶　　子。驴　粪　蛋儿　里有　个

tʂʰuor⁵³, tɕiɛ²⁴⁻³¹ ti⁰ ɕiau⁵⁵ xɚ⁵³ tɕi⁵³ uai²⁴⁻³¹ uai⁰ por⁵³。
虫儿，蜇　得小　孩儿直　歪　　歪　脖儿。

龙生龙

luŋ⁵³ ʂəŋ²⁴ luŋ⁵³, fəŋ³¹ ʂəŋ²⁴ fəŋ³¹, lau⁵⁵⁻²¹ ɕy⁰ ti⁰ ɭɤ⁵³⁻²⁴ tsɿ⁰
龙　生　龙，凤　生　凤，老　　鼠的儿　子

xuei³¹ ta⁵⁵ tuŋ³¹。tɕiɛ³¹ ɭɤ³¹ niæ⁵³, ʂɿ⁵³⁻²⁴ tɕʰi⁰ ɕiŋ²⁴, tʂəŋ³¹⁻⁵³ ti⁰ na³¹
会　打　洞。这　二　年，时　气　兴，挣　得那

in⁵³ tɕʰiæ⁵³ nəŋ³¹ iɛ⁵⁵ nəŋ³¹⁻⁵³ pu⁰ tuŋ³¹。ku³¹⁻⁵³ lau⁰ kɤ⁰ ɕiau⁵⁵ mau⁵³
银　钱　弄　也弄　不　动。雇　　唠　个　小　毛

lyər⁵³, tʰuo⁵³⁻²⁴ tʂau⁰ uaŋ⁵⁵ tɕia²⁴ suŋ³¹。
驴儿，驮　着　往　家　送。

suŋ³¹⁻⁵³ lau⁰ tɕia²⁴⁻³¹ li⁰ lai⁵³, tiɛ²⁴ iɛ⁵⁵ ɕi⁵⁵, niaŋ⁵³ iɛ⁵⁵ tɕiŋ³¹,
送　　唠　家　　里来，爹　也　喜，娘　　也　敬，

lau⁵⁵ pʰo⁵³⁻²⁴ tsɿ⁰ ɕi⁵⁵⁻²¹ ti⁰ pʰai²⁴⁻³¹ ta⁰ tiŋ³¹, xai⁵³⁻²⁴ tsɿ⁰ mən⁰ pei³¹⁻⁵³
老　婆　子喜　得拍　　打　腔，孩　子们　被

uo⁰ li⁰ tɕʰi²⁴ ʂau²⁴⁻³¹ piŋ⁰。
窝　里吃　烧　　饼。

tɕiɛ³¹ ɭɤ³¹ niæ⁵³, ʂɿ⁵³⁻²⁴ tɕʰi⁰ tʂʰa³¹, tɕi³¹ ʂai²⁴⁻³¹ tsɿ⁰ tɕiŋ³¹ tɕi³¹
这　二　年，时　气　差，掷　色　子净　掷

təŋ³¹ iɐr⁵⁵ ɕia²⁴, tɕʰy³¹ tiau³¹ tsʰun²⁴ næ⁵³ lɤ³¹⁻⁵³ mu⁰ ʂa²⁴。
瞪　眼儿瞎，　去　掉　村　南　二　亩　沙。

tiɛ²⁴ iɛ⁵⁵ ta⁵⁵, niaŋ⁵³ iɛ⁵⁵ ma³¹, lau⁵⁵ pʰo⁵³⁻²⁴ tsʅ⁰ ɕyɛ²⁴⁻³¹ uo⁰ sʅ⁵⁵⁻²¹
爹　也打，娘　也　骂，老　婆　子说　我　死

lau⁰ pa⁰。tuo²⁴ kʰuei²⁴⁻³¹ lau⁰ xai⁵³⁻²⁴ tsʅ⁰ mən⁰ tɕʰy²⁴ tɕy⁵⁵⁻²⁴ i⁰, tiɐu⁵³⁻²⁴
咾罢。多　亏　咾孩　子　们　出　主　意,留

xaŋ⁰ lau⁵⁵ tiɛ²⁴ təu³¹ pʰin⁵³⁻²⁴ xua⁰。
下　老　爹　逗　贫　话。

第二节　故事

北风和太阳

pei²⁴ fəŋ²⁴ xuo³¹ tʰai³¹ iaŋ³¹ pi⁵⁵ xei⁵³ kəŋ³¹ iəu⁵⁵ pən⁵⁵⁻²¹ ʂʅ⁰。
北　风　和　太　阳　比　谁　更　有　本　事。

lia⁵⁵ in⁵³ təu⁵⁵ tɕiau²⁴⁻³¹ tʂau⁰, xei⁵³ ɕiæ²⁴ tʰuo²⁴⁻³¹ xaŋ⁰ taur³¹⁻⁵³ xaŋ⁰
俩　人　都　觉　着，谁　先　脱　下　道儿　上

niɛ³¹ in⁵³⁻²⁴ ti⁰ i²⁴⁻³¹ ʂaŋ⁰, xei⁵³ tʂəu³¹ niŋ⁵³⁻²⁴ liæ⁰。pei²⁴ fəŋ²⁴ ɕiæ²⁴
乜　人　的衣　裳，谁　就　赢　嗹。北　风　先

ʂʅ³¹⁻⁵³ par⁰ ʂʅ³¹⁻⁵³ par⁰。tʰa⁵⁵ ɕiæ²⁴ kʰɤ⁵⁵⁻²¹ tʂau⁰ tɕiər³¹⁻⁵³ ti⁰ kua²⁴,
试　吧儿试　吧儿。他　先　可　着　劲儿　地刮,

tɕiɛ²⁴⁻³¹ kuo⁵⁵ kua²⁴⁻³¹ ti⁰ tɕiər³¹ yɛ³¹ ta³¹⁻⁵³ pæ⁰, tau³¹⁻⁵³ xaŋ⁰ niɛ³¹ in⁵³
结　果　刮　的劲儿越　大　般, 道　上　乜　人

tʂəu³¹ pa⁵⁵ i²⁴⁻³¹ ʂaŋ⁰ kuo⁵⁵⁻²¹ ti⁰ yɛ³¹ iæ⁵³⁻²⁴ ɕi⁰。kæ⁵⁵ miɛ³¹ liau⁵⁵,
就　把　衣　裳　裹　得越　严　实。赶　末　了,

pei²⁴ fəŋ²⁴ tʂəu³¹ suæ³¹⁻⁵³ liæ⁰, pa⁵⁵ tʰai³¹ iaŋ⁰ tɕʰiŋ⁵⁵⁻²¹ tɕʰy⁰ lai⁵³
北　风　就　算　嗹, 把　太　阳　请　出　来,

kʰæ³¹ kʰæ³¹ tʰai³¹ iaŋ⁰ ti⁰ pən⁵⁵⁻²¹ ʂʅ⁰。tʰai³¹ iaŋ⁰ suei⁵³⁻²⁴ tʂau⁰ tʂəu³¹
看　看　太　阳　的本　事。太　阳　随　着　就

tʂau³¹⁻⁵³ ti⁰ niɛ³¹ in⁵³ ʂən²⁴⁻³¹ xaŋ⁰ naŋ⁵⁵⁻²¹ naŋ⁰ xuor²⁴ xuor²⁴ ti⁰,
照　　得　乜　人　身　　上　　暖　　暖儿　和儿　的，

tʂau³¹⁻⁵³ tʰa⁰ pa⁵⁵ i²⁴⁻³¹ ʂaŋ⁰ i²⁴⁻⁵⁵ tɕiæ³¹⁻⁵³ tsʅ⁰ i²⁴⁻⁵⁵ tɕiæ³¹⁻⁵³ tsʅ⁰ ti⁰
着　　　他　把　衣　裳　一　　件　　子　一　　件　　子　地

tʰuo²⁴⁻³¹ liæ⁰。niɛ³¹ in⁵³ xəu³¹ lai⁰ iɛ³¹⁻⁵³ ti⁰ pu²⁴ ɕiŋ⁵³⁻²⁴ liæ⁰, tʂəu³¹
脱　　　嗹。乜　人　后　　来　热　　得　不　行　　嗹，就

pa³¹ i²⁴⁻³¹ ʂaŋ⁰ təu⁵⁵ tʰuo²⁴⁻³¹ lau⁰, tai³¹ tau³¹ piɚ²⁴⁻³¹ xaŋ⁰ niɛ³¹ xɤ⁵³
把　衣　　裳　都　脱　　　咾，在　道　边　　上　乜　河

kəu²⁴⁻³¹ tsʅ⁰ li⁰ ɕi⁵⁵⁻²¹ lau⁰ kɤ⁰ tsaur⁵⁵。mo²¹ tʂau⁰ pei²⁴ fəŋ²⁴ tʂəu³¹
沟　　　子　里洗　咾　个　澡儿。么　着　北　风　就

tʂʰəŋ⁵³⁻²⁴ in⁰ tsʅ³¹⁻⁵⁵ kɤr⁵⁵ tɕʰy²⁴⁻³¹ liæ⁰, xæ⁵³ ʂʅ³¹ tʰai³¹ iaŋ⁰ pən⁵⁵⁻²¹
承　　　认　自　　个儿　输　　嗹，还　是　太　阳　本

ʂʅ⁰ ta³¹。
事　大。

第三节　本地文化

ɕiæ²⁴ ɕyɛ²⁴ ɕyɛ⁰ xəŋ⁵³ ʂuei⁰ kuo³¹ niæ⁵³⁻²⁴ ti⁰ fəŋ²⁴ su⁵³。
先　　说　　说　衡　　水　过　　年　　　的　风　　俗。

niæ⁵³ tɕʰiæ⁵³ mai⁵⁵⁻²¹ xaŋ⁰ iəu³¹⁻⁵³ iæ⁰ tsʰai³¹⁻⁵³ ti⁰ tɕiɛ³¹ ɕiɛ²⁴⁻²¹
年　　前　　买　　上　肉　　俺　菜　　　的　这　　些

kɤ⁰ kuo³¹ niæ⁵³ yŋ³¹⁻⁵³ ti⁰ tuŋ²⁴⁻³¹ ɕi⁰, tɕiɛ²⁴⁻³¹ tʂau⁰ tʂəu³¹ ʂʅ³¹ tʂəŋ²⁴
个　过　　年　　用　　的　东　　西，接　　着　就　是　蒸

kæ²⁴⁻³¹ liaŋ⁰, iəu⁵⁵ tʂəŋ²⁴ mæ⁵³⁻²⁴ tʰəu⁰ ti⁰, iəu⁵⁵ tʂəŋ²⁴ pau²⁴⁻³¹ tsʅ⁰
干　　　粮，有　蒸　　馒　　头　的，有　蒸　　包　　子

ti⁰, iəu⁵⁵ tʂəŋ²⁴ niæ⁵³⁻²⁴ uo²⁴⁻³¹ uo⁰ ti⁰。ŋæ⁵⁵ ɕiau⁵⁵ ʂʅ⁵³⁻²⁴ xəur⁰ niæ⁵³
的，有　蒸　　黏　　　窝　　窝　的。俺　小　　时　　候儿　年

tɕʰiæ⁵³ tʰei²⁴⁻³¹ niæ⁵⁵⁻²¹ tsʅ⁰, ia³¹ mi⁵⁵ miɐr³¹, iəu⁵⁵ ɕiau⁵⁵ mi⁵⁵ miɐr³¹、

前 推 碾 子，压 米 面ㄦ，有 小 米 面ㄦ、

tɕi³¹ ku²⁴ miɐr³¹, ia³¹⁻⁵³ lau⁰ i²⁴⁻⁵⁵ xəu³¹ tʂəu³¹ tʂəŋ²⁴ sʅ²⁴⁻³¹ kau⁰, tʂəŋ²⁴

稯 谷 面ㄦ，压 唠 以 后 就 蒸 丝̄ 糕，蒸

niæ⁵³⁻²⁴ uo²⁴⁻³¹ uo⁰. na³¹ ʂʅ⁵³⁻²⁴ xəur⁰ tʂəŋ²⁴⁻³¹ tɕyæ⁵⁵⁻²¹ tsʅ⁰ ti⁰ ʂau⁵⁵,

黏 窝 窝。那 时 候ㄦ 蒸 卷 子 的 少,

i²⁴⁻⁵⁵ niæ⁵³ tʂəu³¹ tʂəŋ²⁴ mo³¹ i²⁴⁻⁵⁵ kuo²⁴, lai⁵³ kɤ⁰ tɕʰiɛ²⁴ tsʰai⁵³ nəŋ⁵³

一 年 就 蒸 么 一 锅，来 个 客 才 能

iaŋ³¹⁻⁵³ iŋ⁰ kɤ³¹ tɕʰi²⁴⁻³¹ li⁰, tɕia²⁴⁻³¹ li⁰ in⁵³⁻²⁴ mən⁰ təu⁵⁵ mau²⁴⁻⁵³ pu⁰

让 人 家 吃 哩，家 里 人 们 都 摸 不

tʂau⁵³ tɕʰi²⁴. i²⁴⁻⁵⁵ tʂəŋ²⁴ tʂəŋ²⁴ mo³¹ i²⁴⁻³¹ ɕiau⁵⁵ uŋ³¹⁻⁵³ tsʅ⁰, tɕʰi²⁴⁻³¹

着 吃。一 蒸 蒸 么 一 小 瓮 子，吃

ti⁰ təu⁵⁵ tɕʰy²⁴⁻³¹ lau⁰ tʂəŋ²⁴⁻³¹ yɛ⁰, kuo³¹⁻⁵³ lau⁰ lɤ³¹⁻⁵³ yɛ⁰ lɤ³¹.

得 都 出 唠 正 月，过 唠 二 月 二。

  tau³¹⁻⁵³ lau⁰ niæ⁵³ sæ²⁴ ɕiər⁵³, tʰəu⁵³ ʂaŋ⁵⁵⁻²¹ xuo⁰ in⁵³⁻²⁴ mən⁰

  到 唠 年 三 十ㄦ，头 晌 午 人 们

təu⁵⁵ ʂau²⁴ ɕiaŋ²⁴ pai³¹ fo⁵³⁻²⁴ ti⁰, kuo³¹ ʂaŋ⁵⁵⁻²¹ xuo⁰ tʂəu³¹ tuo³¹ ɕiɐr³¹

都 烧 香 拜 佛 的，过 晌 午 就 剁 馅ㄦ

pau²⁴ tɕiau²⁴⁻³¹ tsʅ⁰. pau²⁴⁻³¹ xau⁵⁵⁻²¹ lau⁰ tɕiau²⁴⁻³¹ tsʅ⁰ tɕiɛ²⁴⁻³¹ i²⁴⁻⁵⁵

包 饺 子。包 好 唠 饺 子 隔 一

ɕiəu²⁴, kæ⁵⁵ tsau⁵⁵⁻²¹ tɕʰin⁰ tɕy⁵⁵ tɕiau²⁴⁻³¹ tsʅ⁰, tɕʰi²⁴⁻³¹ lau⁰ tɕiau²⁴⁻³¹

宿，赶 早 晨 煮 饺 子，吃 唠 饺

tsʅ⁰ tʂəu³¹ tɕʰy²⁴⁻³¹ tɕʰy⁰ pai³¹ niæ⁵³⁻²⁴ ti⁰. pai³¹ uæ⁵³⁻²⁴ lau⁰ niæ⁵³

子 就 出 去 拜 年 的。拜 完 唠 年

tʂəu³¹ mei⁵³⁻²⁴ ʂər³¹⁻⁵³ liæ⁰, təu⁵⁵ kai²⁴ kæ³¹ xəu⁵³ mo⁰ tʂəu³¹ kæ³¹

就 没 事 嗹，都 该 干 什 么 就 干

xəu⁵³ mo⁰ ti⁰ liæ⁰. tʂʰu²⁴ lɤ³¹ tsau⁵⁵⁻²¹ tɕʰin⁰ xæ⁵³ ʂʅ³¹ tɕʰi²⁴ tɕiau²⁴⁻³¹

什 么 的 嗹。初 二 早 晨 还 是 吃 饺

tsʅ⁰, kæ⁵⁵ ʂaŋ⁵⁵⁻²¹ xuo⁰ ʂaŋ³¹ lau⁵⁵⁻²¹ niaŋ⁰ kɤ⁰ pai³¹ niæ⁵³⁻²⁴ ti⁰, tʂəu³¹
子，赶　晌　午　上　姥　娘　家拜　年　　的，就
pu²⁴ tɕʰi²⁴ tɕiau²⁴⁻³¹ tsʅ⁰ liæ⁰。tʂʰu²⁴ lɤ³¹ ʂʅ³¹ uai³¹⁻⁵³ ʂər⁰ kei⁵⁵ lau⁵⁵⁻²¹
不　吃　饺　　子嗹。初　二　是外　　甥儿给　姥
iɛ⁰ lau⁵⁵⁻²¹ niaŋ⁰ xuo³¹ tɕiəu⁵³、tɕin³¹⁻⁵³ tsʅ⁰ pai³¹ niæ⁵³；tʂʰu²⁴ sæ²⁴ ʂʅ³¹
爷姥　娘　和　舅、　妗　子拜　年；　初　三　是
kei⁵⁵ ku²⁴⁻³¹ æ⁰ i⁵³⁻²⁴ ti⁰ pai³¹ niæ⁵³；tʂʰu²⁴ sʅ³¹、tʂʰu²⁴ liəu³¹ ʂʅ³¹ kuei²⁴⁻³¹
给　姑　唵姨　的拜　年；　初　四、初　六　是闺
ni⁰、kuei²⁴⁻³¹ ni⁰ ny⁵⁵⁻²¹ ɕy⁰ kei⁵⁵ lau⁵⁵ ʈʂaŋ³¹⁻⁵³ in⁰、tʂaŋ³¹⁻⁵³ mu⁰
妮、闺　妮女　婿给　老丈　人、丈　母
niaŋ⁵³ pai³¹ niæ⁵³；tʂʰu²⁴⁻³¹ u⁵⁵ iəu³¹ ʂʅ³¹ tɕʰi²⁴ tɕiau²⁴⁻³¹ tsʅ⁰ ti⁰ i³¹⁻⁵³
娘　拜　年；初　　五又　是吃　饺　　子的日
tsər⁰, tɕiau³¹ pʰo³¹ ur⁵⁵。kæ⁵⁵ ɕi⁵³ lɤ³¹, pau²⁴ tɕiau²⁴⁻³¹ tsʅ⁰ nie³¹ lau⁵⁵⁻²¹ ɕy⁰
子儿，叫　破　五儿。赶　十　二，包　饺　子捏老　鼠
tsuər⁵⁵, tɕʰi²⁴ xua²⁴ ʂəŋ²⁴ tɕiau⁵³ lau⁵⁵⁻²¹ ɕy⁰ iər⁵⁵, iaŋ³¹ lau⁵⁵⁻²¹ ɕy⁰ ɕia²⁴⁻³¹
嘴儿，吃　花　生　嚼　老　　鼠眼儿，让　老　　鼠瞎
lau⁰、sʅ⁵⁵⁻²¹ lau⁰, tɕiɛ³¹ i²⁴⁻⁵⁵ niæ⁵³ tʂəu³¹ mu³¹ iəu⁰ lau⁵⁵⁻²¹ ɕy⁰ liæ⁰。
唠、死　唠，这　一　年　就　没　有老　　鼠嗹。
　　ɕi⁵³ u⁵⁵ tɕiau²⁴⁻³¹ tsʅ⁰ ɕi⁵³ liəu³¹ tsʰai³¹, tau³¹⁻⁵³ lau⁰ ɕi⁵³ u⁵⁵ tɕʰi²⁴
　　十　五饺　　子十　六　菜，　到　唠十　五吃
tɕiau²⁴⁻³¹ tsʅ⁰, ɕi⁵³ liəu³¹ tɕʰi²⁴ iəu³¹ tsʰai³¹。tʂəŋ²⁴⁻³¹ yɛ⁰ lɤ³¹⁻⁵³ ɕi⁰ u⁵⁵
饺　　子，十　六　吃肉　菜。　正　月二　十　五
ta⁵⁵ tun³¹, tai³¹ taŋ²⁴ yær³¹ ta⁵⁵⁻²¹ i⁰ kɤ⁰ mai³¹⁻⁵³ tsʅ⁰ tun³¹、i²⁴⁻⁵⁵ kɤ⁰
打　囤，　在　当　院儿打　一个麦　　子囤、一　个
ku²⁴⁻³¹ tsʅ⁰ tun³¹, tai³¹ taŋ²⁴ ur²⁴ ta⁵⁵⁻²¹ i⁰ kɤ⁰ tɕʰiæ⁵³ tun³¹。kæ⁵⁵ lɤ³¹⁻⁵³
谷　子囤，在　当　屋儿打　一个钱　　囤。赶　二
yɛ⁰ lɤ³¹, tsau⁵⁵⁻²¹ tɕʰin⁰ tɕʰi⁵⁵⁻²¹ lai⁰ xæ⁵³ mu³¹ iəu⁵⁵ tɕʰy²⁴ tʰai³¹ iaŋ⁰ ti⁰
月二，早　晨　起　来还　没　有　出太　阳　的

ʂʅ⁵³⁻²⁴ xəur⁰, yŋ³¹ kun³¹⁻⁵³ tsʅ⁰ tɕʰiau²⁴ liaŋ⁵³ tʰəu⁵³、tɕʰiau²⁴ kuo²⁴⁻³¹
时 候ɹ，用 棍 子 敲 梁 头、 敲 锅

ti⁵⁵、tɕʰiau²⁴ kʰaŋ³¹ ian⁵³⁻³¹，tɕʰiau²⁴⁻³¹ kʰɤ⁰ tʂəu³¹ niæ³¹⁻⁵³ tau⁰，
底、敲 炕 沿， 敲 可 就 念 叨，

"tɕʰiau²⁴ liaŋ⁵³ tʰəu⁵³, tɕin²⁴⁻³¹ tsʅ⁰ in⁵³⁻²⁴ tsʅ⁰ uaŋ⁵⁵ tɕia²⁴ liəu⁵³；
"敲 梁 头， 金 子 银 子 往 家 流；

tɕʰiau²⁴ kuo²⁴⁻³¹ ti⁵⁵, ʂau²⁴ tʂʰən⁵³ tʂʰai⁵³、tɕʰi²⁴ tʂʰən⁵³ mi⁵⁵；tɕʰiau²⁴
敲 锅 底，烧 陈 柴、 吃 陈 米； 敲

kaŋ³¹ ian⁵³⁻³¹，ɕiɛ²⁴⁻³¹ tsʅ⁰ liəu³¹⁻⁵³ iæ⁰ pu²⁴ tɕiæ³¹ miæ³¹"。tɕʰi²⁴
炕 沿， 蝎 子 蚰 蜒 不 见 面"。 吃

tʂʰən⁵³ mi⁵⁵ ʂʅ³¹ ɕyɛ²⁴ tɕia²⁴⁻³¹ li⁰ i³¹⁻⁵³ tsʅ⁰ kuo³¹⁻⁵³ ti⁰ xau⁵⁵⁻²¹ iæ⁰，
陈 米 是 说 家 里 日 子 过 得 好 唵，

iəu⁵⁵ tɕia²⁴⁻³¹ tiəɹ⁵⁵；tɕʰiau²⁴ kʰaŋ³¹ iæ³¹，uei³¹⁻⁵³ lau⁰ tɕia²⁴⁻³¹ li⁰ mu⁵³
有 家 底ɹ；敲 炕 沿， 为 唠 家 里 没

mo³¹ ɕiɛ²⁴⁻²¹ kɤ⁰ læ³¹ tʂʰuŋ⁵³⁻²⁴ tsʅ⁰ mən⁰。kuo³¹⁻⁵³ lau⁰ ɭɤ³¹⁻⁵³ yɛ⁰
么 些 个 烂 虫 子 们。 过 唠 二 月

ɭɤ³¹，tʂəu³¹ tɕʰy²⁴⁻³¹ lau⁰ niæ⁵³⁻²⁴ liæ⁰。
二，就 出 唠 年 嗹。

ɕyɛ²⁴ ɕyɛ⁰ tɕʰy²⁴ pin³¹。in⁵³ tʰəu⁵³⁻²⁴ i⁰ tʰiæ²⁴ sʅ⁵⁵⁻²¹ lau⁰, kei⁵⁵
说 说 出 殡。 人 头 一 天 死 唠，给

mai⁵⁵ tʂuan²⁴⁻³¹ kuo⁰ i²⁴⁻³¹ ʂaŋ⁰ tʂʰuæ²⁴⁻³¹ xaŋ⁰, paŋ⁵⁵ kɤ⁰ tʰiŋ⁵³⁻²⁴ saŋ⁰
买 装 裹 衣 裳 穿 上， 绑 个 停 丧

pau⁵³⁻²⁴ tsʅ⁰, pa⁵⁵ in⁵³ tʰai⁵³⁻²⁴ lau⁰ tʰiŋ⁵³⁻²⁴ saŋ⁰ pau⁵³⁻²⁴ tsʅ⁰ xaŋ⁰，
箔 子，把 人 抬 唠 停 丧 箔 子 上，

tʂəu³¹ faŋ³¹⁻⁵³ lau⁰ uai³¹⁻⁵³ tɕiæ⁰ u²⁴⁻³¹ li⁰ taŋ⁰ ur²⁴, tʰəu⁵³⁻²⁴ li⁰ faŋ³¹⁻⁵³
就 放 唠 外 间 屋 里当 屋ɹ，头 里 放

xaŋ⁰ iŋ⁵⁵⁻²¹ pei⁰, faŋ³¹ kɤ⁰ kuŋ³¹ tʂuor²⁴, pai⁵⁵⁻²¹ xaŋ⁰ sʅ³¹ uɐr⁵⁵ kuŋ³¹。
上 影 壁， 放 个 供 桌ɹ， 摆 上 四 碗ɹ供。

iŋ⁵⁵⁻²¹ pei⁰ ʂʅ³¹ xu⁵³⁻²⁴ ti⁰ i²⁴⁻⁵⁵ ta³¹ tʂaŋ²⁴⁻³¹ tʂʅ⁵⁵, taŋ³¹⁻⁵³ tʂau⁰ sʅ⁵⁵
影　壁　是　糊　的一　大　张　纸，挡　着　死

in⁵³。sʅ⁵⁵⁻²¹ lau³¹ ti⁰ tʰəu⁵³⁻²⁴ i⁰ tʰiæ²⁴, tʂɛu³¹ tɕʰy³¹ pau³¹ pin³¹⁻⁵³ ti⁰,
人。死　咾　的头　一　天，　就　去　报　殡　的，

tei⁵⁵ xuo³¹ kɤ³¹ kɤ³¹ tɕʰin²⁴⁻³¹ tɕia⁰ mən⁰ ɕyɛ²⁴, xei⁵³ xei⁵³ sʅ⁵⁵⁻²¹ liæ⁰,
得　和　各　个　亲　家　们　说，　谁　谁　死　咾，

kæ⁵⁵ ʂaŋ⁵⁵⁻²¹ xuo⁰ in⁵³⁻²⁴ mən⁰ təu⁵⁵ lai⁵³ kʰu²⁴。tsau⁵⁵ ɕiæ²⁴⁻³¹ kʰɤ⁰ xæ⁵³
赶　晌　午人　们　都　来　哭。早　先　可　还

tei⁵⁵ xu⁵³ xua²⁴ tɕʰyæ²⁴⁻³¹ liæ⁰、mən⁵³⁻²⁴ fɚ⁰ liæ⁰、fɚ²⁴⁻³¹ liæ⁰, xu⁵³
得　糊　花　圈　咾、门　幡儿　咾、幡儿　咾，糊

læ³¹ tɕʰi²⁴ pa²⁴ tsau²⁴⁻³¹ ti⁰, tɕiɛ³¹ tsæ⁰ iɛ⁵⁵ pu²⁴ yŋ³¹ xu⁵³⁻²⁴ liæ⁰, təu⁵⁵
烂　七　八　糟　的,这　咱　也　不　用　糊　咾，都

xua²⁴ tɕʰiæ⁵³ mai⁵⁵。sʅ⁵⁵ in⁵³ iəu⁵⁵ faŋ³¹ sæ²⁴ tʰiæ²⁴⁻³¹ ti⁰, iəu⁵⁵ faŋ³¹
花　钱　买。死　人　有　放　三　天　的，有　放

u⁵⁵ tʰiæ²⁴⁻³¹ ti⁰, iəu⁵⁵ faŋ³¹ tɕʰi²⁴ tʰiæ²⁴⁻³¹ tiᶜ。i²⁴⁻⁵⁵ pæ²⁴ suei³¹⁻⁵³ ʂuɤ³¹
五　天　的，有　放　七　天　的。一　般　岁　数儿

ta³¹⁻⁵³ ti⁰ faŋ³¹ u⁵⁵ tʰiæ²⁴、tɕʰi²⁴ tʰiæ²⁴, sʅ⁵⁵ kɤ⁰ niæ⁵³ tɕʰiŋ²⁴⁻³¹ ti⁰, tʂəu³¹
大　的放　五　天、七　天，死　个　年　轻　的,就

faŋ³¹ sæ²⁴ tʰiæ²⁴, ɕyɛ²⁴ ʂʅ³¹ iəu⁵⁵ lau⁵⁵⁻²¹ tɚ⁰ li⁰, pu²⁴ faŋ³¹ mo³¹ ɕiɛ²⁴⁻²¹
放　三　天，说　是　有　老　的儿哩,不　放　么　些

kɤ⁰ tʰiæ²⁴, tsəu³¹⁻²⁴ mo⁰ tɕin⁵⁵⁻²¹ paŋ⁰ tʂau⁰ tʂəu³¹ pæ³¹ uæ⁵³ ʂɚ³¹⁻⁵³
个　天，作　么　紧　邦　着　就　办　完　事儿

liæ⁰, pu²⁴ xuo³¹ lau⁵⁵ in⁵³⁻²⁴ mən⁰ ʂʅ³¹⁻⁵³ ti⁰ liæ⁰。tɕiɛ³¹ tɕi⁵⁵ tʰiæ²⁴
咾，不　和　老　人　们　似　的　咾。这　几　天

xei²⁴⁻³¹ lau⁰, ɕiau⁵⁵⁻²¹ tsʅ⁰ kuei²⁴⁻³¹ ni⁰ ti⁰、uai³¹⁻⁵³ ʂɚr⁵³⁻²⁴ tʂɚr⁵³⁻²⁴ ti⁰ tei⁵⁵
黑　咾，小　子　闺　妮的、外　甥儿侄儿　的得

ʂəu⁵⁵ liŋ⁵³, tsau⁵⁵ ɕiæ²⁴ ʂʅ³¹ pʰa³¹ xei²⁴⁻³¹ xaŋ⁰ iəu⁵⁵ xəu⁵³ mo⁰ lau⁵⁵⁻²¹
守　灵，早　先　是　怕　黑　上　有　什　么　老

ɕy⁰ iæ⁰, kəu⁵⁵⁻²¹ ti⁰ mau⁵³⁻²⁴ ti⁰ iau⁵⁵⁻²¹ tʂau⁰ lau⁰。tɕiɛ³¹ tsæ⁰ faŋ³¹⁻⁵³
鼠　唵，　狗　　的猫　　的咬　着　唥。　这　咱　放

lau⁰ piŋ²⁴ kuæ²⁴⁻³¹ li⁰, kuæ²⁴⁻³¹ xaŋ⁰ mən⁵³⁻²⁴ tsʅ⁰, kəu⁵⁵⁻²¹ iæ⁰ mau⁵³⁻²⁴
唥 冰 棺　 里，关　　上　 门　　子， 狗　　唵 猫

ti⁰, xəu⁵³ mo⁰ iɛ⁵⁵ tɕin³¹⁻⁵³ pu⁰ tɕʰy³¹。
的，什　么 也 进　　不 去。

　　tʰəu⁵³⁻²⁴ i⁰ tʰiæ²⁴ xei²⁴⁻³¹ xaŋ⁰ tsʰʅ⁵³ liər⁵³, taŋ³¹ yæ³¹⁻⁵³ li⁰ in⁵³⁻²⁴
　　头　　一 天　黑　　上 辞　灵儿，当　 院　　里人

mən⁰ təu⁵⁵ tɕʰy³¹ tsuo³¹⁻⁵³ i⁰ xuər²⁴, tʰəu⁵³ tsəu⁵⁵⁻²¹ æ⁰ tʂəu³¹ tɕʰy³¹
们　都 去 坐　　　一 会儿， 头　走　　唵就　去

xuo⁵³⁻²⁴ tuŋ⁰ xuo⁵³⁻²⁴ tuŋ⁰ kuæ²⁴⁻³¹ tsʰai⁰, tɕʰiau²⁴⁻³¹ ta⁰ tɕʰiau²⁴⁻³¹ ta⁰,
活　动活　动棺　　材， 敲　　打敲　　打，

tei³¹⁻⁵³ tʰa⁰ ɕiau⁵³, "miŋ⁵³ tʰiæ⁰ tɕʰi⁵⁵ ʂən²⁴⁻³¹ æ⁰, tɕiər²⁴⁻³¹ kʰɤ⁰ tʂun⁵⁵
对　他 说，"明　天　起 身　　唵，今儿　可 准

pei⁰ tʂun⁵⁵ pei⁰"。liaŋ⁵⁵ tʰiæ⁰ xei²⁴⁻³¹ xaŋ⁰ y³¹ liæ³¹, iəu⁵⁵⁻²¹ ti⁰ ʂau²⁴
备 准 备"。 两　 天　黑　　上 入殓， 有　 的烧

sæ²⁴ tʰiær²⁴⁻³¹ tʂər⁵⁵, iəu⁵⁵⁻²¹ ti⁰ ʂau²⁴ liaŋ⁵³ tʰiær²⁴⁻³¹ tʂər⁵⁵。ʂau²⁴⁻³¹
三 天儿　纸儿， 有　 的烧 两　 天儿　纸儿。烧

tʂər⁵⁵ tʂəu³¹ ʂʅ³¹ tʰəu⁵³ tɕʰi²⁴ fæ³¹ tʂəu³¹ tiæ⁵⁵ tsʅ⁵⁵, kʰu²⁴。tuo²⁴ ʂur³¹⁻⁵³
纸儿就　 是 头　吃　饭 就　 点 纸， 哭。 多　数儿

ti⁰ ʂʅ³¹ liaŋ⁵⁵ tʰiæ²⁴ xei²⁴⁻³¹ xaŋ⁰ mu⁵³⁻³¹ iəu⁵⁵ tsʅ⁵⁵⁻²¹ liæ⁰, y³¹ liæ³¹
的是 两　 天　黑　　上 没　 有 纸　　咝， 入殓

tʂəu³¹ ʂʅ³¹ pa³¹ sʅ⁵⁵ in⁵³ tʂuaŋ²⁴⁻³¹ lau⁰ kuæ²⁴⁻³¹ tsʰai⁰ li⁰。kæ⁵⁵ y³¹
就　 是 把 死 人　 装　　唥 棺　　材 哩。 赶 入

liæ³¹⁻⁵³ kʰɤ⁰ tei⁵⁵ kʰai²⁴ kuaŋ²⁴, kuæ⁵⁵ ʂər³¹⁻⁵³ ti⁰ in⁵³ na⁵³⁻²⁴ xaŋ⁰ kɤ⁰
殓　 可 得 开 光， 管　 事儿　的人 拿　　上 个

luŋ⁵⁵⁻²¹ tsʅ⁰, tɕin³¹⁻⁵³ tsʅ⁰、ɕi⁵⁵ liæ⁵⁵ pʰər⁵³, xuaŋ³¹ xuaŋ tɕiŋ³¹⁻⁵³ tsʅ⁰,
拢　　子、镜　　子、洗　脸 盆儿，晃　　晃　镜　　子，

pi⁵⁵⁻²¹ xua⁰ pi⁵⁵⁻²¹ xua⁰, niæ³¹⁻⁵³ tau⁰ "kai²⁴ tsuei⁵⁵ kuaŋ²⁴, tɕʰi²⁴ sʅ³¹
比　　划　　比　　划，　念　　叨　　"开　　嘴　　光，　吃　　四

faŋ²⁴；kai²⁴ iæ⁵⁵ kuaŋ²⁴, kʰæ³¹ sʅ³¹ faŋ²⁴；kʰai²⁴ ʂəu⁵⁵ kuaŋ²⁴, na⁵³
方；　开　　眼　　光，　看　　四　　方；　开　　手　　光，　拿

sʅ³¹ faŋ²⁴；kʰai²⁴ tɕiau²⁴ kuaŋ²⁴, tsəu⁵⁵ sʅ³¹ faŋ²⁴；kʰai²⁴ ɕin²⁴ kuaŋ²⁴,
四　方；　开　　脚　　光，　走　　四　　方；　开　　心　　光，

liaŋ³¹ tʰaŋ⁵³⁻²⁴ tʰaŋ⁵³⁻²⁴"。kæ⁵⁵ sæ²⁴ tʰiɐr²⁴ xei²⁴⁻³¹ xaŋ⁰ tʂəu³¹ suŋ³¹
亮　　堂　　堂"。　赶　　三　天儿　黑　　上　　就　　送

mən⁵³⁻²⁴ fɐr⁰, pa⁵⁵ mən⁵³⁻²⁴ xaŋ⁰ kua³¹⁻⁵³ ti⁰ tʂʅ⁵⁵ tʰiau⁵³⁻²⁴ tsʅ⁰ suŋ³¹⁻⁵³
门　　幡儿，把　门　　上　　挂　　的　纸　　条　　子　送

lau⁰ tsəu⁵⁵ ʂau²⁴⁻³¹ liæ⁰。tʰəu⁵³ ʂaŋ⁵⁵⁻²¹ xuo⁰ kɤ³¹ kɤ⁰ tɕʰin²⁴⁻³¹ tɕia⁰
唠　走　烧　　嗹。　头　　晌　　午　　各　个　　亲　　家

nəŋ³¹⁻⁵³ tʂau⁰ kuŋ³¹, ʂaŋ³¹ kuŋ³¹。ʂaŋ³¹ uæ⁵³⁻²⁴ lau⁰ kuŋ³¹ tʂəu³¹ tɕʰi²⁴
弄　　着　供，　上　　供。　上　　完　　唠　供　　就　　吃

ʂaŋ⁵⁵⁻²¹ xuo⁰ fæ³¹, tau³¹⁻⁵³ lau⁰ tɕʰy²⁴ pin³¹⁻⁵³ ti⁰ sʅ⁵³⁻²⁴ xəur⁰ tʂəu³¹
晌　　午　饭，　到　　唠　　出　　殡　　的　时　　候儿　就

tʰai⁵³⁻²⁴ tʂau⁰。tai³¹ taŋ²⁴ tɕiɛ²⁴ sʅ⁵⁵ fu²⁴⁻³¹ tsʅ⁰ lun²⁴ tɕʰyæ²⁴, xua³¹
抬　　着。　在　当　街　　使　　麸　　子　抢　圈儿，　画

ɕi⁵³ lɤ³¹⁻⁵³ a⁰ ta³¹ tʂʰəŋ⁵³, tɕiɛ³¹ tsæ⁰ mu⁵³⁻³¹ iəu⁵⁵ fu²⁴⁻³¹ tsʅ⁰ tʂəu³¹ sʅ⁵⁵
十　二　啊大城，　这　　咱　没　　有　　麸　　子　就　　使

pai⁵³ xuei²⁴, li⁵⁵⁻²¹ tʰəu⁰ faŋ³¹⁻⁵³ i⁰ kɤ³¹ tər²⁴⁻³¹ tʂɐr⁰, tsuei³¹ tɕʰin²⁴⁻³¹
白　　灰，　里　头　　放　　一　个　灯　盏儿，最　亲

ti⁰ in⁵³, ɕiaŋ³¹ kuei²⁴⁻³¹ ni⁰, ɕiau⁵⁵⁻²¹ tsʅ、sʊn²⁴⁻³¹ tsɐr⁰、sun²⁴⁻³¹ nyɐr⁰、
的　人，　像　　闺　　妮、小　　子、孙　　子儿、孙　　女儿、

tɕi⁵³⁻²⁴ tsʅ⁰、tɕi⁵³⁻²⁴ nyɐr⁰、uai³¹⁻⁵³ ʂɤr⁰、uai³¹⁻⁵³ ʂɤr⁰ nyɐr⁵⁵⁻²¹ ti⁰, tɕiɛ³¹⁻²¹
侄　　子、侄　　女儿、外　　甥儿、外　　甥儿女儿　的，这

kɤ⁰ suŋ³¹⁻⁵³ i⁰ tʂʰəŋ⁵³, nie³¹⁻²¹ kɤ⁰ suŋ³¹⁻⁵³ i⁰ tʂʰəŋ⁵³。tai³¹ tʂəu³¹
个　送　　一　城，　乜　　个　送　　一　城。　再　就

tau³¹⁻⁵³ lau⁰ tɕʰy²⁴ pin³¹⁻⁵³ liæ⁰。tɕʰy²⁴ pin³¹ niɛ³¹ i²⁴⁻⁵⁵ tʰiæ²⁴, iəu⁵⁵
到　　咾　出　殡　　哩。出　殡　乜　一　天，有

kɤ⁰ kʰuai⁵⁵ təu⁵⁵⁻²¹ ti⁰, tʰəu⁵³ tɕʰi²⁴ ʂaŋ⁵⁵⁻²¹ xuo⁰ fæ³¹ tʂəu³¹ tei⁵⁵ ʂau²⁴
个　扛　斗　的,头　吃　晌　午　饭　就　得　烧

tʂən³¹⁻⁵³ tʰəu⁰、ʂau²⁴⁻³¹ iŋ⁵⁵⁻²¹ pei⁰, tɕʰy²⁴ pin³¹⁻⁵³ kʰɤ⁰ kʰuai⁵⁵⁻²¹ tʂau⁰
枕　头、烧　影　壁，出　殡　可　扛　着

ʂau²⁴⁻³¹ tʂʅ⁵⁵, tsəu⁵⁵⁻²¹ tɕi⁰ pu³¹ iŋ⁵⁵⁻²¹ liaŋ⁰ tʂar²⁴。ny⁵⁵⁻²¹ ti⁰ mən⁰
烧　纸，走　几　步　扔　两　张儿。女　的　们

kʰu²⁴⁻³¹ tʂau⁰ tɕʰy²⁴⁻³¹ lai⁰ ʂaŋ³¹ tɕʰiɛ²⁴⁻³¹ liæ⁰, næ⁵³⁻²⁴ ti⁰ mən⁰ kuei³¹⁻⁵³
哭　着　出　来上　车　哩，男　的　们　跪

lau⁰ taŋ²⁴ yɐr³¹, tʂʰuŋ³¹⁻⁵³ tʂau⁰ kuæ²⁴⁻³¹ tsʰai⁰ kʰu²⁴, kuæ²⁴⁻³¹ tsʰai⁰
咾　当　院儿，冲　着　棺　材　哭，棺　材

tʂəu³¹ tʰai⁵³⁻²⁴ tɕʰy⁰ lai⁵³⁻²⁴ liæ⁰。tʰai⁵³ kuæ²⁴⁻³¹ tsʰai⁰ ti⁰ tsəu⁵⁵⁻²¹ i⁰
就　抬　出　来　哩。抬　棺　材　的　走　一

pu³¹, næ⁵³⁻²⁴ ti⁰ mən⁰ tʂəu³¹ kuei³¹⁻⁵³ xaŋ⁰ kʰu²⁴⁻³¹ i⁰ pu³¹, ɕiau³¹ tsʅ⁵⁵⁻²¹
步，男　的　们　就　跪　下　哭　一　步，孝　子

mən⁰ tɕʰy²⁴⁻³¹ lau⁰ mɐr⁵³ tʂəu³¹ ʂuai²⁴⁻³¹ ua⁵⁵, tɕiɛ³¹ tɕiau³¹ "ɕiau³¹ tsʅ⁵⁵
们　出　咾　门儿就　摔　瓦,这　叫　"孝　子

ʂuai²⁴⁻³¹ ua⁵⁵"。ʂuai²⁴⁻³¹ ua⁵⁵ i⁵⁵ xəu³¹ tʂəu³¹ tʰai⁵³⁻²⁴ tʂau⁰ tsəu⁵⁵⁻²¹
摔　瓦"。摔　瓦　以　后　就　抬　着　走

liæ⁰。tau³¹⁻⁵³ lau⁰ fən⁵³ ti³¹ tʂəu³¹ ɕia³¹ tsaŋ³¹, ɕia³¹⁻⁵³ lau⁰ tsaŋ³¹
哩。到　咾　坟　地就　下　葬，下　咾　葬

tʂəu³¹ yæ⁵³ fɐr⁵³, uei⁵³⁻²⁴ tʂau⁰ fən⁵³ tʂuæ³¹ sæ²⁴ tɕʰyɐr²⁴, næ⁵³⁻²⁴ ti⁰
就　圆　坟儿，围　着　坟　转　三　圈儿，男　的

tsəu⁵⁵ na³¹ pɐr⁰, ny⁵⁵⁻²¹ ti⁰ tsəu⁵⁵ tɕiɛ³¹ pɐr⁰。mai⁵³ uæ⁵³⁻²⁴ lau⁰ fən⁵³,
走　那　边儿，女　的走　这　边儿。埋　完　咾　坟,

ɕiau³¹ tsʅ⁵⁵⁻²¹ mən⁰ ta⁵⁵⁻²¹ ti⁰ fɐr²⁴ tʂəu³¹ tʂʰa²⁴⁻³¹ lau⁰ fən⁵³ tʰəur⁵³⁻²⁴
孝　子　们　打　的　幡儿就　插　咾　坟　头儿

xaŋ⁰。tʂuæ³¹ uæ⁵³⁻²⁴ lau⁰ tʂəu³¹ xuei⁵³ tɕia²⁴，tɕia²⁴ mən⁵³ kʰəur⁵⁵ faŋ³¹⁻⁵³
上。　转　　完　咾　就　回　家，　家　门　口儿　放

tʂau⁰ kʰuɐr³¹ ɕi⁵³⁻²⁴ tʰəu⁰，faŋ³¹⁻⁵³ tʂau⁰ i²⁴⁻⁵⁵ kɤ⁰ pʰən⁵³，pʰən⁵³⁻²⁴ li⁰
着　块儿　石　头，　放　　着　一　个　盆，　盆　里

iəu⁵⁵ tsʰai³¹ tau²⁴，ɕiau⁵⁵⁻²¹ tsʅ⁰ pæ²⁴ ɕi⁵³⁻²⁴ tʰəu⁰，iəu⁵⁵ tɕi⁵⁵⁻²¹ ia⁰ ɕiau⁵⁵⁻²¹
有　菜　刀，　小　　子　搬　石　头，　有　几　　呀小

tsʅ⁰ tʂəu³¹ tɕi⁵⁵⁻²¹ ia⁰ ɕiau⁵⁵⁻²¹ tsʅ⁰ tʰai⁵³；tʂəu³¹ i²⁴⁻⁵⁵ kɤ⁰ ɕiau⁵⁵⁻²¹ tsʅ⁰，
子　就　几　呀小　　子　抬；就　　一　个　小　　子，

tʂəu³¹ i²⁴⁻⁵⁵ kɤ⁰ ɕiau⁵⁵⁻²¹ tsʅ⁰ pæ²⁴。lɤ⁵³ ɕi²⁴⁻²¹ fər⁰ tʰai⁵³ pʰən⁵³，pʰən⁵³⁻²⁴
就　一　个　小　　子搬。儿　媳　妇儿抬盆，　盆

li⁰ iəu⁵⁵ kɤ⁰ tsʰai³¹ tau²⁴，iəu⁵⁵ tɕi⁵⁵⁻²¹ ia⁰ ɕi²⁴⁻²¹ fər⁰，tʂəu³¹ tɕi⁵⁵⁻²¹ ia⁰
里有　个菜　刀，　有　几　　呀媳　妇儿，就　几　呀

ɕi²⁴⁻²¹ fər⁰ tʰai⁵³；tʂəu³¹ i²⁴⁻⁵⁵ kɤ⁰ ɕi²⁴⁻²¹ fər⁰ tʂəu³¹ tsʅ³¹⁻⁵⁵ kɤr⁵⁵ tuæ²⁴。
媳　妇儿抬；就　　一　个　媳　妇儿就　自　个儿端。

pa⁵⁵ tɕiɛ³¹ ɕiɛ²⁴⁻²¹ kɤ⁰ tuŋ²⁴⁻³¹ ɕi⁰ pæ²⁴⁻³¹ xuei⁰ tɕʰy³¹，pin³¹ tʂəu³¹
把　这　些　　个东　西　搬　　回　去，　殡　就

tɕʰy²⁴ uæ⁵³⁻²⁴ liæ⁰。
出　完　　啴。

ti³¹ lɤ³¹ tʰiæ²⁴ tai³¹ yæ⁵³ fər⁵³⁻²⁴ ti⁰，tɕʰy²⁴ pin³¹ taŋ²⁴ tʰiæ²⁴ mai⁵³
　　第　二　天　再　圆　坟儿　的，出　殡　当　天　埋

fən⁵³⁻²⁴ ti⁰ kei⁵⁵ fən⁵³ tʰəur⁵³ kau²⁴⁻³¹ xaŋ⁰ liaŋ⁵⁵ ɕiæ²⁴，tʂəu³¹ pi⁵⁵ ti³¹
坟　的给　坟　头儿　搁　　上　两　锨，　就　比　地

miɐr³¹ kau²⁴⁻³¹ tɕʰy⁰ tiɐr⁵⁵ lai⁵³。sæ²⁴ niæ⁵³ pu²⁴ nən⁵³ tʰiæ²⁴ fən⁵³，
面儿　高　　出　点儿　来。三　年　不　能　添　坟，

mo³¹⁻²¹ tʂau⁰ ti³¹ lɤ³¹ tʰiæ²⁴ yæ⁵³ fər⁵³ tʂəu³¹ tɕi⁵⁵ nən³¹ kɤ⁰ ta³¹ fən⁵³
么　　着　第　二　天　圆　坟儿就　得　弄　个　大　坟

tʰəu⁵³⁻²⁴ tsʅ⁰，tsʅ³¹⁻⁵⁵ kɤr⁵⁵ tɕia²⁴⁻³¹ li⁰ in⁵³ tʂəu³¹ tɕʰy³¹ tʰiæ²⁴⁻³¹ ti⁰ liæ⁰。
头　子，自　个儿家　　里人　就　去　添　　的啴。

pa⁵⁵ tʰəu⁵³⁻²⁴ i⁰ tʰiæ²⁴ tʂʰa²⁴⁻³¹ ti⁰ fɐr²⁴ pa⁵³⁻²⁴ xaŋ⁰ lai⁵³, tei⁵⁵ pa⁵³ sæ²⁴
把　头　　一　天　插　　的幡儿拔　下　来，　得　拔　三

pa⁵³, pa⁵³⁻²⁴ xaŋ⁰ lai⁵³ tʂəu³¹ tɕʏɛ²⁴⁻³¹ xaŋ⁰ lai⁵³ ʂau²⁴⁻³¹ liæ⁰。i²⁴ tɕʰi²⁴
拔，拔　下　来　就　撅　　　下　来　烧　　嗻。一七

ʂau²⁴⁻³¹ i⁰ xuei⁵³ tʂʅ⁵⁵, tʂəu³¹ ʂʅ³¹ tɕʰi²⁴ tʰiæ²⁴; lʏ³¹⁻⁵³ tɕʰi⁰ ʂau²⁴⁻³¹
烧　　一　回　纸，就　是　七　天；　二　七　烧

i⁰ xuei⁵³ tʂʅ⁵⁵, tʂəu³¹ ɕi⁵³ sæ²⁴ tʰiæ²⁴, ɕi⁵³ sʅ³¹ tiæ²⁴ tɕiæ⁵⁵⁻²¹ i⁰ tʰiæ²⁴;
一回　纸，就　十　三　天，　十　四　天　减　　一天；

kæ⁵⁵ sæ²⁴ tɕʰi²⁴ ʂau²⁴⁻³¹ i⁰ xuei⁵³, tʂəu³¹ ɕi⁵³ pa²⁴ tʰiæ²⁴, lʏ³¹⁻⁵³ ɕi⁰
赶　三　七　烧　　一回，　就　十　八　天，　二　十

i²⁴ tʰiæ²⁴ pʰau⁵³ sæ²⁴ tʰiæ²⁴; u⁵⁵ tɕʰi²⁴ tʂəu³¹ i²⁴⁻⁵⁵ kʏ³¹ yɛ³¹, sæ²⁴⁻³¹ ɕi⁰
一　天　刨　三　天；五七　就　一　个　月，三　十

u⁵⁵ tʰiæ²⁴ pʰau⁵³ u⁵⁵ tʰiæ²⁴; tau³¹⁻⁵³ lau⁰ tɕin³¹ tɕʰi²⁴, tʂəu³¹ ʂʅ³¹ lia⁵⁵
五天　刨　五天；到　咾　进　七，就　是　俩

yɛ³¹; tai³¹ ʂau²⁴ kʏ⁰ i²⁴⁻⁵⁵ pai²⁴ tʰiæ²⁴, tʂəu³¹ uæ⁵³⁻²⁴ liæ⁰。tai³¹ uaŋ⁵⁵
月；再　烧　个　一　百　天，　就　完　嗻。再　往

xəu³¹ tʂəu³¹ ʂʅ³¹ tɕi³¹⁻⁵³ i⁰、tɕʰiŋ²⁴ miŋ⁵³、tɕʰi²⁴⁻³¹ yɛ⁰ ɕi⁵³⁻²⁴ u⁰、ɕi⁵³⁻²⁴
后　就　是　祭　日、清　明、　七　月　十　五、十

yɛ⁰ i²⁴ ʂau²⁴。
月　一　烧。

参考文献

河北北京师范学院、中国科学院河北省分院语文研究所 《河北方言概况》,河北人民出版社1961年

河北省昌黎县县志编委会、中国社会科学院语言研究所 《昌黎方言志》,上海教育出版社1984年

安广恩等 《衡水市故事歌谣卷》,中国民间文艺出版社1989年

李行健 《河北方言词汇编》,商务印书馆1995年

钱曾怡 《论儿化》,《中国语言学报》1995年第5期

汪化云 《汉语方言指示代词三分现象初探》,《语言研究》2002年第2期

桑宇红 《古知庄章三组声母在衡水桃城区的读音差异》,《山西大学学报》(哲学社会科学版)2004年第2期

河北省地方志编纂委员会 《河北省志·方言志》,方志出版社2005年

陈玉洁 《人称代词复数形式单数化的类型意义》,《语言教学与研究》2008年第5期

中国社会科学院语言研究所、中国社会科学院民族学与人类学研究所、香港城市大学语言资讯科学研究中心 《中国语言地图集》(第2版)(汉语方言卷),商务印书馆2012年

李小平 《河北方言中的语气助词"着"》,《河北师范大学学报》(哲学社会科学版)2014年第3期

沈明 《山西岚县方言》,中国社会科学出版社2014年

吕叔湘著,江蓝生补 《近代汉语指代词》,商务印书馆2017年

后　记

　　三年前,我的博士后导师桑宇红教授着手编纂《河北方言研究丛书》。她交给我一项任务,要求我写一本衡水桃城区的方言志。我的家乡衡水位于河北省东南部地区,历史悠久,民风淳厚。衡水方言属于典型的冀鲁官话,但是近年来,随着经济的迅猛发展和普通话的大力推广,方言土语日渐式微。带着老师的嘱托和保存家乡方言的一份使命感,我接受了这项任务,开始了衡水桃城区方言的田野调查和书稿的撰写工作。

　　因为日常工作、生活事务繁杂,个人学识浅薄、心浮气躁,成书过程反反复复,几经周折。自认为对母语方言有了足够了解,在接受任务的短短几个月后,我就无知无畏地交了初稿,不料受到桑宇红老师的严厉批评。她指出,方言志并不是泛泛的描写,调查过程不够扎实、深入,方言特征就不能够得到充分挖掘。此后经过反复、细致调查,对家乡方言的认识有了不断深入,对方言特征的把握也逐步有了提升。

　　非常幸运的是,本书书稿是《河北方言研究丛书》第一本拿出来做范本开刀的。张振兴、张惠英、沈明、赵日新、陶寰五位先生,从体例编排到内容细节提出了大量修改意见,包括音系排列、例字选择、声韵配合表的制作、古今音韵比较分析、记音符号的规范,方言词语的收录、读音、释义、考本字等,书稿中的低级错误实在令我惶恐不安。几位先生指出,语法部分应利用有限的篇幅对能反映河北方言特点的现象进行重点研究,并就方言调查、提炼材料到进一步成书谈了很多经验,使我对方言研究的认识有了质的提升。张振兴先生在最后总结时批评我"一不认真,二不读书",两句话平平实实,每每想起都让我汗颜不已,自觉警醒。会后,老先生拉着我,殷殷切切,细致嘱咐,告诉我书稿应该怎样修改,从哪里着手、如何调整。先生德高望重,却对一个无名小辈足足讲了近一个小时。回想起来,心中充满对学界前辈的景仰和对学术道路的敬畏之情。前辈专家认真、严谨的作风,和对晚学后辈的慈爱关怀之意,让我肃然起敬,不敢再生懈怠之心。唯有在今后的学术道路上勤奋、踏实,方能表达对众位先生的谢意和敬意!

书稿付梓之际,要感谢我的博士导师田恒金教授,是他引导我走上了方言研究的学术道路,并鼓励和鞭策我在这条道路上不断探索前行。田老师治学严谨,和蔼可亲,清楚记得读博期间,田老师一步步带我记音、调查,一字字帮我修改论文。每取得一个小小的进步,都想起老师的谆谆叮嘱。唯有努力求知,才不辜负老师所望!

感谢中华书局的秦淑华编审及工作人员,书中舛误错漏之处颇多,感谢各位为书稿出版付出的心血!

由于个人学识浅陋,错误与不妥之处在所难免,还望学界同仁不吝赐教。

郑　莉

2019年10月于石家庄

作者简介

　　郑莉,女,1982年生,河北衡水人,毕业于河北师范大学文学院,获文学博士学位。现为河北经贸大学文化与传播学院讲师,研究方向为汉语方言与音韵。主持省部级社会科学基金项目两项,发表论文《现代河北方言声调的演变》《河北深泽方言的浊去归上现象》等。